현대신서
18

청소년을 위한 철학교실

알베르 자카르

장혜영 옮김

東文選

청소년을 위한 철학교실

Petite philosophie à l'usage des non-philosophes
by Albert Jacquard

Copyright © Calmann-Lévy 1997
Korean Translation Copyright © Dongmoonsun Publishing Co., 1997
All rights reserved.

This Korean edition is published by arrangement with Calmann-Lévy,
through Bestun Korea Agency Co., Seoul

이 책은 1995년 1월에 있었던 알비의 졸업반 학생들과의 만남에서 시작되었다. 라스콜 고등학교의 철학 선생인 위게트 플라네스의 주선으로 학생들은 시립극장에 모여 있었다. 그 여교수가 나에게 학생들 앞에서 다루기를 요구했었던 주제는 매우 야심적인 것이었다. 즉 '성년이 된 인류를 향하여'라는 것이었다. 솔직히 이야기하여 그토록 진지하면서도 다양한 의문을 품고 있는, 따라서 그만큼 큰 불안감을 지닌 학생들 앞에서, 나는 그들에게 이 세상의 현실에 대해 단지 약간의 빛만을 제시해 줄 수 있었다. 그 빛은 지금 당장은 그들에게 별 도움이 되지 않을 것이다. 그들은 이 사회가 넓은 포용력으로 감싸안아야만 하는 그러한 연령이다. 그런데 그들에게 이 사회는 자물쇠로 꽁꽁 잠겨진 요새처럼, 구불구불하고 뒤틀린 여정을 거친 후에만이 그 안에 들어설 수 있는 그러한 곳으로 보여지고 있다.

학생들의 이러한 극한 혼란은, 그들이 삶과 생존의 조건들이 변해 버린 이 사회에 발을 들여 놓는 순간에도 마찬가지이다. 나는 20억의 인구를 지닌 지구별에 태어났었다. 그들은 60억의 인류에 속해 있다. 그리고 그들이 내 나이에 이를 때 인류는 100억 가까이 될 것이다. 내가 태어났을 때는 바다

위를 나는 비행기는 없었다. 그러나 지금 뉴욕은 파리에서 4시간도 안 걸린다. 끔찍했던 '세계대전' 중에 사용되었던 파괴 무기들은 무시무시한 것들로 여겨졌었다. 그러나 그것들도 오늘날 우리가 지니고 있는 핵무기 앞에서는 한낱 하찮은 것들이 되고 말았다. 그것들이 인류의 효용성을 위함이건, 인류의 힘을 위함이건간에 모든 것은 변화했다. 이렇듯 뚜렷한 혼란 속에서 어떻게 판단의 기준을 찾을 수 있겠는가?

하지만 이러한 것들은 중요하지 않을지도 모른다. 왜냐하면 가장 결정적인 변형은 바로 이 세상, 우리를 감싸고 있고 우리가 그 일원으로 있는 이 세상에 대한 우리들의 시각의 변화이기 때문이다. 한 세기가 채 지나기도 전에 과학은 옛날부터 철학적 사고의 대상이었던 개념들, 즉 시간과 물질·삶·우연, 그리고 인간에 대한 개념들을 새롭게 하였다. 과학은 우리에게 우주란 항구적이지 않다는 것을, 우주의 기원에는 빅뱅(Big-Bang)이 있었다는 것을 가르쳐 주었다. 과학은 우리에게 '생명체'라 불리는 모든 존재들은 DNA 분자 코드의 정보에 의거해 구성되어졌다는 것을 가르쳐 주었다. 과학은 우리들에게 소립자들의 신비를 알아내게 해주었다. 그러나 그것들의 반응은 우리들의 논리에 어긋나는 것이었다. 확실히 이러한 새로운 발견들은 우리들의 지적 안정감을 방해하는 것이다. 그러나 이러한 새로운 발견들이 바로 인간과 세계의 '새로운 관계'의 바탕, 놀라움의 바탕이 되는 것들이다. 내가 알비 학교 학생들에게 이야기했던 것은 다름 아닌 바로 이러한 길의 탐색이다.

그렇다면 이미 철학을 하고 있는 것이 아닌가? 왜냐하면 철학이란 세계와 사람들, 존재, 존재의 의식 앞에서 경탄할 만한 질문들을 계속해서 던지며, 순응주의와 관습의 굴레 앞에 오만하게 맞서는 것이기 때문이다. 철학은 야만스러움에 대항하는 가장 좋은 방어벽이다. 그러나 이 야만스러움은 우리 사회에 많은 통로를 통해 교활하게 스며들어 있다.

이러한 투쟁을 계속해 나가기 위해서는, 철학자들은 오늘날 모든 학문 영역에서의 지원을 필요로 한다. 특히 과학 분야에서의 도움이 그러하다. 만일 철학이 무지와의 전투라면, 철학은 같은 기능을 지닌 과학을 무시할 수 없을 것이다. 한 쌍을 이루고 있는 두 학문 중에서 하나를 제외하고, 다른 하나만을 소개하는 것은 적합하지 않은 일이다. 불행히도 변화하고 있는 이 세계에서, 그리고 상상하고 발명해 내는 능력이 중요시되는 이 세계에서 교육은 우리들의 새로운 요구, 새로운 지식을 따라오지 못하고 있다. 철학은 과학과 분리된 채로 있다.

위게트 플라네스는 이 둘을 연계시켜 나가야 할 필요성을 나에게 열심히 설명하였다. 그리고 그녀는 유전학자에게 적합할 만한 대담에 내가 참여하도록 설득하였다. 철학의 전통적 의문들에 어떤 새로운 대답을 가져올 수 있을 것인가?

이것이 바로 우리의 대담이 추구하는 바이다.

나는 세상과 타인과 나 자신에 대해 탐색자적인 시각으로 의견을 교환하며 문제를 제기할 필요성을 강하게 느끼고 있었다. 그러한 이유로 나는 이 대담에 기꺼이 참여하였다. 제기되는 질문들에 나는 마치 마약 환자처럼 빠져들었다. 그런데 이 마약은 이득이 되는 마약으로, 그 효과는 나에게 이 세상을 열어 주는 것이었다. 이와 반대로 파괴적인 마약은 사람에게 순간적으로는 편안한 느낌을 주지만, 결국은 고독 속에 가두게 된다.

나에게 이러한 문제제기의 필요성을 느끼게 해준 이는, 단지 '철학자'라 분류되는 사람들만은 아니었다. 철학자라는 말은 너무나도 흔히 한 무리를, 같은 도입체계와 전개방식·내적 논쟁, 그리고 표현규칙을 지닌 한 무리를 지칭한다. 겉으로 보기에 나도 이러한 요구들을 따르고 있다. 그러나 그것들이 나를 구속하지는 않는다. 나를 소크라테스의 세계로 이끌었던 것은, 때로는 수학자들—— 앙리 푸앵카레는 삼체〔三體. 태양·달·지구에 관한 궤도 이론〕 문제를 해결하는 것이 불가능함을 제시하였다——, 때로는 화가들—— 반 고흐는 해바라기 꽃다발 앞에서의 그의 감동을 전하였다——, 때로는 시인들—— 랭보는 그의 절대에 대한 요구를 같이 나누고자 했다——, 때로는 음악가들—— 슈베르트는 죽음에 접한 어린 소녀를 지켜보아야만 했다——, 때로는 신비주의자들—— 아시시의 성 프란키스쿠스는 마치 누이에게 하듯 물에게도 말을 걸곤 했다——, 그리고 때로는 두말 할 나위도 없이 전문적인 철학가들이었다.

위게트 플라네스가 내게 이 책을 함께 집필하기를 제안했을 때, 나는 내가 학창 시절에 지녔던 열정을 다시 느꼈다. 그녀가 선생으로 나에게 질문하는 문제들 앞에서, 나는 나의 인생 역정이—— 그것이 철학자의 삶과는 거리가 있기는 해도—— 나에게 깨닫게 해준 것들을 이용해 대답하고자 노력하였다. 전체적으로 보았을 때, 내가 단지 철학 영역만을 탐구하는 것이 아니고 그 분야의 몇몇 부분만을 살펴보는 것이라는 점을 강조하기 위해, 우리는 이 대담을 알파벳 순으로 엮기로 결정했다. 주제의 선택에 있어서는 다소 임의적이고 우연적이며 부분적인 점이 있기도 하다. 몇몇 부분들은 단지 알파벳 순서를 맞추기 위해 만들어진 것들도 있다(예를 들어 쿠웨이트의 경우처럼). 반면 많은 것들을 다루지 못하고 지나기도 했다. 그러므로 이 책은 A부터 Z까지 읽기 위해 만들어지기보다는, 마주치게 되는 질문들을 따라 자유로이 산책할 수 있도록 만들어졌다. 이 책은 철학 전문가들을 위한 것이 아니다. 이 책은 아무것도 지닌 것이 없는 듯한 이 세상에서, 그리고 확실성보다는 불확실성의 이유로 가득 차 있는 이 세상에서, 의미를 찾으려고 노력하는 철학자가 아닌 사람들을 위한 것이다.

각 항의 대답들을 정리해 가면서, 언제나 의식적으로 그랬던 것은 아니지만 나는 나 자신의 사춘기 시절을 돌이켜보았다. 그 시절에 내가 이해할 수 없었기에 그토록 설명하고자 했던 것들, 그리고 내가 반드시 이해하였어야만 했던 것들을 생각해 보았다.

당신은 아마도 바로 그 사춘기에 처해 있을지도 모른다. 나는 나의 사춘기가 지나가 버린 것을 아쉬워하지는 않는다. 당신은 아마도 단지 다가올 시험을 위해서, 대학입학 시험의 철학 과목 준비를 위해서 이 책을 펼칠지도 모른다. 그러나 나는 위게트 플라네스와의 대담으로 엮어진 이 책이 단지 당신의 시험 준비를 위해서만 필요한 것이 아니라, 당신의 개인적 사고를 향상시키는 데 유용하게 쓰여지기를 바란다. 각 개인의 노력들을 단지 '성공'이라는 곳으로만 이끄는 해로운 자석과도 같은 그러한 시험은 잊어버리도록 하자. 실제로 그 시험들이란 본질적인 게임에 있어서는 거의 아무런 중요성이 없는 일회적 사건들일 뿐이다. 그 게임에 있어 훌륭한 도구가 되는 것은 바로 우리의 지식이다. 이 대단한 모험에 가장 소중한 도움을 줄 수 있는 자들 가운데, 바로 과학자와 철학자 들이 있다.

모든 것이 다시 생각되어져야 하고, 다시 만들어져야 하며, 다시 방향지어져야 하는 이 인간들의 세상에 발을 들여 놓은 당신은 얼마나 운이 좋은 사람인가? 그러나 행동하기 이전에 지식을 구해야만 하고, 언제나 유쾌하지만은 않은 이 현실을 명철한 의식을 가지고 바라보아야만 하며, 또한 이 현실을 변화시킬 수 있는 가능성과 어려움에 대해 자각해야만 한다. 우리들 각각은 이러한 일에 기여할 수 있다. 중요한 것은 내일의 세상에 대해 책임을 느끼는 것이다.

이 책은 실제로 있었던, 또는 상상으로 이루어졌던 수많은 만남들의 결과이다.

그 만남이란 지금은 사라져 버린 많은 사상가들과의 만남을 말하는 것으로, 나는 그들에게 경의를 표하고 싶다. 우선은 마르크스에게; 그는 재능의 불균등은 역사적으로 형성된 사회구조의 산물이지 인간 '본성'의 산물은 아니라 하였으며, 바로 이것이 민주주의의 기본을 이루는 것이라 하였다. 그의 이러한 언급은 우리에게 새로운 희망을 심어 주었다. 그 다음은 니체에게; 그는 인간들이 스스로를 넘어서도록, 스스로를 재창조하도록 유도하였다. 바슐라르에게; 그는 시인이며 '동시에' 과학자이다. 왜냐하면 그는 모든 독단주의를 거부하고, 상상력을 복권시켰기 때문이다. 상상력은 현실의 창조자이며, 우리에게 새로운 생활을 열어 줄 수 있는 유일한 것이다. 아렌트에게; 왜냐하면 그녀는 '여성'의 정치활동을 복권하였으며, 여론조작에 대항할 수 있는 유일한 것인 토론이 지속적으로 일어날 수 있는 공공장소를 만들어야 할 필요성을 강조하였기 때문이다. 레비나스에게; 우리는 그가 역량과 인내를 가지고 타자와의 만남이라는 그러한 특별한 사건을 분석한 것에 대해, 또한 윤리학적 요구를 중요한 위치로 끌어올린 것에 대해 끊임없이 감사하고 있다. 질 들뢰즈에게; 그에게 있어 철학은 일반적인 존재와 실천에 대한 사고이지 '지적' 활동은 아니다. 그는 교실에서 과감히 뛰쳐나와 삶 그 자체 속에 철학을 위치시키려 하였으며, 철학은 구체적이며 더구나 재미있는 것이라고 과감히 이야기하였다. 즉 '그것은 슬픔들의 전쟁에 대항하는 기쁨들의 전쟁이다' 라는 것이다. 푸코에게; 그는 모든 배타적 형태를 거부하는 철학자였으며, 모든 형태의 압제에 대항했던 철학자이다. 샤틀레에게; 그는 '교수'로서, 그의 지속적인 관심은 철학을 일반화시키는 것이었다.

그리고 알베르 자카르와의 만남이 있다. 그는 학자이고, 교육자이며, 무지에 대항해 싸우는 자이고, '마술적인' 강연자이다. 그는 마음을 터놓고 쉽게 이야기하며, 모든 사람들, 모든 것들에 귀를 기울이는 강연자이다. 나는 그가 나를 믿어 준 것에 대해 감사하며, 한치의 실수 없이 이 책의 완성을 위해 같이 일해 준 것에 대해 깊이 감사하고 있다.

마지막으로 나는 나의 아버지에게, 그의 물질적인 도움과 인내심에 대해 감사를 드린다.

위게트 앙잘랑-플라네스

(본문 중에 나오는 * 표시 부분은, 이 책 뒤에 실린 인명사전을 찾아보기 바란다.)

차 례

청소년을 위한 철학교실

타 인

형제들처럼 함께 사는 법을 배우라.
그렇지 않으면 우리는 바보들처럼 함께 죽을 것이다.
──마틴 루터 킹──

Q 철학을 공부하는 학생들은 대대로 사르트르의 유명한 구절, 즉 '지옥, 그것은 바로 타인이다'라는 구절을 배워 왔습니다. 당신은 이것에 대해 어떻게 반박하시겠습니까?

이 구절은 작가 자신의 의견을 표현한 것이기보다는, 단지 연극작품의 어떤 상황 안에서의 대사라는 사실에 주목합시다. 〔이것은 사르트르의 1944년에 초연된 《닫힌 방》이라는 극작품 중에 나오는 대사의 하나이다. 이 작품은 사르트르 철학에서 중요한 문제인 인간의 자유가 타인과의 관계에서 어떻게 되는가를 극적인 상황으로 보여 준 작품이다.〕 이 구절은 지옥에 머무르기 시작한 한 인물의 상황 증명일 뿐입니다. 만일 그 인물이 천국에 들어갔다면, 그는 틀림없이 '천국, 그것은 바로 타인이다'라고 이야기하였을 것입니다. 그런데 그가 만일 지상에서 계속 살았다면, 그는 틀림없이 '지옥, 그것은 바로 타인들로부터 따돌림당하는 것이다'라는 사실을 확인하게 되었을 것입니다. 타인들은 우리들의 지옥이 아닙니다. 왜냐하면 그들은 타인이기 때문입니다. 타인들은 그들이 우리와의 관계를 받아들이려 하지 않을 때 우리의 지옥을 만들어내는 것입니다.

나는 타인과의 관계가 필요하다고 믿습니다. 그것은 단지 행복하기 위해서만 필요한 것이 아니라, 보다 근본적으로는 의식을 지닌 존재가 되기 위해 필요한 것입니다.

 다른 사람들이 없다면 존재할 수 없을 것이라는 의미입니까?

물론 나는 혼자서 존재할 수 있을 것입니다. 그러나 나는 나의 존재를 알 수는 없을 것입니다. '나'를 생각하고, 말하는 나의 능력은 나의 유전형질에 의해서 주어진 것은 아닙니다. 나의 유전형질이 나에게 제공한 것은 필요한 것이기는 하지만 충분한 것은 아니었습니다. 나는 듣고 있는 '너'가 있기 때문에 '나'를 이야기할 수 있습니다. '나'라는 사람이 만들어진 것은 고독한 내적 탐색의 결과는 아닙니다. 그것은 타인의 시선 안에서만 형성될 수 있는 것입니다. 나라는 사람은 나를 둘러싸고 있는 모든 이들과의 관계에 의해서 이루어지는 것일 뿐만 아니라, 나라는 사람의 근본적인 실재는 타인들과의 상호 작용에 의해 형성되는 것입니다. 즉 '나란 내가 타인들과 엮어 나가는 관계에 있는 것입니다.' 이러한 정의를 놓고 볼 때, 나와 타인 사이에 더 이상의 단절은 없습니다.

 그렇지만 타인이라는 정의에는 '다른'이라는 의미가 여전히 남지 않습니까.

물론 그러합니다. 왜냐하면 나라는 존재에 관계된 타인은 나와 동일하지 않기 때문입니다. 전기(電氣)의 총량은 다른 것의 총량 앞에서만 정의할 수 있습니다. 이러한 공존은 긴장의 근원이 됩니다. 그리고 그것이 힘, 즉 의사 소통의 힘을 부추깁니다. 의사 교환을 한다는 것, 그것은 공동체 안에 위치한다는 것이며, 공동체 안에 위치한다는 것이 바로 우리를 구성하는 행위입니다. 만일 우리가 이러한 행위가 불가능하다고 판단한다면, 그것은 우리가 모든 인간으로서의 계획을 포기하는 것입니다.

물론 의사 교환을 매번 성공적으로 이루어야 한다는 어려움을 극복해야 합니다. 물론 완전한 이해와 같은 진정함에 도달하는 것은 불가능한 일입니다. 의사 교환을 위해 사용되는 방법들이 완전할 수는 없습니다. 다음과 같은 연계고리, 즉 생각—— 그 생각을 표현하기 위해 말하여진 문장—— 그 문장을 듣기—— 그것을 듣고 재구성한 생각이라는 연계고리는 많은 경우에 있어 부정확함과 착오를 내포하게 됩니다.

예를 들어 몰리에르의 극에 있어서 '어린 고양이가 죽었다'라는 문장은, 겉으로 보기에는 객관적이고 조금도 모호하지 않은 이야기입니다. 그러나 다른 생각들과 연관지어 볼 때, 이 문장은 어린 고양이의 죽음보다는 더욱 심각한 어떤 불안감을 유발합니다. 실제로 모든 문장들은 비록 한 문장이 하나의 주어·동사 또는 보어로만 간추려져 있다 해도, 그 문장에서 전하고자 하는 메시지와 전체적인 맥락을 담고 있으며, 그 문장을 전달하는 방식까지도 내포하고 있습니다. 그 문장은 확실히 하나의 정보를 포함하고 있습니다. 그러나 동시에 그 문장은 의사 교환에도 참여합니다. 적어도 두 사람이 관계되는 것이며, 결과적으로 발화자와 수신자가 동시에 개입되는 것입니다.

다른 말로 하여, 하나의 단어는 어떤 문맥 안에서만 의미를 가집니다. 그 문맥이 늘 같을 수는 없습니다. 예를 들어 청소년과 성인에게서 동일할 수는 없는 것입니다. 그러므로 의사 교환의 수단은 불완전하다는 것을 받아들여야만 하지만, 그것을 보완할 방법은 없습니다. 그러나 쌍방에서 이러한 어려움을 의식하여야 하며, 자신의 이야기 상대자를 자신의 이야기 안에 가두지 않으면서 이러한 어려움을 극복하려는 의지를 가져야 합니다.

최소한으로 우리가 바랄 수 있는 것은, 의사 교환의 수단에 내재되어 있는 이러한 어려움들이 그것을 행하는 사람들의 태도에 의해 더 커지지 않았으면 하는 것입니다. 만일 거짓말이나 거짓맹세가 이 과정에 끼어든다면 더 이상의 의견 교환은 이루어질 수 없고, 상호 공작만이 있을 뿐입니다.

Q 거짓말 그리고 모욕 등, 이러한 것이 가장 나쁜 것들 아닙니까?

모든 의사 교환에 있어 첫번째 조건은 존중하는 것입니다. 타인을 존중한다는 것, 그것은 타인을 자아의 일부로 여기는 것입니다. 그리고 만일 우리가 다음과 같은 정의, 즉 '나란 바로 내가 다른 사람들과 맺고 있는 관계에 있는 것이다' 라는 정의를 받아들인다면, 그것은 바로 이 정의에 대한 증명인 것입니다. 그렇기 때문에 윤리학은 더 이상 하늘에서 떨어진 듯한 교훈들로 이루어지지 않습니다. 윤리학은 우리가 무엇인지, 우리가 무엇을 하는지에 대한 생각들의 결과입니다.

⬛ 장 조레(1859-1914, 프랑스의 철학자이자 정치가·역사학자)는 존경과 관용을 혼동하지 말 것을 강조하였습니다. 그가 생각하기에 관용이라는 말은 위험하고 불충분한 것이며, 그리고 '당신에게 관용을 베풀기를!'이라는 말에서 느껴지는 것처럼 건방지고 모욕적인 것이라 하였습니다.

관용이란 매우 애매모호한 태도입니다. (클로델은 "관용을 위한 집들이 있다"고 말하였습니다.) (프랑스어에서 관용의 집 (maison de tolérence)이란 창녀의 집을 말한다.) 관용을 베푼다는 것은 스스로가 자신은 지배적인 위치에 있으며, 결정권을 지닌 위치에 있다고 생각하는 것입니다. 관용이란 타인의 실수에도 불구하고 그러한 타인을 받아들이는 것이 좋다고 판단하는 것입니다. 이러한 생각은 완전히 바뀌어야 하며, 타인의 위치에 대하여 생각해 보아야만 합니다. 타인과 나 자신과의 차이가 큰 만큼, 타인의 비중도 보다 큰 것입니다.

이렇게 내가 사람들간의 의사 교환을 높이 평가함으로써, 나는 실제로는 정보의 수단만을 의미하는 커뮤니케이션이라는 용어에 조심성을 가지게 됩니다. 정보과학이란 그것이 정보를 가져오므로 해서 소중한 것입니다. 그러나 그것은 상자에 갇힌, 급속 냉동된 커뮤니케이션만을 가져옵니다. 그 정보과학은, 말과 침묵으로 이루어지는 진짜 대화에서 자연스럽게 생겨나는 것인 창조성을 유발시키지는 못합니다.

텔레비전 역시 정보의, 말하자면 편집된 정보의 수단입니다. 그러나 그것이 의사 교환, 다시 말해 공동으로 나눌 수 있는 수단이 되는 경우는 매우 드문 일입니다. 사실 텔레비전은 모든 대화를 없애 버립니다. 왜냐하면 텔레비전은 일방적이기 때문입니다. 그 위험은 크다 하겠습니다. 텔레비전은 우리를 '텔레비전 채널을 끊임없이 돌리는' 수동적 존재로 만듭니다. 다시 말해 텔레비전은 우리를 이야기 상대자를 떠나 있는, 즉 대답을 할 수 없는 그러한 수동적 존재로 만들 위험이 있습니다. 생각을 표현한다는 것은 우리가 꼭 해야만 할 어려운 행위입니다. 텔레비전은 이러한 행위를 없애 버립니다. 우리는 말을 빼앗긴 벙어리 국민, 폭력에 의해 스스로 포기하고 마는 국민이 되어 버릴 위험에 처해 있습니다.

Q. 극단적인 경우에 있어 교외로 내몰려진 사람들, 진정한 의미의 모든 의사 교환이 불가능해진 사람들을 종종 보게 됩니다.

물론입니다. 적합한 용어는 아니지만, '교외'라는 어휘는 유배지처럼 들리기도 합니다. 사실 그곳에 사는 사람들은 도시 밖에, 법 테두리 밖에, 삶의 바깥에 놓인 채 살고 있다고 하겠습니다.

기본적인 일, 즉 타인과의 의사 교환이 그들에게는 허락되지 않고 있습니다. 각 개인들의 문제의 중심, 즉 자아가 되는 문제로 들어가 봅시다. 그런데 이러한 자동-변신은 의사 교환에 의해서만 실현될 수 있는 것입니다. 자연은 우리에게 인간이 되기 위해 필요한 모든 기관들을 주었습니다. 그러나 자연은 따라 나가야 할 길을 제시해 주지는 않았습니다. 존재를 스스로 깨닫는 능력이라는 이 엄청난 위업에 도달하기 위해서는, 타인의 시선의 도움을 얻어야만 합니다. 조금씩 관계들을 엮어 나가야 하며, 그것들이 바로 진정한 우리의 모습이 되는 것입니다.

마을과 도시와 국가는 이렇게 서로 관계를 엮어 나가는 장소가 되어야만 합니다. 그곳은 하나의 시선이 다른 시선을 만날 가능성을 제공하며, 사람들이 계급의 차이 없이 그리고 어떠한 경멸의 표시 없이 서로 얼굴을 마주 대하는 장소를 제공합니다.

그런데 우리의 도시를 감싸고 있는 교외 지역은 이러한 이상향에서 얼마나 멀단 말입니까! 젊은이들은 그들을 기다리지 않는 대도시의 불빛을 멀리서 바라봅니다. 폭력이 그들에게는 유일한 출구라는 것을 알기 때문에 그들은 전쟁놀이를 합니다. 그들은 덜 장님이 되기 위해서, 덜 갇혀 있기 위해서 벽에 낙서를 합니다. 성인들은 반복되는 이러한 슬픔을 더 이상 느끼지 못하고, 그들의 유년 시절의 꿈이 무너지는 것을 받아들입니다.

Q. 개인을 만들어 나가는 과정에 있어, 당신에게 고독은 어떤 위치를 차지합니까?

고독이라는 말은 두 가지 상반된 상황을 지적합니다. 즉 본인의 의지와는 관계 없이 상황이 부여한 고독과, 본인이 원하여 생긴 고독입니다.

본인의 의지와는 관계 없이 주어진 고독은 극적인 것입니다. 나는 다른 사람들을 필요로 하는데 아무도 거기에 없는 경우입니다. 이때의 나는 마치 산소가 부족하여 짓눌려 꺼져 가는 불과도 같습니다.

본인이 원한 고독은 때로 필요한 것으로, 쌓여 있는 생각들의 논리적 일관성을 다시 찾게 해주고, 선들을 다시 연결시켜주며, 새로운 만남을 준비하게 해줍니다. 이렇게 선택된 고독은 아마도 때로는 그것 자체가 다른 만남의 기회가 되기도 합니다. 예를 들어 독서를 하는 것은 정말 놀라운 일입니다. 몽테뉴가 우리에게 털어놓는 속내를 듣는 것은 얼마나 행복한 일입니까! 〔몽테뉴(1533-1592)의 《수상록》을 의미한다. 전3권으로 이루어진 이 책은, 몽테뉴가 많은 독서를 하면서 일상생활의 사소한 일들에 관한 성찰을 써내려간 것이다.〕

Q 당신의 삶 가운데 있어, 당신은 사춘기 시절에 고독으로 괴로워했던 적이 있습니까?

물론입니다. 나는 소극적이었으며, 나 자신을 표현할 수 없었습니다. 내가 이야기하는 모든 말들이 거짓이라고 생각되었으며, 나의 몸 안에 갇혀 고독 안에서 피난처를 찾으려 했지만, 그것이 고통스럽다는 것을 알게 되었습니다. 그러나 나는 이러한 고독을 도서관의 책꽂이에서 만나게 되는 모든 저자들과의 만남으로 채울 수 있었습니다. 그들은 매우 친절했습니다. 그들은 결코 나를 조롱하지 않았고, 글로만 남아 있는 존재들보다는 조금 더 염려스럽기는 하지만 훨씬 더 매혹적인 육체를 지닌 존재들과의 접촉을 내가 갈망하도록 해주었습니다.

생물학

18세기말까지 삶은 존재하지 않았다.
——미셸 푸코——

Q 미셸 푸코는 어느 날 다음과 같이 이야기하였습니다. "18세기말까지 삶은 존재하지 않았다. 단지 살아 있는 존재들이 있었을 뿐이다." 이것은 어느 정도는 의식적·역설적으로 이야기한 것입니다. 당신은 생물학이 과학으로 정립되기 위해 20세기도 넘는 시간이 걸렸다는 사실을 어떻게 생각하십니까?

과학은 당연히 날마다, 해마다, 그리고 각 세기마다 반복되는 동일한 현상에 우선 관심을 기울입니다. 그것들을 여러 측면에서 관찰하는 것 또한 가능하며, 조금씩 우리가 그것들에 대해 가지고 있는 지식을 다듬어가는 것도 가능합니다. 사람들이 마음대로 유발시킬 수 있고, 관찰에서 실험으로 넘어갈 수 있는 현상이 이상적인 경우라 하겠습니다. 이것이 가능하기 위해서는 이러한 현상에 참가하는 물질들이 안정된 것이어야 하며, 시간의 흐름이 그것들을 변하지 않게 하여야만 합니다. 이러한 이유로 해서 맨 처음의 '과학적' 관찰은 별과 유성에 대한 것이었고, 맨 처음 이루어진 실험은 물체 낙하였습니다.

불변하는, 그리고 시간의 흔적을 남기지 않는 대상 앞에서 우리는 안심합니다. 우리는 매순간 변화하고, 발전하며, 늙고 마침내 사라져 버리거나, 죽어 없어지는 것들 앞에서는 안심하지 못합니다. 우리는 그 변화과정에 있어 가장 믿기 어려운 것, 즉 사라지기 전에 자신과 닮은 것을 만들어 낼 수 있다는 사실 앞에서 말을 잃습니다. 이것은 자신을 닮은 모습으로 만들어 냄으로써 시간을 이겨내는 것입니다. 이러한 것들의 범주는 매우 독특한 것이어서 과학 연구는 오랫동안 이것을 독립된 범주로 간주하려 하였으며, 그것을 어떤 '것'이 아닌 '존재'로 간주하려 하였습니다. 그 존재들은 '살아 있는 것'으로, 일종의 파악하기 어려운 형질인 '생명'을 가지고 있습니다.

그러나 이러한 개념을 이용하면서, 사람들은 은연중에 그러한 형질을 부여받은 대상들이 다른 것들에게는 주어지지 않은 특권을 누리고 있다는 사실을 받아들입니다. 즉 생명체들 안에서 일어나는 일은 자연적인 힘(중력, 전자기의 힘, 핵의 힘)에 의해서만 기인되는 것이 아니고, 또 다른 신비한 힘에 의해서도 기인된다는 것입니다. 오늘날 이러한 시각은 무용한 것으로 여겨질 수 있습니다. 생명체이든 아니든, 모든 사물은 같은 상호 작용에 따르고 있습니다. 예를 들어 우리는 수정을 비생명체로 분류합니다. 그러나 그 안에서도, 생명체로 분류되는 박테리아나 식물이나 동물 안에서 일어나는 것과 같은 자연법칙에서 기인하는 현상들이 벌어지고 있습니다.

생명체와 비생명체의 차이는 그것들의 복잡성의 차이에서

비롯됩니다. 즉 복잡성이 그들에게 가져다 주는 힘에서 비롯됩니다. 생명체와 비생명체 사이에 경계는 없습니다. 단지 더 큰 복잡성을 향해 나아가는 연속성만이 있을 뿐입니다. 과학적 사고는 '생명'이라는 단어를 사용하지 않을 수도 있습니다. 왜냐하면 생명은 갑작스럽게 나타나는 것이 아니기 때문입니다. 생명은 한 단계 한 단계 더 복잡해짐에 따라 형성되는 것입니다.

Q 그렇다면 기초적인 물질에서 생명체를 구별할 수 있게 하는 것은 무엇입니까?

왜 물질이 '기초적'이라고 말합니까? 헬륨의 핵은 두 양자와 두 중성자[1]를 가진 물질로, 그 안에서 많은 상호 작용이 일어나고 있습니다. 6개의 양자와 6개의 중성자를 가진 탄소의 핵은 보다 더 복잡한 수준에 이르면 새로운 힘을 가지게 됩니다. 그리고 이러한 점진적인 변화는 박테리아[2]와 같은 매우 복잡한 구조에 이르기까지 끊이지 않고 계속되어 일어납니다. 박테리아는 매우 복잡해서 다양한 물질대사, 즉 숨쉬고 소화하고 반응하는 등의 물질대사가 가능합니다.

---

1) 원자의 핵은 더 이상 분할될 수 없는 마지막 단계는 아니다. 원자의 핵은 보다 더 최소 요소들, 즉 하중이 있는 양자와 하중이 없는 중성자로 구성되어 있다. 그런데 이 양자와 중성자도 그것 자체가 더 작은 요소들, 즉 쿼크(quark)로 이루어져 있다.

2) 박테리아란 단세포 유기체를 말한다. 하나의 막 안에서, 다양한 세포 소기관들은 이 세포가 생명 있는 존재가 되게 하기 위한 활동을 위해 협력한다. 박테리아는 특히 자신이 생겨나는 데 필요한 모든 정보를 지닌 하나의 염색체를 가지고 있다.

어느 날 우연히 이러한 체제에 균열이 생기고, 용해되고, 사라집니다. 그러나 우리가 삶이라는 용어를 내쫓아 버린 이상, 죽음에 대해 말하는 것이 무슨 의미가 있겠습니까?

하지만 잠정적으로라도 삶이라는 단어를 남겨두는 것이 편리하지 않을까요. 하지만 생명체가 하나하나 단계적으로 이루어졌다고 말하는 것은, 그리고 생명체는 언제나 보다 복잡한 상태를 향해 나아간다고 말하는 것은, 종극 목적(finalité)을 다시 끌어들일 위험이 있지 않습니까? 마치 자연이 미리 정해진 계획에 따르고 있는 것처럼 여기는 것 아닙니까?

과학적 논리의 규칙은 오늘에 의해 내일을 설명하는 것이지, 결코 내일에 의해 오늘을 설명하는 것은 아닙니다. 자연이 하나의 계획을 가지고 있다고 생각하는 것은 종극 목적론[3]을 받아들이는 것입니다. 즉 현재 일어나는 사건들은 이미 프로그램된 상태가 그 원인이라는 것을 받아들이는 것입니다. 하지만 내일은 존재하지 않습니다. 오늘을 이해하기 위해 내일을 참고하는 것은, 각 현상에 있어 신의 의지의 결과를 찾아보는 것과 같은 것입니다. 신의 변덕을 받아들인다면 모든 것이 설명됩니다. 그러나 아무것도 예측할 수는 없습니다. 과학이 노력하는 바는, 우리들의 질문에 너무 쉽게 대답해 버리는 이러한 태도에 맞서 싸우는 데 있습니다.

삶에 '신비'란 없습니다. 그리고 인간의 신체 안에서 일어

---

3) 종극 목적론(finalisme)이란 자연현상 전체, 또는 보다 구체적으로는 생체과정을 설명하기 위해 궁극적 목적의 활동이나 개입에 우선권을 주는 원칙을 말한다(반대어는 기계론(mécanisme)).

나는 자연법칙은, 기계 안에서 일어나는 법칙과 마찬가지입니다. 최소 미립자의 차원에서 보면, 모든 것은 같은 방식으로 진행됩니다. 물론 신체는 기계보다는 한없이 복잡합니다. 그리고 특히, 다시 한 번 말하자면 유기체는 목적 없이, 있는 그 상태대로 긴 세월에 걸쳐 이루어진 진화의 결과로 생겨난 것입니다. 반면 기계는 뚜렷하게 정해진 목적에 맞도록 만들어진 것입니다. 기계는 제작자의 의도를 구체화한 것입니다.

이러한 생물학의 개념에서 우리는 다음과 같은 세 가지 결정적인 발견을 이끌어 냈습니다. 즉 세포이론, 유전법칙, 그리고 진화이론의 세 가지입니다.

진화이론(다윈, 1859) 이후에 생명체의 탄생에 대한 이해(멘델, 1865)가 이루어졌고, 그 이후에 복제에 대한 이해(크릭과 윗슨, 1953)가 이루어진 것은 다행스런 일입니다.

오늘날 우리는 다음과 같은 사실들을 이해함에 따라서, 생명체라 불리는 것에 대해 명확한 시각을 가질 수 있게 되었습니다. 그 사실들이란 다음과 같은 것입니다.

• 첫째는, DNA[4] 유전 정보와 이 분자가 복제되는 능력입니다. 다시 말해 DNA 분자를 가진 생명체가 복제될 수 있는 능력이라 하겠습니다(크릭과 윗슨에 의해 정립된 복제이론).

• 둘째는, 생명체 탄생의 메커니즘입니다. 생식기관을 가진

---

4) 디옥시리보핵산(Deoxyribonucleic acid)의 약자. 이것은 뉴클레오티드의 두 시퀀스로 형성되어 있다. 뉴클레오티드는 그것이 함유하고 있는 질소 베이스에 따라 네 범주로 나누어진다. DNA는 생명체의 근원이다. 이 분자는 신비한 힘, 즉 시간의 파괴력에 대항할 수 있는 힘을 가져다 준다.

존재들은 자신의 후손에게 자신의 절반을 전달합니다. 즉 각 부모는 아이들에게 자신이 지니고 있는 유전형질의 절반을 전합니다. 한 아이에게 전달된 것은 그 다음 아이에게도 전달될 가능성이 크다는 의미에서 아이들간의 각각의 몫이 따로 있는 것은 아닙니다. 그러나 각 어린아이들은 각각의 부모들 것을 전달받는다는 의미에서 그들의 몫이 있다고 하겠습니다. 생명체 탄생과정에 있어 가장 인상적인 것은, 우연한 개입에 의해 언제나 새로운 존재가 만들어진다는 것입니다(멘델에 의해 정립된 생명체 탄생이론).

  • 한 종(種)의 유전학적 형질의 점진적 변화는 우연한 개입에 의해, 그리고 여러 사람들이 주변 환경에서 받는 압력에 의해 이루어집니다(다윈에 의해 정립된, 그리고 증명된 진화이론).

Q. 마지막 것에 잠시 주목해 봅시다. 진화는 의미가 있습니까? 무엇이 그 진화의 원동력일까요?

  진화는 다음과 같은 두 가지 원동력을 지닙니다.

  • 첫째는 우연성, 즉 한 세대에서 다음 세대로의 형질 전달에 있어서의 우연성입니다. 이러한 우연성의 결과는 집단의 실제 전체 인원의 '대다수'에 의해 그 결과가 줄어듭니다.

  • 둘째는 압력, 즉 살아남고 종을 번식시키는 데 있어 가장 덜 무장되어 있는 개인들을 제거시켜 버리는 환경이 선택적 압력입니다. 우주의 역사는 언제나 보다 더 복잡한 상태로 나아가려는 끊임없는 도약입니다. 그 고도의 복잡성이 사람들에게, 사람만이 지닐 수 있는 힘, 즉 조금씩 우주를 이해해 나가고 국부적으로 변형시켜 나아갈 힘을 부여하게 됩니다.

Q 국부적으로 변형시켜 나간다. 이것이 바로 생물학자들이 유전학의 차원에서 현재 이루어 낸 일입니다. 그런데 그들의 이러한 조작에 동의해야 할까요?

오늘날 우리는 세대간의 생물학적 특성의 전이가 무엇인지를 압니다. 그리고 우리는 실제로 이 특성을 변화시키거나 활발하게 움직이게 할 수 있습니다. 헌팅턴 무도병[5]이나 테이-삭스병과 같이 매우 무서운 병들을 없애는 것과 관계될 때는 무슨 문제가 있겠습니까? 우리가 이미 천연두 바이러스를 없애 버린 것과 마찬가지로, 이러한 유전자들을 없애 버리는 것은 인류의 미래를 위해 무모하거나 위험한 것이 아닙니다.

그러나 이러한 능력이 어떤 기준에 맞추어진, 미리 프로그램된 인간을 만들어 내는 데 쓰일 수 있습니다. 그리고 또 다른 광기도 가능합니다. 따라서 이러한 새로운 능력은 늘 제기되어 오던 질문, 즉 '우리는 어떤 인류가 되기를 바라는가'라는 질문에 대해, 우리가 가능한 한 빨리 대답을 해야만 한다는 필요성을 제기합니다.

Q 바로 이러한 지점에서 사람들은 점진적으로 유전학에서 윤리학으로 넘어가게 됩니다. 예를 들어 나는 유전형질의

---

5) 신체 여러 부분의 근육군이 불규칙적·불수의적(不隨意的)·무목적적인 운동을 하는 것이 특징인 신경계 질환. 헌팅턴 무도병은 헌팅턴병 또는 우디거트리병이라고도 하며, 상당히 희귀하고 치명적인 유전병이다. 이 질병의 원인은 대사작용의 유전적인 결함으로 인한 뇌조직의 퇴화 때문인 것으로 여겨진다.

결정론을 절대적으로 믿는 사람들이, 그것을 인종주의나 사회 불평등에 대한 과학적 증거로 제시하는 것을 봅니다.

이러한 질문들에 있어서는 과학적 사고에 너무 만족하지 않도록 해야 합니다. 그들은 그들의 이데올로기 안에 갇혀 있습니다. 이러한 생각이 그 안에만 머물지 않고, 인류 전체를 고려하도록 해야 합니다. 여기에서 민주주의의 새로운 형태에 대한 필요성이 생겨납니다. 그것은, 즉 윤리의 민주주의입니다. 인식에 대한 연구는 한계를 받아들여서는 안 됩니다. 그러나 모든 행위는 하나의 윤리에 따라야만 합니다. 그 윤리란 바로 아인슈타인이 말한 "하지 않는 것이 오히려 나은 일들이 있다"라는 것입니다.

Q 10년 동안 윤리학 자문위원회를 주도했던 장 베르나르는, 생물학적 혁명은 인간들에게 세 가지 통제력을 주었다고 말하였습니다. 그 세 가지란 생식력의 통제, 유전형질에 있어서의 통제, 그리고 신경체계의 통제입니다.

그렇습니다. 이것이 바로 사람들에게 가장 큰 영향을 미친 것입니다. 그리고 그러한 이유로 해서, 사람들은 생명-윤리학의 네 가지 주요 원칙을 세우게 되었습니다. 그 네 가지 원칙이란 인간 존중, 지식의 존중, 이익의 거부, 그리고 연구자들의 책임감이 그것입니다.

행 복

사람들을 행복하게 하여라. 그렇게 하는 것이
당신이 그들을 최선으로 대하는 것이다.
——빅토르 위고——

Q 사람들은 철학에서뿐만 아니라 일상 언어에서도 일시적이고 제한적인 만족과는 반대되는, 지속적이고 완전한 상태의 기쁨인 행복을 구분하려 합니다. 칸트는 "행복은 우리가 하고자 하는 모든 것들을 만족하는 데 있다"라고 말하였습니다. 당신도 이러한 의견에 동의하십니까?

행복은 현재와 미래, 존재와 생성이 뒤섞여 있는 것입니다. 행복은 그 순간의 현재에서 넘쳐나는 기쁨과 희망하는 미래로 나아가는 역동성이 뒤섞여 있는 정신 자세입니다. 행복은 찬란함이며 동시에 희망입니다.

만일 쾌락이 우리의 육체를 통해 주어지는 것이라면, 행복은 우리의 모든 인식의 조화입니다. 쾌락이 이 조화에 기여할 수는 있습니다. 그러나 단지 부분적으로 기여할 뿐입니다. 만일 쾌락이 존재 전체를 휩쓸 만큼 강하면, 그것은 역으로 이 조화를 무너뜨리게 됩니다. 반면에 갈망하던 쾌락이 이루어지지 않을 때도, 행복의 형태 중의 하나인 평온함을 이룰 수 있습니다.

많은 사람들은 다음과 같이 확언합니다. "행복은 존재한다. 나는 그것을 만났었다." 그 만남은 틀림없이 순간적이었을 것입니다. 그래도 역시 이것은 행복이란 가능한 것이고, 접근할 수 있다는 사실을 증명합니다. 불만족은 행복의 방해물이 아닙니다. 불만족은 그것이 일으키는 역동성으로 행복을 살찌울 수 있습니다. 행복을 파괴하는 것은 차라리 만족입니다. 만족은 모든 희망을 없애 버리기 때문입니다. 서로 간절히 바라고 있는 연인들은, 서로의 사랑을 이미 확인한 연인들보다 더 큰 행복을 느낍니다.

Q 사람들은 때로 집단적 행복에 대해 이야기합니다. 그것이 의미가 있는 것입니까?

행복은 언제나 개인적 차원의 것입니다. 사람들이 집단적 행복이라 지칭하는 것은, 전쟁에서 승리했을 때와 같이 하나의 사건에 의해 각 개인들의 행복이 우연히 일치되는 경우만을 의미합니다.

행복은 그 자체로는 하나의 가치가 아닙니다. 반면에 정의나 자유는 하나의 가치입니다. 왜냐하면 그것들은 개인들의 행복을 조건짓는 것들이기 때문입니다. 그러나 그것들은 필요조건이지 결코 충분조건은 아닙니다.

Q 그러나 행복이 최고의 선은 아닐지라도, 적어도 행복은 하나의 권리가 아닐까요? 1793년의 프랑스 헌법 제1조에서는 다음과 같이 규정하고 있습니다. "이 사회의 목표는 모든 이들의 행복에 있다."

개인의 권리는 행복에 있는 것이 아니라, 그의 행복 추구에 장애를 주지 않을 집단을 가지는 데 있습니다. 우리는 ‘건강에 대한 권리’를 주장할 수 없습니다. 왜냐하면 건강이라는 것은 사회가 관여할 수 없는 많은 요소들에 달려 있기 때문입니다. 반대로 우리는 ‘치료에 대한 권리’는 주장할 수 있는 것으로, 이것은 집단의 선의에 달려 있는 것입니다.

그러나 사회가 각 개인의 행복을 보장해 줄 수는 없습니다. 사회는 두 소년이 동시에 한 소녀와의 사랑에 빠지게 되는 것을, 그리하여 적어도 한 명은 불행하게 되는 것을 막을 수 없습니다. 하지만 사회는 수많은 불행의 원인들을 제거할 수는 있습니다. 그리고 거기에서 평등의 요구가 생겨나는 것입니다.

Q. 죄악이라는 개념을 가지고 그리스도교는 행복의 가치를 떨어뜨리려 하고 있습니다. 이것을 어떻게 해석하십니까?

행복을 금지하는 것은 신교가 아니라 가톨릭입니다. 원래 그리스도교는 사랑의 종교입니다. 그 사랑은 이웃에 대한, 나눔에 대한, 그리고 공동체에 대한 사랑, 다시 말해 행복이 허락된 사람 사이의 조화에 대한 탐구라 하겠습니다. 인간들의 다른 조직과 마찬가지로, 교회도 그 목적이 ‘복음’의 전파에 있는 것이 아니라 그들의 세력 확장에 있습니다. 그리스도교는 흔히 그들의 힘을, 사람들의 마음속에 불러일으킨 두려움, 특히 죄악이나 천벌 같은 개념을 통한 두려움에 기초하고 있습니다.

행복한 사람에게는 어떠한 수치도 없을 뿐더러, 우리는 그 행복에서 영광을 끌어낼 수 있습니다. 자신의 행복을 표현한

다는 것은 의무입니다. 진정 행복한 존재는, 다른 사람들에게
행복이란 가능하다는 것을 증명해 줍니다.

Q 당신도 그 행복을 만나 보았던 사람들에 포함됩니까?

모든 사람들처럼 나도 모든 것을 원했었습니다. 때로는 원
하는 것을 얻었지만, 결코 모든 것을 얻었던 적은 없습니다.
행복은 때로는 아무것도 없는 사막 속에 있기도 하고, 때로
는 모든 것이 가득 차 있는 곳에 있기도 합니다. 이제야 내
가 알게 된 것은 행복이 다가왔을 때, 그 행복이 어디서 왔
는지, 누가 보내 준 것인지를 물을 필요가 없다는 것입니다.
단지 그 행복을 받아들일 수 있으면 되는 것입니다.

Q 마지막으로, 만일 당신이 당신의 행복은 어떤 것들로 이루
어지는지를 이야기해야만 한다면 어떻게 이야기하시겠습
니까?

나에게 있어 행복이란 타인들의 시선 안에서 스스로를 아
름답다고 느끼는 것입니다. 이러한 정의는 타인을 바라볼
때, 그들이 아름답다는 것을 찾아낼 줄 알아야만 한다는 도
덕적 의무를 내포하고 있습니다. 고백하건대, 이것은 언제나
쉬운 일은 아닙니다. 그러나 그것이 어려운 이유는, 내가 그
들에게서 나와 같은 인간의 모습을 가려낼 수 없음에서 기
인합니다.

타인의 시선하에서 스스로가 추하다거나, 나쁘다거나, 하찮
은 존재라거나, 얄팍한 존재로 느끼는 사람은, 그가 타인들에
게 던지고 있는 증오 속에서만 자신의 정체성을 찾을 수 있

습니다. 결손 가정 아이들의 비극은, (예를 들어 이민이나 두 문화간이 불안정한 상황에 의해 자신의 근본을 상실하므로 해서) 자신이 누구인지를 알지 못한다는 것입니다. 그들의 '또래 조직' 이나 범죄가 그들에게 그 대답을 주고 있습니다. 그 대답은 학교에 의해, 학교가 대화를 연습할 수 있는 장소라는 조건하에서 학교에 의해 주어질 수 있습니다.

의식(그리고 무의식)

의식은 혼돈 속에서는 단지 작은 빛일 뿐이다.
소중하지만 매우 약한 빛일 뿐이다.
——셀린——

Q 당신은 말씀하시기를, 타인의 존재 없이는 의식이 생겨날 수 없을 것이라고 하였습니다. 그렇다면 당신은 무엇을 의식이라고 하시는 것입니까? 어떻게 정의하시겠습니까?

우주에 속한 모든 것은, 소립자이건 은하계이건 자갈이건 동물이건간에 암암리에 존재를 부여받은 것입니다. 모든 것들은 존재합니다. 그러나 그것이 무엇이건간에 그것에 대한 정의는 임의적입니다. 그 소립자와 그 은하계는 관찰자가 있기에 개별화된 존재로 간주됩니다. 관찰자는 그 대상의 한계를 그어 나가면서 그것의 특이성을 부여하는 것입니다. 우주의 어떤 것이 되기 위해서는 관찰자의 이야기 대상이 되어야만 합니다.

물론 사람만이 유일한 관찰자는 아닙니다. 시력을 부여받은 동물들도 인간처럼 매일 아침 하늘에 솟아오르는 작열하는 물체를 봅니다. 그러나 인간만이 단지 이것을 바라보는 것에서 더 나아가, 이 물체를 태양이라고 부를 수 있습니다.

태양이라는 별은 모든 별들처럼 인간의 이야기의 산물입니다. 인간이 없었다면, 우주는 단지 아무런 구조도 없는 연속체인 것입니다.

이렇게 사물을 산출해 내는 시선, 이 시선을 각 개인은 자기 자신에게 돌릴 수 있습니다. 그러므로 자신의 이야기의 대상을 자기 자신이 되도록 하는 것입니다. 그렇기 때문에 그 사람은 단지 존재하는 것이 아니라, 스스로의 존재를 알게 되는 것입니다. 의식이란 바로 이런 것입니다. 그것은 우리에게 우리가 존재한다는 것을 알게 해주는 행위인 것입니다.

Q. 데카르트*의 "나는 생각한다. 그러므로 나는 존재한다"[1]는 말은, 철학책의 서두에 나타나는 명제입니다. 당신 생각으로는 이 명제에 있어 흥미로운 것이 무엇인가요?

데카르트가 의식에 대한 정의를 내리려고 하였던 것은 아닙니다. 그에게 필요했던 것은, 모든 의심스러운 것에 대항할 수 있는 명백함이었습니다. 여기에는 우리의 감각이 전달하는 것에 대한 의심도 포함됩니다. 그는 거기에서 단 한 가지만을, 즉 그가 이러한 연구를 하고 있다는 사실만을 찾아냅니다. 그러므로 그는 그의 철학적 기초를, 그 존재를 의심할 여지없는 대상들에 두고 있는 것이 아니라 그 존재가 확인되는 과정에, 즉 그 자신의 사고과정에 두고 있습니다.

솔직히 이야기하여 나는 그의 주장이 설득력 있다고 생각하지는 않습니다. 확실하다고 여길 수 있는 것은 이러한 사

______

1) 르네 데카르트, 《제일철학에 관한 성찰》(1641), 그리고 《방법서설》(제4부, 1637).

고가 존재한다는 것이지, 생각하는 '나'의 존재는 아닙니다.

모든 사물은 그것을 언급하는 이야기에 의해서만 그 존재에 이를 수 있다는 생각으로 만족하기를 나는 원합니다. 그런데 그 이야기는 누군가를 대상으로 이야기하고 있는 것입니다. 나의 이야기의 대상이 나일 때 나는 나의 존재를 의식하게 되며, 동시에 나는 나의 이야기의 대상이 되는 타인 앞에서 나의 존재를 확인하게 됩니다.

만일 내가 데카르트의 저작에서 한 가지 교훈을 끄집어 내야만 한다면, 그것은 그의 분석방법일 것입니다. 그는 각 문제를 가능한 한 최소한으로 나누어 부분적으로 분석하고 있습니다. 그러나 이것은 다음과 같은 원칙을 잊지 않는다는 조건하에서입니다. 그 원칙이란 하나의 구조의 다양한 요소들의 상호 작용은, 그 각 요소들 안에서는 나타나지 않을 실재를 나타나게 한다는 것입니다. 분석한다는 것은 각 요소들의 역할을 이해하게 해줍니다. 이러한 절차는 필요한 것이지만 충분한 것은 아닙니다. 그 다음에 이해해야만 할 것은, 이 요소들의 관계가 어떻게 단지 그것들을 모아 놓은 것이 아닌 '전체(tout)'를 창출해 내는가 하는 것입니다.

Q 데카르트에게 있어서, 의식은 신체와의 완전한 결별을 의미합니다. 더 심하게 이야기한다면, 어떤 사람들은 의식을 물질에 대한 일종의 정신의 '복수'로 여깁니다.

왜 복수를 생각합니까? 우주의 진화과정에는 단지 보다 큰 물질적 구조를 향한, 그리고 보다 복잡함을 향한 힘의 연속적인 출현이 있었습니다. 이 과정은 그 복잡성에 있어서의 챔피언이라 할 수 있는 인간 두뇌의 출현에까지 이어졌습니다. 이 뇌가 부여받은 힘 가운데 가장 결정적인 것은 사람들 사이에 의사 교환을 하도록 한 것입니다. 이것을 우리는 '담화(discours)'라 부르는 것입니다. 각자는 자신을 자신의 담화의 대상으로 삼을 수 있습니다. 다시 말해, 자신의 존재로서의 의식을 발전시킬 수 있는 것입니다. 그러나 이 담화는 교환의 망 속에서만 자리잡을 수 있습니다. 그러므로 이렇게 전체적으로 엮어진 망이 개인적인 의식의 출발점이 됩니다. 이것이 바로 내가 다음의 문구로 요약하고자 하였던 것입니다. 그 문구는 바로 "나는 '나'라고 말한다. 왜냐하면 다른 사람들이 나를 '너'라고 말했기 때문이다"라는 것입니다. 정신은 '물질'의 모험의 끝일 뿐입니다. 우주 이외의 다른 근원이 있는 것이 아닙니다.

Q 의식이란 물질적 실재라고 말씀하시려는 것 같은데요.

정확히 그러한 의미는 아닙니다. 의식은 단지 표현하기 위해 물질적 도움을 필요로 합니다. 언어와 비교해 봅시다. 언어는 음성학적 코드에 의해서만 생겨납니다. (또는 손을 사용하여 말하는 사람에게 있어서는 손짓에 의해서 생겨납니다.) 그러나 언어는 음성학 코드와는 다른 것입니다. 당신은 음성학 코드에 대해서는 모든 것을 알 수 있습니다. 그러나 언어가 무엇인지에 대해서는 상상할 수도 없습니다. 바로 이러한 것이 데카르트적 분석방법의 불충분성입니다.

이러한 불충분성의 다른 예로는 다음과 같은 것이 있습니다. 즉 의식이 어느 순간에 생기는 것인가 하는 것입니다. 사람들은 때때로 질문을 합니다. 사람들이 태어나기 이전에? 아니면 그 이후에? 낙태에 대한 논쟁을 할 경우 그 대답은 중요한 것입니다.

그러나 이것에 대해 대답할 수는 없습니다. 수정된 난자는 의식이 없습니다. 그러나 그 안에는 모든 것이 들어 있고, 발전과정을 거쳐 의식을 지닌 존재에 도달할 것입니다. 사람들은 영혼이 없는 난자와 정자를 쓰레기통에 버립니다. 그들의 만남의 결과 생겨난 난세포는 왜 못 버리겠습니까? 난세포의 세포 분화에 의해 생겨난 수정란은 왜 못 버리겠습니까? 수정란에 뒤이어 나타나는 태아는 왜 못 버리겠습니까? 방금 태어난 아기는 왜 아니겠습니까? 이러한 논리의 연속으로 사람들은 모든 죄를 정당화시킬 수 있을 것입니다!

그러나 역으로 진행되는 같은 논리는 부조리에 이르게 됩니다. 나는 분명 아기의 생명을 존중합니다. 그러므로 나는 태아의 생명을 존중해야 하고, 수정란의 생명을 존중해야 하며, 방금 수정된 난세포의 생명을, 그러므로 난자의 그리고 정자의 생명을 존중해야 하는 것일까요! 1백여 개의 난자와 1백만여 개의 정자의, (단지 한 쌍의 만남만이 생명을 가지게 될) 운명을 비통해하는 것은 어려운 일일 것 같습니다.

사람들이 낙태의 문제를 제기할 수 있는 것은 이러한 맥락에서는 아닙니다. 생물학은 현실을 묘사할 수만 있는 것이지, 도덕적 규칙을 제안할 수는 없습니다. 각기 방향을 잡는 것은 각자의 일입니다. 나는 여성의 입장을 존중합니다. 모든 것을 고려한 뒤에 그녀를 위해 낙태가 최악이 아닌 해결책이라고 결정을 내린다면, 그녀의 입장을 존중합니다. 나는 이러한 여성의 입장이 그녀가 잉태하고 있는 미래의 아기에 대한 존중보다 앞선다고 생각합니다.

　이러한 생각을 나 혼자서는 할 수 없는 것입니다. 모든 다른 근본적인 문제들과 마찬가지로 이러한 문제에 있어서는, 개인적 의견은 집단의 의견에 그 뿌리를 두고 있는 것입니다. 왜냐하면 나의 의식은 타인들과의 접촉과정에서 생겨나는 것이기 때문입니다.

Q 시간성과 미래를 예측할 수 있는 능력도 고려되는 것이지요.

　인간과 동물을 가장 먼저 구분할 수 있는 인간의 가장 주된 특성은, 인간이란 내일을 상상할 수 있는 능력이 있다는 것입니다. 곰과 다람쥐 들은 추위가 닥쳐오는 것을 보면서 준비를 하고, 지방을 축적하며, 그들이 겨울을 지낼 수 있을 식량을 저장합니다. 그러나 이러한 생각은 기온에 의하여 일어나는 것입니다. 그들은 날씨가 춥기 '때문에' 식량을 저장하는 것이지, 겨울을 나기 '위해' 저장하는 것은 아닙니다. 내일이 존재한다는 것을 의식하고, 나는 내일에 영향을 미칠 수 있으리라는 의식을 갖는 것은 인간 고유의 것입니다.

Q 당신도 역시, 라캉*의 표현처럼 의식을 '현상들의 정점 (sommet des phénomènes)'으로 여기고 있군요. 그것은 신인동형론(神人同形論, anthropomorphisme) 아닙니까?

　만일 내가 헬륨의 핵이었다면, 나는 탄소 원자의 힘에 감탄하였을 것입니다. 만일 내가 탄소 원자였다면, 나는…… 경탄하였을 것입니다. 이런 식입니다. 이러한 연쇄고리의 끝에서 사람들은 인간에 이르게 됩니다. 이러한 인간은 그보다 유일하게 보다 복잡하며, 보다 더 큰 힘을 지닌 인류 공동체에 대해서 경탄하게 됩니다. 내가 거기에 속해 있기 때문에 나에게 주어진 것인 의식에 의해서, 나는 보다 더 복잡함으로 나아가는 우주의 도약에 참가하게 됩니다. 이 도약은 분명 우주 진화의 의미를 지닙니다. 그렇기 때문에, 일상의 사건들이 의미를 지니는 것은 의식에 의해서입니다.

마지막으로 데카르트의 "그러므로 나는 존재한다"는 명제에서 내가 거북하게 느끼는 것은, "나는 생각한다"는 것의 자율성입니다. 왜냐하면 그 생각은 타인과의 관계에서만 나타나고 발전될 수 있는 것이기 때문입니다. 외부와의 관계 없는 의식은 없습니다. 나는 타인이 있기 때문에 형성됩니다. 어떤 경우에 내가 생각을 할 때, 나는 나의 자아를 떠납니다. 나의 자아는 더 이상 나의 피부 안에 머물러 있는 것이 아닙니다. '나'는 내가 타인들과 맺고 있는 관계들의 총체입니다.

Q. 그렇다면 당신은 프로이트가 《응용 정신분석 시론》에서 말한 바 있던 "자아는 그 자신의 집의 주인은 아니다"라는 이야기를 받아들이는 데 아무 문제가 없으시겠군요.

그 이야기는 훌륭한 것입니다. 하지만 프로이트는 이 이야기에 보다 재미있는 뉘앙스를 주었으면 좋았을 것입니다. '나 자신의 집의 주인'이 되지 않는다고 해서, 나는 슬픈 존재가 되어서는 안 됩니다. 존재한다고 주장하는 것은, '우주의 주인인 것처럼 자신의 주인'이라고 한 아우구스투스 황제의 이야기 같은 거만한 허영심을 증명하는 바일 것입니다. 매우 다행스럽게도 우주는 계급과 부대 들로 이루어진 군대처럼 구성되어 있지는 않습니다. 매우 다행스럽게도 나의 '집'은 성벽이 쳐지고, 각진 침대와 주둔부대 특무 상사가 있는 군대 막사는 아닙니다.

나의 집은 시간과 공간에 있어 열린 장소입니다. 오랫동안 잊고 있던 과거의 사람들이 예고 없이 거기에서 다시 나타납니다. 때로는 이방의 낯선 자들이 찾아들고, 기대하지 않았던 풍요로움을 남깁니다. 쌓여 있던 먼지들도 대기의 흐름이 그것을 들어올릴 때는 꿈의 근원인 구름이 됩니다. 사람과 사물 들은 서로 부딪치고, 자연스럽게 여기저기에, 한편에서는 조용한 구석과 다른 한편에서는 소리지르고 논쟁할 수 있는 구역에 자리잡습니다. 때로 질서에 대한 유혹이 나타나기도 하지만, 죽음이 아니라면 누가 그것을 강요할 수 있겠습니까?

'나'는 각 방들이 나를 놀랄 만큼 환대했을 때 느꼈던 것만큼의 강한 행복감을 가지고 그 집에서 이동합니다. 헛간과 지하실은 시체처럼 내가 감추어야만 하는 것들을 숨길 것입니다. 아무래도 좋습니다. '나'는 창문 앞에 있고, 창문은 열려 있습니다.

갑자기 나의 자아는 집을 잃고, 나의 자아는 내가 엮고 있는 관계 속에, 내가 유지하고 있는 상호 교섭 속에서 찾아집니다.

Q 자아는 또한 그가 물려받은 것들에서 영향을 받습니다. 자신의 종(種)의 과거를 모르는 사람에게서 자아는 주인이기 어렵습니다.

우리가 출생한 이래로, 아니 그 이전부터 우리의 뇌는 우리의 다양한 '지적' 영역들, 기억, 상상력, 감정 등의 도움으로 회로를 만들며 구성됩니다. 수천의 신경세포들이 수억의 연결고리로 결합된 이 풍부한 구조 안에서 모든 것들은 흔적을 남깁니다. 우리의 1백여 년의 삶(단지 30억 초)의 사건들로도 다 채우지 못할 끝없는 결합관계가 있습니다. 매순간 이 신경세포 회로의 미세한 부분들은 느끼고 표현되기 위해서 사용됩니다. 이 '의식하는' 부분은 우리에게 실제로 살아 있는 유일한 것으로 여겨집니다. 실제로 우리의 뇌활동은, 우리의 지난 행로에서 취득된 모든 것들을 새겨넣으며 은밀히 계속됩니다.

무의식이란, 뇌활동이 어느 순간에 느끼고 표현되는 것들을 놓치고 지나간 것들을 지칭합니다.

Q 자아가 나 자신의 주인이 아니라면, 자아는 무의식의 노예란 말입니까?

아닙니다. 이것은 알랭(1868-1951, 프랑스의 철학자)이 주목하였던 바이기도 합니다. 흔히 범하기 쉬운 실수는 무의식을 고유의 성격과 나름의 자율권을 지닌 하나의 인물로 만들려는 것입니다. 이 개념에 이름을 부여한다는 사실은, 그 안에서 누군가를 보도록 우리를 부추기는 것입니다. 이와 유사한 실수는, 과학 영역에 있어서 '우연'이라는 단어와 관계된 것에서도 찾아집니다. 사람들은 '우연'을 필연성, 즉 결정론적 힘의 게임과 대립시키면서 가장 예측하기 힘든, 그리고 속셈을 숨기고 있는 작은 천재로 만들고 있습니다. 그것은 한 상태에서 다음 상태로 넘어가는 과정의 배우가 되었는데, 이것은 과학이 이 개념에 부여한 역할과 부합되는 것이 전혀 아닙니다.

더구나 무의식은 그 자신이 배우는 아닙니다. 하물며 귀신은 아닙니다. 그것은 인간의 반응을 설명해 주는 다른 많은 것들 중의 한 요소일 뿐입니다.

 당신이 이해하고 있는 대로라면, 무의식은 무한히 복잡한 인간의 복잡성을 보충해 주는 한 요소입니다.

성(性)을 예로 들어 봅시다. 즉 몇몇 호르몬들, 아드레날린이건 성 호르몬이건, 그리고 많건적건간에 그 호르몬들과 우리 신경의 활동은 변합니다. 그러나 뇌의 극도의 복잡성은, 호르몬을 분비하는 내분비선과 신경충동을 전하는 신경세포 간의 단순한 인과 사슬을 허락하지 않습니다. 남성이 여성을 보면 내분비선이 반응하고, 뇌는 신호를 받아 계속해서 행동하도록 자극합니다. 원인과 결과의 사슬은 성교에 이르게 합니다. 인간의 뇌는, 그 끝을 예측 불능케 하는 인과관계의 혼란을 끌어들임으로써 이 과정을 혼란하게 만듭니다. 자연에 의해 조정되는 성기관의 움직임이 이 법칙을 변화시킵니다. 다른 기관들도 이 일에 끼어듭니다. 특히 추억이나 감정·금지·계획·상상 등 복잡한 감정을 불러일으키는 뇌가 그러합니다. 사람들이 '사랑'이라 부르는 격류를 터뜨리는 데 있어서 성교는 중심적인 것이 아닙니다. 단지 부분적인 것입니다. 더 극단적으로 말하자면 핑계에 불과한 것입니다.

 다른 말로 하자면 알랭이나 사르트르와는 반대로, 당신은 무의식이 주체의 최고권을 문제삼는다는 구실로 무의식의 힘을 약화시키려 하시지는 않는군요.

나는 나의 행위에 영향을 주는 예측 불능성을 안타까워하지는 않습니다. 내일이라는 시간이 흥미는 있지만, 나는 내가 그것을 예측할 수 없다는 것을 매우 다행스럽게 생각합니다.

내가 이러한 사건을 앞에 두었을 때의 반응은 때로 나를 놀라게 합니다. 나는 설명을 찾습니다. 그러나 나는 흔히 거짓이나 부분적 증명에만 이르게 된다는 것을 압니다. 나는 나의 무의식이 숨어 있는 헛간으로 찾아가 볼 것입니다. 그러나 나는 그곳을 탐험할 수 없다는 것을 압니다. 그리고 나는 그것에 만족합니다. 과장하지는 맙시다. 나는 예측하지 못한, 그리고 설명할 수 없는 소용돌이에 의해 소란스러운 배의 조종사와 같습니다. 그러나 나는 그 배의 조종사로 남아 있습니다. 밀려든 안개로 인해 나의 결정이 '판단 불능'이 되었다고 해서 나의 책임이 줄어드는 것은 아닙니다.

나의 무의식은 구석에 숨어서 나에게 다가오는 반응들과, 나에게 떠오르는 생각들을 조종할 수 있습니다. 무의식이 정말로 나를 겁주지는 않습니다. 나를 공격하고, 나에게 항변하고, 나를 돕고, 나를 사랑하고, 나를 혼란스럽게 하는, 그래서 내가 그것들 없이는 지낼 수 없을 '다른 것들' 이상은 아닙니다.

인구통계학

각각의 개인들은 모든 이들의 그림자이다.
——폴 엘뤼아르——

Q 당신은 국립 인구통계학 연구소(INED)의 인구유전학과의 책임을 맡으셨었죠. 그리고 당신은 아프리카의 고립집단 연구에도 참여하셨었죠. 당신은 도곤족과 투아레그족의 거주지에 머물기도 하셨죠? 이러한 경험을 통해 당신이 개인적으로 얻은 것은 무엇입니까? 당신의 결론은 무엇이었는지요?

국립 인구통계학 연구소에서 일했던 시기에, 나는 주로 고립된 집단의 유전형질의 진화에 대해 연구하였습니다. 이러한 연구는 초기에는 순전히 이론적인 것이었습니다. 이것은 고립된 집단에 있어서의 유전학적 열등성을 특징짓는 공식을 찾아내려는 것이었습니다. 도중에 나는 이러한 고립과, 그 형질이 세대에서 세대로 전해지는 조건들을 묘사하는 바로미터를 정의하는 데 이르게 되었습니다. 그것은 인구의 실제인원을 측정하고 분석하며, 출산을 위한 파트너의 선택을 특징짓는 것과 관련된 것입니다. 따라서 인구통계에 의해 조정된 개념과 기술 들은 정확합니다.

그러나 그것은 단지 모델일 뿐입니다. 그것에서 얻어진 이론적 결과들을 실제에 비추어 보는 것이 필요합니다. 나는 다양한 분야의 연구가들, 즉 행동학 연구학자·의사·혈액학자 등이 모인 연구팀에 참가하여 지역적·문화적으로 고립된 집단에서 일할 수 있는 행운을 만났습니다. 그 결과는 우리가 실험실에서 모델에 맞추어 했었던 것과 같은 것이었습니다.

이론과 실제 인구집단간을 비교해 본 결과, 우리는 보다 효과적인 관찰의 도구가 되는 새로운 바로미터를 적용하여 새로운 모델들을 만들어야 한다는 결론을 얻게 되었습니다.

그러나 사실대로 말해서 이러한 '과학적' 진보도, 한 개인이 자신과는 동떨어진 문화와 만났을 때 겪는 충격 앞에서는 그다지 중요한 것이 아닙니다. 바사리족과 동세네갈의 베디크족, 말리와 니제르 국경 근처에서 방랑생활을 하는 투아레그족, 그린란드 동해안에 위치한 아마살리크의 이누이트, 나이저 강 유역 홈보리 산의 도곤족 등은, 그럴듯한 명제들이 나에게 영향을 주었던 것보다도 훨씬 더 결정적이고, 더 심오한 질문들을 다시 생각해 보도록 하였습니다. 그곳의 남녀들은 나와는 다른 기쁨, 다른 걱정, 그리고 다른 고정관념 들을 가지고 있으며, 나는 그것들의 의미에 대해 다시 생각해 보게 됩니다.

Q 인구통계학 작업은 어떻게 이루어집니까? 작업의 도구가 되는 것은 무엇입니까?

인구통계학은 인구를 산출해 내고, 그 인구의 변화과정을 분석해 내는 과학적 학문 분야입니다. 그 산출에 있어서는 개인의 두 성향, 즉 나이와 성(性)이 기본적으로 고려의 대상이 됩니다. 인구통계학에서 집계된 정보는 주민등록, 조사대장, 여론조사, 어떤 특정한 목적을 위해 이루어지는 앙케트 등에 기초 자료를 제공해 줍니다. 이러한 기초적 자료에서 출발하여, 사망률이나 출산가능성 등처럼 한 집단의 미래를 위해 중요한 특징들을 정확히 묘사하는 일련의 지수나 비율을 결정합니다.

　이 방법들은 몇몇 가정에 의거하여, 인구동향에 있어 어떠한 일이 일어날지를 예상하게 해줍니다. 이것이 닥쳐올 현실을 알리는 것이 아니라 받아들여진 가정의 결과를 끌어낸다는 것을 나타내기 위해서, 인구통계학자는 '예견'이나 '예상'이 아니라 '산출'이라 말하기를 더 좋아합니다.

　이러한 '산출'은, 지구 전체의 인구처럼 보다 많은 수의 인구에 관계될 때 보다 정확해집니다. 물론 실수가 있을 수는 있습니다. 그러나 흔히 실수들은 상쇄되며, 사람들은 과거를 돌이켜보고 과거에 산출해 낸 결과가 실제와 유사함을 알게 됩니다. 1958년 이후 국제연합기구(ONU)의 인구분과에서 예견하였던 20세기 후반기의 인류 전체 수는 다음과 같습니다.

연도	1960	1970	1980	1990	2000
1958년의 산출치	2910	3480	4220	5140	6280
실제	3014	3683	4453	5201	6130

　이러한 순서에 따라 볼 때, 인류의 전체 수는 2025년에는 8천2백만이 될 것이며, 다음 세기의 후반기 중에 1백억을 넘을 것이라고 같은 기관이 발표한다면 그것을 신중하게 받아

들일 필요가 있습니다. 이러한 산출을 낙관적으로 또는 비관적으로 여겨서는 안 됩니다. 다만 분명한 것은, 모든 장기 계획을 세울 때 이 산출이 고려되어져야만 한다는 것입니다. 왜냐하면 만일 우리가 우리의 후손들이 이 땅에서 진정 인간적인 환경을 누리며 살 수 있기를 바란다면, 그 산출지수는 우리 인간들이 이 땅에서 이루어야만 할 변화의 척도를 제공해 주기 때문입니다. 나는 이 숫자들을, 아인슈타인이 시사했던 것처럼 '폭탄'으로 여겨야 한다고는 생각지 않습니다. 인류를 위협하는 것은 그 숫자가 아닙니다. 차라리 현재 거기에서 결론을 이끌어 낼 수 없는 우리의 무능력에 있다 하겠습니다. 우리는 개인간의, 나라간의 관계를 정립하고 그것을 잘 유지하는 데 한 세기를 보냈습니다. 나는 모든 '결정권을 가진 자들'을 원망합니다. 특히 우리의 생존조건에 대한 진정한 혁명을 준비하여야 함에도 불구하고, 단지 다음 선거에만 그들의 관심을 두고 있는 정치가들을 원망합니다.

Q 무엇이 인구폭발을 유발합니까? 높은 출산율을 낮추고, 인간의 생식 능력을 약화시키기 위해 취해야 할 방법은 무엇입니까?

인류 전체의 인구폭발은(20세기 초반부터 후반기 사이에 4배가 되었으며, 지난 40여 년간에 2배가 되었습니다), 순전히 유아사망에 대한 투쟁에서 얻은 진보에 기인합니다. 이러한 진보는 첨단의학을 필요로 하지 않습니다. 그것은 기본적으로 나아진 위생과 예방접종 캠페인에서 기인합니다. 과거에는 출산율과 유아사망률이 비슷하였습니다. 우리의 아름다운 승리 덕분에 우리는 이 균형을 깨뜨릴 수 있었고, 어린아이들이 죽는 것을 막을 수 있었습니다. 이 균형을 다시 찾을 수 있는 유일한 가능성은 출산을 제한하는 것으로, 이것은 자손을 낳는 것에 대한 우리의 태도에 근원적 변화가 있어야 함을 의미합니다. 자손을 낳는다는 것이 과거에는 의무였습니다. 그러나 지금은 제한된 권리입니다.

이러한 태도의 변화는 약 1세기 전 선진국에서 이루어졌습니다. 이제는 개발도상국에서도 이러한 정신 자세의 변화가 이루어져야만 합니다. 이것이 빨리 일어날수록 인구증가에 의해 제기될 문제들이 덜 심각해질 것입니다. 그리고 가능한 한 가장 빨리 균형에 도달하는 것이 모든 사람들의 관심입니다. 이러한 목표는 교육의 보급에 의해서만 도달될 수 있습니다. 여기서의 교육은 젊은 여성들에 대한 교육을 포함합니다. 그런데 후진국들은 그들의 빈곤 때문에 교육체제를 발전시킬 수 없으며, '악순환'에 빠져듭니다. 빈곤은 인구폭발을 계속되게 하며, 이로 인해 빈곤은 계속됩니다. 유일한 해결책은 부유한 나라들의 도움입니다. 왜 그들은 가난한 나라의 교육비용의 일부를 책임지려 하지 않는 것입니까?

다음 세기 동안에 이루어질 인간의 대지의 기본적인 변화는, 인구의 불안정성에 의해 결정됩니다. 인구통계에 의거한 산출에 의해서 우리는 지금부터 지도자들의 정책 방향을 결정할 수 있습니다. 이처럼 인구통계학자들은 정치적으로 결정적인 역할을 합니다. 그러나 불행히도 사람들은 그들의 말에 귀를 기울이지 않고 있습니다.

다른 많은 것들 가운데 한 예를 들어 봅시다. 의학의 진보는 인류의 삶에 영향을 주고 있습니다. 인간의 평균 수명은 프랑스에서는 80세에 이르고 있습니다. 18세기에는 단지 30

세였습니다. 그 결과는 프랑스에서, 그리고 이와 동등한 의학적 수준을 지닌 나라에서 노년층의 비중이 상당히 증가했다는 것입니다. 사람들은 이렇게 인구의 '노령화'를 부추기고 있습니다. 그러나 이러한 시각은, 그 나이에 이르기까지 살아온 날들이 아니라 아직도 살아야 할 날들, 즉 '삶의 희망'에 중심을 둠으로써 역전될 수 있습니다. 따라서 우리는 인구 전체에 비추어 볼 때, 이 희망의 평균이 오늘날 약 40세라는 것을 알게 됩니다. 두 세기 전에는 약 17세였었는데 말입니다. 이 희망이란 단지 수동적으로 생의 끝을 기다리는 것이 아니라, 미래를 새로이 설계해 나가야 할 기간으로 여기며 계획을 세우는 능력을 말합니다. 나이에 의해 측정된 노쇠는 평균적 활력을 고려해 본다면 다시 젊어지게 됩니다.

 지구의 인구통계학적 한계는 얼마입니까? 우리 삶의 양태에서 무엇을 바꾸어야만 합니까?

사람들이 가장 흔히 제기하는 질문은, 바로 이 지구가 곧 닥치게 될 1백억 또는 1백10억의 인구를 먹여 살릴 수 있을 것인가 하는 것입니다. 대답은 다행히도 긍정적입니다. 확실히 수요와 자원의 균형은 대륙간의 막대한 이동을 필요로 합니다. (특히 아프리카는 부족함에 처해 있습니다.) 그러나 전체를 총괄적으로 볼 때, 인류는 인류를 먹여 살릴 만큼을 가지고 있습니다.

그러나 중요한 문제는 지구가 인류를 얼마나 지탱할 수 있을 것인가 하는 것입니다. 이 질문에 대답하기 위해 우선 필요한 것은, 어떤 인류인가라는 것입니다. 만일 양식을 땅에서만 구하는 데 만족하는 사람들만을 말한다면, 그 대답은 확실히 1백억 또는 1백10억 이상입니다. 그러나 만일 오늘날의 서양인들이 하듯이, 석유처럼 다시 회복할 수 없는 것을 파괴하거나 또는 나무처럼 매우 느리게 회복되는 풍요로움을 파괴하는 인류를 일컫는다면, 대답은 확실히 10억 이하입니다.

이 숫자들만으로도 선진국이 병적 소비태도를 그만두지 않는다면, 우리가 초래할 비극의 성격을 알 수 있습니다. 그런데 태도의 변화를 고려하기는커녕, 그 나라들은 그들의 소비의 증가에 있어서의 어려움을 해결할 방법을 찾고 있습니다. 어떻게 그들은 이러한 무모함이 그들을 재앙에 이르게 할 것이라는 점을 알지 못하는 것일까요?

공간-시간

사람들에게는 항구가 없고, 시간에는 강기슭이 없다.
시간은 흐르고 우리는 계속해서 지나간다!
——라마르틴——

Q 당신은 공간을 어떻게 정의하십니까? 어떤 장소, 어떤 자리, 아니면 무언가 실제적인 것? 그것도 아니라면 어떤 추상적 표현인가요?

당신이 언급한 모두를 포괄하지는 못하겠지만, 우선 공간이라는 단어의 두 가지 의미를 구분하는 것이 필요합니다. 하나는 우리가 움직이고 있는 공간, 우리가 사건들이 일어난다고 생각하고 있는 공간이고, 다른 하나는 사건의 위치 포착체계로서의 공간입니다.

우리는 사물들이 모두 같은 위치에 있지 않다는 것을 압니다. 가능한 모든 자리들이 우리가 1차적 의미의 공간이라 부르는 것입니다. 공간은 그 자체가 하나의 사물은 아니지만, 하나의 추상적 개념으로 우리에게 움직임을 그릴 수 있고 사물간의 거리를 특징지을 수 있도록 해줍니다. 사건들의 연속성에 대해 살피는 것이 시간의 지속 개념에 대한 기본이 되는 것처럼, 사물들간의 거리에 대해 살피는 것이 공간 개념의 기본이 됩니다. 이러한 사물간의 거리는 측정할 수 있는 구체적인 것으로, 이것은 추상적 개념인 공간에 이르도록 하며, 그 공간은 우리의 필요에 따라 유한으로 또는 무한으로 여겨집니다.

기하학은 공간의 이러한 추상적 개념에서 모든 결과를 이끌어 내는 학문입니다. 예를 들어 삼각형의 경우처럼, 어떤 도형의 비율들은 사람들이 어떤 원칙을 받아들이느냐에 따라서 달라집니다. 유클리드 법칙에 따르면, 삼각형의 세 각의 합은 180도입니다. 그러나 리만*의 법칙에 따르면, 그 합은 경우에 따라서 이보다 크기도 하고 작기도 합니다.

Q 당신은 기하학에 있어 비유클리드적인 말씀을 하시는군요?

유클리드는 직선의 바깥쪽에 있는 한 점에서 하나의, 단 하나의 평행선만을 그을 수 있다고 하였습니다. 리만은 이러한 법칙을 거부하면서 비유클리드 기하학을 발전시켰는데, 그것은 전혀 신비스럽지 않고, 실제의 경우에도 잘 부합되는 것입니다. 그것은 다음과 같습니다. 구(球) 위에 사는 2차원의 존재들은 그 구 위에 삼각형들을 그릴 수 있을 것입니다. 이 삼각형도 2차원의 것입니다. 그리고 그 삼각형들의 변은 이 구 위에 그려진 원이 됩니다. 이 원들은 삼각형들에게는, 그리고 우리에게는 직선과 같은 역할을 합니다. 그러한 세계에서 삼각형의 세 각의 합은 언제나 180도가 넘게 됩니다.

Q 과학에 있어 공간에 대한 개념은 변해 왔습니다. 무엇이 바뀌었습니까?

　　과학자들은 공간의 개념을 조금씩 제2의 의미로, 즉 어느 사건의 위치 포착의 개념으로 이해하였습니다. 지리학적 공간에 있어서는 위치를 설정하는 데 있어 3개의 숫자로 충분하다는 것을 우리는 경험을 통해 알고 있습니다. 이 공간은 따라서 3차원입니다. 그런데 만일 사람들이 이러한 위치 설정을 사건의 순간으로까지 확장시키기를 원한다면 네번째 숫자가 필요합니다. 이것은 '4차원의 공간' 을 불러들이는 것으로, 이 '4차원의 공간' 은 공상과학에서 이야기하는 것과는 반대로 전혀 신비한 것이 아닙니다. 어느 시간에, 어느 길을 통해, 어느 정상에 도달한 산악인은 그의 등반이 4차원의 공간 안에서 이루어졌다고 묘사합니다.

Q 당신은 여기에 또 하나의 다른 개념, 즉 시간의 개념을 끌어들이고 있군요.

　　사실입니다. 시간의 개념은 사건들이 어떤 순서로 일어난다는 사실과 뗄 수 없습니다. 만일 두 사건이 정확하게 동시에 일어나는 것이 아니라면, 한 사건은 다른 사건 전에 일어납니다. 시간에 대한 우리들의 기본적인 사고는 이러한 연속성을 확인하는 것입니다. 우리는 이 정도로 만족해 버리고, 우리가 '시간' 이라는 이름을 부여하고 있는 어느 두 사건 사이에 흐르는 이상한 것에 대해 그 개념을 끌어들이지 않을 수도 있습니다. 이러한 시간의 척도는 모두 예를 들어, 하지와 동지같이 두 가지 다른 유형의 현상 사이에서 일어나는 낮과 밤의 교대처럼, 어떤 유형의 사건들의 수를 세는 것으로 귀결됩니다. 그 결과로 사람들은 1년은 365일이라는 결론을 내리게 됩니다. 사람들은 또한 낮의 길이를 추의 부딪치는 회수로, 그리고 추의 진동은 수정의 진동수로 잴 수 있게 되었습니다. 관례적으로 하루는 86,400초이며, 1초는 세슘 원자 전이현상의 9,192,631,770주기를 말합니다.

이러한 관례적인 시간은 다른 시간을 이용해서 시간을 잴 수 있도록 해줍니다. 이것들은 재어진 것의 성격에 대해서는 아무것도 말해 주지 않습니다.

그런데 이것은 '현재'라는 개념이 얼마나 취약한지를 보여줍니다. 한 방울의 빗물이 생고타르의 주춧돌 위에 떨어집니다. 그 빗방울은 론 강과 지중해를 향해, 조금 더 멀게는 라인 강과 북해를 향해 흘러갑니다. 이 두 강 유역을 하나의 국경선이 가르고 있습니다. 이 국경선은 어떠한 두께도 없습니다. 그것은 단지 기하학적인 선에 불과합니다. 사람들은 그것을 규정할 수는 있으나, 실제로 존재하는 물체처럼 관찰할 수는 없습니다. 마찬가지로 과거와 미래라는 두 물림장치 안에 끼여 있는 현재에도 어떠한 현실성은 없습니다. 몇몇 언어들은 '이다(être)'라는 동사를 현재형으로 동사 변화시키지 않습니다. '나는 일 것이다' 또는 '나는 이었다'라는 말에는 의미가 있어도, '나는 이다'라는 말에는 의미가 없습니다.

그러나 현재가 사라져 버리는 것을 슬퍼하는 자들에게 양자물리학은 위안을 가져다 줍니다. 어떠한 지속 기간도 5,4. 10-44 동안 지속되는 '플랑크의 시간'보다 더 짧을 수는 없습니다. 이 기간 동안에는 '나는 이다'라고 말하는 논리가 허락됩니다. 그러나 매우 빨리 이야기해야만 할 것입니다.

Q 베르그송*이 하고 있듯이, 시간(temps)과 (경험적) 지속(durée)을 구분하는 것이 편리하지 않을까요?

인식되어진 지속이란 우리의 개인적 생성에 관한 것으로서 실제로 도구로 재어진 시간, 그리고 우리들 외부의 두 사건을 구분하는 데 사용되는 시간과는 매우 다릅니다. 내적 지속은 흔히 사건들의 객관적 시간과는 밀접한 관계가 없습니다. 기다리는 시간은 길고, 즐거운 순간은 짧습니다. 그리고 세월은 나이가 들어감에 따라 점점 더 빨리 흐릅니다.

Q 당신은 경험적 지속은 객관적 시간과 밀접한 관계가 없다고 말씀하십니다. 그러나 만일 우리가 존재하지 않는다면, 객관적 시간이 존재하겠습니까?

내가 보기에 우주는 우리와는 관계 없는 사건들의 연속으로 차분히 그 역사를 계속할 것임이 분명합니다. 우리가 없어도 그것은 계속되어 나갈 것입니다. 그러나 지속은 의식과 뗄 수 없는 것으로, 우리가 없다면 어떠한 현실성도 없을 것입니다.

Q 그렇다면 유일하게 잴 수 있는 것은 '수학적인' 시간뿐이군요.

길이와 질량을 가진 시간은, 3차원에 속하는 것으로 현실 세계의 수학적 모델들 안의 모든 다른 크기를 정의할 수 있게 해줍니다. 시간은 따라서 그것이 이루어진 척도에 의해 정의됩니다. 그러나 이 척도도 절대적인 것은 아닙니다. 상대성에 따르자면, 이 척도는 관찰자의 움직임과 공간 안의 질량의 존재에 따라 달라집니다. 시간과 공간은 서로 뗄 수 없는 것입니다. 그것들은 전체, 즉 시-공을 이룹니다.

 당신은 방금 '상대성'이라는 용어를 언급하였습니다. 아인슈타인의 업적은 정확히 무엇입니까?

이 세기 초반까지도 사람들은 시간이란 하나의 막처럼, 그 앞에서 사건들이 전개되는 냉혹하고 냉정한 하나의 막처럼 생각하였습니다. 우리의 상상 속에서, 모든 것은 우주의 표면적 시계가 똑딱 소리를 내는 것처럼 지나갑니다. 사건의 지속은 시작과 끝 사이에서 일어난 똑딱 수에 의해 재어집니다.

빛의 속도는 불변이라는 역설 앞에서, 그것이 의거하는 기준이 무엇이든간에 아인슈타인은 이러한 편의주의적 생각이 산산조각나도록 하였습니다. 시간은 사건보다 미리 존재하는 것이 아닙니다. 시간은 사건에 의해 생겨나는 것입니다. 그런데 이 사건들은 공간 안에서 일어납니다. 그러므로 공간과 시간은 밀접한 관계가 있는 것입니다. 1905년에 제기되었던 좁은 의미의 상대성 이론을 가지고 아인슈타인은, 하나의 사건의 위치를 나타내는 4차원은 한편에서는 공간의 3차원으로, 다른 한편에서는 시간의 차원으로 나누어질 수 없음을 보여 주었습니다. 만일 사람들이 뚜렷이 구별되는 표시들 안에 있는 같은 사건을 유사한 관계들로 묘사할 수 있기를 원한다면, 4차원의 서로 뗄 수 없는 전체, 즉 '시-공'을 고려하여야만 합니다. 장소의 표시를 바꾸는 것은 지속성의 표시를 바꾼다는 것을 내포합니다. 사실대로 말해서, 이것은 빛과 비슷한 속도를 지닌 운동에 대해서만 실질적인 중요성을 지닙니다. 일상생활에서 우리는 별탈없이 이전처럼 추론할 수 있습니다. 그러나 이것은, 상식이란 단지 실제 현상에 대한 근사치일 뿐이라는 것을 잊지 않는다는 조건하에서입니다.

이러한 사실은 다음과 같은 유명한 이야기에 의해 설명됩니다. 즉 어느 남편이 그 아내에게 이같이 제안하였습니다. "당신, 나와 함께 나가지 않겠소? 나는 숲으로 강아지를 산 책시키러 갈 참이오. ——아니에요. 날씨가 추워요. 나는 집에 있겠어요." 그리하여 남편은 나갔고, 강아지는 그 주위를 강 중강중 뛰면서 꼬리를 흔들었습니다. 그들이 돌아왔을 때 그 남편은 그의 아내보다, 강아지는 그의 주인보다, 그리고 강아 지의 꼬리는 그 강아지보다 나이를 덜 먹게 되었습니다. 이 것은 이상해 보일는지 모르겠지만 정확한 것입니다. 분명 그 들이 움직이는 속도에서 간격을 잴 수는 없습니다. 그러나 엄격한 의미에서 시간은, 그 아내와 남편과 강아지와 강아지 의 꼬리에 있어 같은 방식으로 흐르지는 않습니다.

Q 아인슈타인은 자신의 이론을 보다 더 발전시켰습니다. 그 렇지 않습니까?

10년 후 아인슈타인은, 질량은 그 주위의 공간을 휘게 한 다는 사실을 받아들이면서, 무거운 물체의 역학을 설명하는 일반 상대성과 함께 절대 시간의 개념에 새로운 발전을 가져 왔습니다. 태양은 유성들에게 곧바로 갔다가 타원을 그리며 출발점으로 되돌아오는 형태로 공간을 휘게 합니다. 그러나 이러한 공간의 구부러짐은 또한 시간의 흐름까지 변화시킵 니다. 그 결과로 영원의 개념까지도 흔들리게 됩니다.

자연히 우리는 영원을 무한과 동일시합니다. (우디 앨런의 다음과 같은 표현에서처럼, 즉 "얼마나 영원은 긴 것인가, 특히 그 끝으로 나아가자면!") 그런데 당신이 그 크기가 '검은 구 멍' 하나 정도인, 그러나 엄청난 밀도를 지닌(지구의 전체 질 량이 1센티미터 입방체 안에 모아진 것 같은) 탄알 속을 산책하러 간다고 상상해 보십시오. 그 전체는 시-공이 극도로 주변에 휘어 있는 것입니다. 만일 당신의 총이 고장났다면, 검은 구멍은 당신을 빨아들이고, 당신은 거기서 사라질 것입니다. 맨 처음의 거리를 고려한다면, 그 추락의 시간을 재는 것, 분명 끝이 있는 시간을 재는 것은 가능합니다. 마치 돌이 땅에 떨어지는 것과 마찬가지로 말입니다. 그러나 검은 구멍이 구부러뜨리는 공간 밖에, 너무 멀리 위치해 있는 관찰자에게 그 추락은 끝이 없는 시간처럼, 즉 '영원'으로 여겨집니다.

어떤 사람에게는 영원이 다른 사람에게는 단지 몇 분과 같습니다. 그들의 '시간'은 같은 방식으로 흐르지 않습니다. 다음과 같은 교훈을 생각할 수 있습니다. 즉 만일 당신에게 영원이 너무 긴 것으로 느껴진다면, 검은 구멍 곁으로 산책하러 가십시오!

Q. 20세기의 다른 이론들은 시간의 고전적 개념을 재검토하는 데는 기여하지 못하였지요?

우주확장론과 그 유명한 빅뱅이론은 적어도 근원적인 것을 재검토하도록 하였습니다. 20년대에 사람들은 모든 은하계는 멀어진다는 것을 알게 되었습니다. 그러므로 은하계들은 어제는 보다 가까이에 있었고, 만일 우리가 과거를 거슬러 올라갈 수 있다면 몇십억 년 전에는 매우 가까이 모여 있었습니다. 그때에 우리의 우주를 만들어 낸 폭발, 빅뱅이 있었습니다. 그렇다면 우리에게 다음과 같은 의문이 생겨납니다. 즉 1백70억 년 전에는 어떤 일이 있었을까 하는 것입니다. 이에 대한 대답을 하는 것은 거짓일 것입니다. 아무것도 없었습니다. 좋은 대답은 다음과 같은 것입니다. 즉 '있었다'는 것이 없었다는 것입니다. 시간은, 빅뱅이 우주를 솟아나게 하지 않은 것처럼 흐르지 않습니다. '빅뱅 이전'은 없습니다. 빅뱅은 시작을 나타내는 것이 아닙니다. 왜냐하면 모든 시작은, 시작 이전을 가정하기 때문입니다. 아무것도, 누구도 빅뱅을 기다리지 않았습니다. 그것은 모든 것(시간도 여기에 포함되는)의 근원입니다.

놀라운 일이기는 하지만, 4세기의 성 아우구스티누스는 다음과 같은 중요한 언급을 하였습니다. 즉 "만일 아무 일도 일어나지 않았더라면, 지나간 시간은 없었을 것이라는 점을 나는 안다"라는 것입니다. 실제로 아무 일도 일어나지 않을 때, 어떠한 사건도 일어나지 않을 때, 흘러가는 시간을 만들어 내는 것이 그리도 나쁜 것일까요? 아마도 본질은 비시간성일 것입니다.

Q 비시간이라는 것이 무엇입니까? 진실인가요? 미(美)인가요?

우리가 명철성을 얻는 데 있어 어떤 것들은 결정적인 것으로, 따라서 비시간적인 것입니다. 명철성이 형성되는 것은 다양할 수 있으나, 그것이 기본적으로 기여하는 바는 남아 있습니다. 이것은 미에 있어서도 마찬가지로, 미는 취향의 변화에 따라 잠시 변할 수도 있습니다. 아름다운 것을 만들어 낸다는 것, 그리고 현실에 보다 접근하는 이론을 생각해 낸다는 것은, 내가 보기에는 시간의 파괴적인 힘에서 벗어나는 것입니다. 바로 이것이 비시간성입니다.

윤리학

나는 단지 한 가지 의무만을 알고 있다.
그것은 바로 사랑하는 것이다.
——카뮈——

윤리학의 —— 또는 도덕성의, 이들이 서로 많이 다른 것은 아니지만 —— 분야는 인간의 고유 특성 중의 하나입니다. 종교는 철학과 마찬가지로 스스로 속지 않고, 인류의 선과 악을 구별할 능력이 있습니다.

그러합니다. 윤리학 또는 도덕성입니다. 이상하게도 '윤리학'이라는 용어는, 오늘날의 담화에서 쉽게 받아들여지고 있습니다. 반면에 '도덕'이라는 용어는, 그것이 종교적인 또는 보수적인 암시를 준다는 이유로 거부당하고 있습니다. 그러나 이 둘은 동의어로 하나는 그리스어에서, 다른 하나는 라틴어에서 파생된 것이며, 행동 선택의 능력 또는 선과 악을 구별할 수 있는 능력 등의 의미를 지니고 있습니다.

이러한 선택의 문제는 사람들이 자신의 행동 가능성을, 자신의 미래에 영향을 끼칠 가능성을 발견한 것만큼이나 오래된 것입니다. 이러한 선택의 중요성은 그들 행동의 효과에 따라 다릅니다. 그들의 힘이 제한될수록, 예를 들어 모세가

시나이 산 정상에서 하였던 것처럼 단지 몇몇 단순한 계율뿐이라면, 사회의 조화로운 기능을 확고히 해줄 수 있습니다. 우리의 행동 능력의 발달은 우리를 새로운 문제에 봉착하게 하고, 이제껏 행해지지 않았던 윤리적 사고를 필요로 하게 합니다. 이러한 요구는 이 세기 중간에, 특히 이 세기의 후반기에 중요한 것이 되었습니다.

파괴의 가능성(핵무기), 그리고 창조의 가능성(시험관 아기, 또는 유전자 조작) 등은 이러한 새로운 수단들이 공포를 불러일으킨다는 것을 보여 줍니다. 뛰어난 기술적 쾌거로 기록되는 이러한 수단들이 실제로 인류의 발전을 가져올까요, 아니면 야만으로의 후퇴를 나타낼까요?

이러한 뜻밖의 문제들에 허를 찔린 프랑스와 같은 몇몇 나라들은, 윤리위원회를 설립하여 몇몇 연구계획에 대한 공식적인 입장을 표명하거나, 또는 몇몇 연구의 결과를 실행에 올리도록 하였습니다. 이 위원회들은 처음에 일어나는 가장 시급한 것들을 다루는 데 있어서는 유용하였습니다. 그러나 그것들은 임시방편에 지나지 않았습니다. 한 국민의 도덕성은 국민 자신에 의해 정해져야 합니다. 거기에서 민주주의의 새로운 형태, 즉 윤리학의 민주주의에 대한 필요성이 생겨납니다.

Q 대부분의 철학가가 그러하듯 당신도 윤리의 근본에 책임을 두고 있군요.

행동하는 것은 일련의 결과들을 초래합니다. 행동하는 자는 그 결과의 무게를 스스로 받아들일 때 책임 있는 존재가 되는 것입니다. 그가 직접 행동하지는 않더라도, 하도록 내버려둘 때에도 마찬가지로 책임이 전가됩니다. 받아들이든 받아들이지 않든 병적인 경우를 제외하고 각 개인들은 자신이 하는 행동이 무엇으로 이루어졌는지, 그리고 그 행동의 목적이 무엇인지를 압니다. 그러나 반대로 이 행동에 의해 점차적으로 생겨나게 되는 사건 전체를 알 가능성은 없습니다. "나는 그것을 원치 않았다"라는 말은, 당연히 명철성의 결여로 인해 재앙을 불러일으키는 자들이 하는 말입니다. 그리고 물론 그들의 죄가 되는 것은 바로 이 명철성의 결여입니다.

Q 명철성을 이야기하는 사람은 교육에 대해서도 이야기합니다. 도덕적 의식은 확실히 인간의 능력에 있는 것입니다. 그러나 이 능력은 교육을 요구합니다. 당신은 그것을 부정하지 않으시죠!

인성(人性)의 근본은 교육에서 기인합니다. 유전형질은 개인의 구성에 필요한 정보만을 제공합니다. 그것이 타인들 가운데 살아 있는 존재인 개인을, 자신의 존재를 의식하는 사람으로 변화시킬 수는 없습니다. 그런데 이러한 허물벗기는 타인과의 접촉을 통해서만, 즉 교육체계 속에 들어감으로써만 일어납니다. 도덕적 의식은 우리의 인성을 구성하는 다른 모든 것과 마찬가지로 문화를 근본으로 하고 있습니다.

그러나 이것이 모든 문화, 모든 문명에 있어 공통되는 도덕의 핵심을 정의해야만 한다는 것을 의미하는 것은 아닙니다. 상품과 문화의 전세계적인 상호 교류는 이러한 것을 강제적으로 요구하고 있습니다. 모든 이에게 있어 부의 근원인 다양성은 보호되어야만 합니다. 그러나 몇몇 규칙들은 지구인 전체가 받아들이고 존중해야만 합니다. 칸트의 다음과 같은 명제, 즉 "타인은 수단으로 여겨질 수 없다. 타인은 목적으로 여겨져야만 한다"라는 명제는, 이 공통적 핵심의 기본이 될 수 있을 것입니다. 보편적인 도덕을 세우는 것은 분명 불가능합니다. 더구나 바람직한 것도 아닙니다. 그러나 커뮤니케이션의 발달에 의해 유대관계가 굳건해진 인간 세계에 있어, 전체 도덕성의 공통의 초석은 필요합니다. 이 초석이란 모든 인간을 존중하는 것을 확고히 하는 것일 터이며, 이것이 바로 인권선언이 표명하고 있는 것이기도 합니다.

'서구'의 도덕만이 문제가 되는 것은 아닙니다. 우리 인간 현실에 대한 과학적 사고가 가져온 명철성을 기초로 한 도덕이 문제가 되는 것입니다. 그런데 과학은 동양적인 것도 서구적인 것도 아니며, 북구적인 것도 남구적인 것도 아닙니다. 과학은 모든 문화가 똑같은 엄격성에 의해 하나로 합쳐진 채로 나타나는 분야입니다. 따라서 이 분야 안에서 하나의 문제가 전체 인류를 포괄하는 그러한 만남들을 유발하여야만 합니다.

Q 제가 철학 교수티를 내는 것을 용서해 주십시오. 칸트는 정확히 다음과 같이 말하였습니다. "모든 인간은 그와 닮은 사람들을 존중할 것을 주장할 권리가 있다. 마찬가지로 사람들 사이에서는 서로 존중해야만 한다. 사람은 그 자체가 존엄한 것이다. 실제로 인간은 어떤 사람(다른 사람이든지, 아니면 그 자신이든지)에 의해 단지 수단으로 사용될 수 없다. 그 자체가 목적으로 사용되어야 한다. 그리고 이것이 바로 그의 존엄성(인간성)을 이루는 것이며, 그 덕택으로 인간이 아니며, 인간에게 수단으로 사용될 수 있는 이 세상의 다른 존재들보다 더

높이 설 수 있는 것이다. 즉 인간은 다른 것들보다 우월하다."

당신이 잘 알고 있는 분야, 즉 생물학, 더 정확히 말하자면 유전학에서 칸트의 위와 같은 이론은 어떻게 적용됩니까? 그리고 당신의 의견은 무엇입니까?

이것은 중요한 문제입니다. 내가 생각하기에 이미 내가 말한 이유들로 인해, 그리고 우리에게는 초문화적·초종교적인 인류 공통의 초석이 필요하기 때문에, 보편적 윤리와는 독립된 특별한 생명윤리학을 가질 수는 없을 것이라 생각합니다. 간단히 말해, 생물학의 발전은 매우 급진적이었기 때문에 이 분야에서 뜻밖의 문제들이 제기되었습니다. 그러나 일반윤리학의 이름으로 그것에 대해 대답하는 일이 반드시 이루어져야만 할 것입니다.

이러한 문제에 있어 당신은 모범을 보여야 한다는 것으로 귀결시키고 있군요. 무엇이 모범적인 행동입니까?

모든 행동은 명철한 분석에 따른 개인적 결정에 따라야 하는 것이 이상적입니다. 어떠한 모범을 따른다는 것은 다른 사람에게 책임을 전가시킴을 의미합니다. 다른 이에게 어떤 모범을 제시하고, 그것을 따르라고 하는 것은 무책임을 부추기는 것입니다. 다른 사람에게 그의 생각에 따라, 그의 계획대로 행동하기를 요구하는 것이 차라리 나을 것입니다.

그러나 여럿이 모여 있는 우리 사회는 모범을 따르기를 요구하고 있습니다. 특히 몇몇 '명사(名士)들'의 서명을 곁들인 인쇄물의 경우가 더욱 그러합니다. 나도 때로 이러한 일에 연루되기는 합니다만, 이러한 방법을 유감으로 생각합니다. 실제로 나는 부탁을 받을 때, 내가 덫에 걸린 듯한 느낌을 갖습니다. 왜냐하면 서명하기를 거절한다면, 그것은 내가 그 글을 부인하는 것처럼 해석될 것이기 때문입니다. 나는 서명을 합니다. 그러나 나는 그것이 암시하는 것에 대해 끔찍한 느낌을 가지게 됩니다. 그 암시란, 즉 "이러한 의견은 좋은 것이다. 왜냐하면 이것은 알베르 자카르의 의견이기 때문이다"라는 것이지요. 그 의견이 좋은 것인가요? 나쁜 것인가요? 사건들은 이처럼 단순한 것이 아니며, 이처럼 딱 잘라 말할 수 있는 것이 아닙니다.

아마도 윤리학에서는 선과 악의 두 전통적 개념에 결정 불가능이라는 개념을 보충해야 할 것입니다. 괴델*은 이것을 다음과 같이 논리적으로 보여 주었습니다. 즉 어떠한 주장도 보다 큰 학설을 참조하지 않고는 증명될 수 없다는 것입니다. 결정적인 연구에 대한 증명은 사람들이 처음의 언급을 절대적 진실로 받아들일 때에만 멈추어질 수 있습니다. 종교는 이러한 것을 의식하고 있는 것 같으며, 계시를 받은 자라고 주장함으로써 덫에서 빠져 나오고 있습니다. 어떠한 명제가 신에 의해 이야기되었다고 믿어지자마자, 그 가치를 의심하는 것은 더 이상 불가능하게 됩니다. 만일 삶이 이러한 지적 안락을 거부한다면, 삶은 도덕과 논리에 있어 '결정 불가능'에 자리를 양보해야만 합니다.

'결정 불가능'에 있어 사람들은 그 기준들을 잃어버립니다. 그러나 사람들이 외부 의지에 의해 구속받지 않고 개인적 선택을 할 수 있는 것은, 그래서 그의 자유를 행사할 수 있는 것은 바로 이 영역에서입니다.

우 애

모든 것에 다 동의하는 사람과는 교제하려 들지 말아라.
그것은 망상적인 것이다. 그것은 광신적 행위 그 자체이다.
——알랭——

나의 사랑하는 형제들이여라는 말은, 신의 아이들로 여겨
지는 세례받은 그리스도교인들을 부르는 것입니다. 이렇게
그들을 한데 엮어 주는 형제애는 ‘타인들,’ 즉 비그리스도교인
들·비신자들과는 대립되는 것이 아닙니까?

어원을 살펴보는 것이 필요합니다. ‘형제(fraternité)’라는
단어는 라틴어에서 나온 말로, 이 말에는 부모관계를 나타내
는 암시가 전혀 없습니다. Frater는 인간이라는 종(種)의 모
든 전체, 곧 ‘인류 가족’을 지칭합니다. 만일 우리가 인류 공동
의 후예를 지칭하기를 원한다면 ‘친족의,’ 즉 종자를 의미하는
‘germen’이라는 형용사를 붙여야만 합니다. 이 용어는 같은 할
머니 할아버지 밑에 있는 관계, 즉 ‘사촌(cousins germains)’을
지칭할 때 사용되고 있습니다.

초기 그리스도교인들의 눈에 세례식은 세례받는 자에게 새
로운 성질을 부여하는 것이었습니다. 그렇기 때문에 인류는
구별되는 두 집단, 즉 그리스도교인과 비그리스도교인이라는

두 집단으로 구별됩니다. 그러므로 '형제'라는 용어는 그 집단에 소속되어 있는 일원들을 위해서만 사용됩니다. 이러한 용어의 사용은 일반화되었습니다. 오늘날에는 많은 집단들이 있습니다. 한 예로 프리메이슨단은 그 단체에 소속을 맹세하는 입단의식을 치른 자들만을 형제라 칭합니다.

대부분의 단어들의 사용에서와 마찬가지로, '형제'라는 단어도 그 사용이 정확하지는 않습니다. 단어의 의미는 근본적으로 문맥에 따릅니다. 교회의 설교자가 그의 청중들에게 축성하는 말로써 "나의 사랑하는 형제들이여"라고 이야기할 때, 우리는 그것이 단지 참석해 있는 그리스도교 형제들뿐만이 아니라, 현 인류 전체를 지칭한다고 생각할 수 있습니다.

Q. 우애란 '개인들이 하나둘 모여 이루어진 구조'라고 정의할 수 있을까요? 《다름에 대한 찬사》에서 당신은 "우리와는 다르면서, 우리의 유일성과 고유성을 뚜렷이 해주는 '타인'이란 우리에게는 얼마나 아름다운 선물인가?"라고 하였습니다.

'형제'가 '인류 공동체의 일원'이라는 의미를 가질 때, 타인을 '형제'라 부르는 것은 단지 동어반복일 뿐입니다. 실제로 '형제'라는 용어는 타인에 대한 자세, 확고한 관계로 맺어진 자세를 규정하기 위해 사용되었습니다.

물론 형제라는 관계는 생물학적인 관계로, 공동의 유전형질을 소유함으로써 이루어지는 관계입니다. 형제는 또한 문화적인 관계이기도 합니다. 왜냐하면 한 사람이 다른 사람의 인성 형성에 개입할 수 있는 가능성이 있기 때문입니다. "너는 나의 형제이다"라고 이야기하는 것은, 내가 '나'일 수 있게 해주는 관계망 안에 있는 타인의 존재를 나 자신이 확인하는 것입니다.

Q. 사람들은 흔히 '전세계적 우애'라는 두 용어를 연결시켜 사용합니다. 당신은 이것이 지상의 꿈이라고 하시겠습니까? 평화·조화, 또는 공동체라는 표현들 위에 당신은 무엇을 더하시겠습니까?

내가 엮어 나가는 관계에서 제외되는 사람들이란 내가 스스로 포기하는 사람들입니다. 따라서 아무도 제외시키지 않는 것이 가장 이상적인 일이라 하겠습니다. '전세계적 우애'라는 것은, 모든 인류로 확장된 교환망에 해당되는 것입니다. 공동체·평화·조화 등은 이러한 망을 형성하는 데 유익한 관계구조입니다. 그리고 이러한 것들은 가장 중요한 태도인 '존경'으로부터 생겨납니다.

Q. 내가 생각하기에 당신은 당신이 '과거의 우애'라 부르는 것과, 당신이 방금 말씀하신 '미래의 우애'라 부르는 것을 구분하고자 하는 것 같은데요. 당신은 "나의 과거가 나를 모든 이의 형제로 만들어 주었다"라고 말씀하셨습니다.

이 이야기는 우선 나의 생물학적 상태에 부합되는 것입니다. 이러한 관점에서의 나의 과거란 나의 혈통을 말합니다. 만일 나의 혈통이 호모(Homo)라는 인류 종(種)의 기원에까지 거슬러 올라가는 6백만 년에 걸쳐 이루어진 것이라면, 나는 모든 인류와 인척관계를 맺게 됩니다. 나의 혈통이 모든 생명체의 기원까지 거슬러 올라가는 30억 년에 걸쳐 이루어진 것이라면, 나는 모든 생명체들과 인척관계를 맺을 것입니다. 그리고 나의 혈통이 빅뱅 직후로 거슬러 올라가는 1백50

억 년에 걸쳐 이루어진 것이라면, 나는 우주에 존재하는 모든 것과 인척관계를 맺게 되는 것일 터입니다. 이것은 바로 아시시의 성 프란키스쿠스가 하였던 것과 같은 것으로, 그는 그의 '새 형제들'뿐만 아니라 그의 '어린 누이인 물'과도 이야기를 나누었습니다. 이것은 또한 다른 표현으로 말하자면, 천체물리학자들이 우리를 '별들의 먼지'라고 이야기하는 것과 마찬가지인 것입니다.

그러나 나의 과거는 또한 나의 이전 세대들로부터 받은 전체이기도 합니다. 이것을 잘 모를 일이라 한다 해도, 나는 내 이전에 살았던 사람들의 모든 고뇌, 모든 희망, 그리고 모든 고찰의 산물임은 확실합니다.

Q 미래의 우애가 당신에게는 가장 중요하군요. 그리고 거기에는 아직도 해야 될 일이 많이 남아 있습니다. 당신은 의식적으로 '전지구적 유대'라 말씀하십니다. 이 개념이 '세계화'와 구별되는 것은 어떠한 점에서입니까?

'유대'라는 말은 상호 의존을 의미하며(모터의 모든 부품들은 유대관계에 있습니다. 왜냐하면 그 각각의 운동은 다른 것에 영향을 주기 때문입니다), 뿐만 아니라 타인의 운명을 기꺼이 고려한다는 의미를 지니기도 합니다. (높은 산에 로프로 매달린 사람들은 서로 유대관계에 있습니다. 왜냐하면 그 한 사람 한 사람은 타인의 이익을 위해 희생할 준비가 되어 있기 때문입니다.)

사람들이 그렇게 자주 말하는 '세계화'란 첫번째 정의에 해당됩니다. 정보 전달과 사람과 상품 운송에 있어서의 기술적 발전은 최근 몇십 년 동안에 상호 작용의 망을 더욱 긴밀하게 만들어 놓았으며, 그 결과 오늘날 모든 나라들의 경제는 서로 의존관계에 있습니다. 이러한 결과는 계획하였던 바는 아닙니다. 이것은 원하지 않던 것이 얻어진 것입니다. 더구나 이것이 전체적으로 실질적인 이득인지는 아무도 알지 못합니다. 이러한 세계화의 결과 중의 하나는 지방색이 없어지는 것입니다. 그리고 선진국의 여러 활동들이 생활 수준이 보다 낮은 나라들로 전파되는 것입니다. 그 결과 한 곳에서는 실업이 확산되고, 다른 곳에서는 예속이 확산됩니다. 몇몇 재정가들만을 제외하고 전인류가 손해를 보고 있습니다.

이러한 상호 작용은 매우 복잡하여 아무도 그것을 관리할 줄 모릅니다. 자동적으로 조정되지 않는 상황들이 일어날 수 있고, 이것은 경제적 위기나 또는 사회적 혼란을 유발할 수 있으며, 이러한 것은 책임자들의 의지를 벗어나는 것입니다. 이러한 세계화 속에서의 인류는, 잘 되어 보았자 변덕 많은 '경기'에 예속된 생산자-소비자일 뿐입니다. 그러므로 이러한 형태의 유대는 차라리 없는 게 나을 것입니다.

이와는 반대로 바람직한 전지구적 유대란 뜻하지 않게 만나게 되는 어려움들, 그리고 자연스럽게 그들에게 부과되는 시험 앞에서 인류 전체가 공동으로 대처하는 것을 말합니다. 현생활 수준의 다양한 차이는, 이러한 과정에 있어 완성해야만 할 진보의 척도를 제시해 줍니다.

이러한 유대관계가 구체화될 수 있는 첫번째 영역은 교육체제입니다. 우리가 이미 이야기하였던 것처럼 인구폭발에 의해 제기되는 문제들은 교육의 보급에 의해 해결될 수 있습니다. 그러나 저개발국들은 그들의 가난 때문에 그 부담을 감당할 수가 없습니다. 왜 이러한 부담을 부유한 나라와 나누지 못하는 것일까요? 각 나라들이 부분적인 자신의 부에만 관여하고, 전인류를 교육시키는 것을 인류 전체의 과업으로 여기지 않는 한, 유대와 관련된 모든 이야기들은 거짓일 뿐입니다.

Q 당신이 열성적으로 참여했던 지중해 문화 공동체는, 이러한 이상향의 실현을 위한 첫번째 단계인가요?

커다란 비행기를 제작하기 이전에, 비행기 제작자는 보다 작은 비행기를 제작해 보면서 그 방법을 숙달합니다. 이렇게 함으로써 확대적용하는 것이 쉬워집니다. 이러한 방법은 물론 커다란 인류 공동체를 관리하는 데 있어서도 마찬가지입니다. 지중해 사람들을 공동체로 묶는 것은, 더 나아가 전체 국가들을 공동체로 조직할 수 있도록 해주는 연습이 됩니다. 이것은 10개 나라도 되지 못하는 민족들에게만 국한된 제한된 연습일 것입니다. 이 민족들간의 몇천 년을 통해 이루어진 관계들은, 하나의 진정한 공동체에 이를 수 있게 허락할 것입니다. 그러나 현재의 분쟁들은 분명히 극복해야 할 어려움을 제시하고 있습니다.

이것이 이상향일까요? 이상향이라는 단어는 가까이 갈 수 없는 꿈과 같은 것을 지칭하는 것은 아닙니다. 테오도르 모노는 다음과 같이 이야기하였습니다. "이상향이란 실현 가능한, 그러나 아직 실현되지 않은 계획이다." 그러니 왜 노력해 보지 않겠습니까?

Q 요약해 말하자면, 당신은 차이를 줄이려는 것이지요?

그것은 아닙니다. 우애란 '상이성' 가운데 중요한 것들은 간직하면서, '불평등'한 것을 줄이려는 것입니다. 지중해 공동체의 예를 다시 들어 봅시다. 오늘날 유럽 공동체 국가에 사는 1억 7천만의 사람들은, 1년에 개인당 1만 9천 달러의 연수입을 올립니다. 다른 나라에 사는 2억 3천만의 사람들은 이보다 10배가 적은 1천9백 달러의 연수입을 가집니다. 이 공동체의 목적 중의 하나는 이러한 다양성을 조금 더 감내할 수 있게 해주는 것입니다. 역으로, 이것은 동시에 문화의 다양성을 유지하도록 해줄 것입니다.

우리가 서로 다르기 때문에 우리의 우애는 의미를 지닙니다. 그리고 이 우애는 의무와 권리의 평등으로 표현되어야만 합니다.

평등은 우리 시민 교육의 한 교과 과목입니다. 그리고 그렇게 되어야만 하는 것 아닐까요.

학교의 역할은 어린아이들을 인류 공동체에 통합시키는 것이며, 한 개인을 하나의 인격체로 전환시키는 것입니다. 다시 말하자면, 교육한다(éduquer)는 것은 e-ducere로 이것은 한 젊은이를 그의 밖으로 이끌어 내며, 그가 다른 사람들과 같이 나누며 사는 공동체 안에 존재하게 하는 것입니다. 즉 그를 인류 형제들의 조직 안으로 끌어들이는 것입니다.

오늘날 우애를 나누는 것은 교조주의에 대한 저항에 이르게 하지 않습니까? 어떻게 비종교성이 타인에 대한 진정한 존경을 권장할 수 있습니까?

대부분의 종교는 그의 '이웃'을 사랑하라고 권유합니다.

이러한 좋은 의도에도 불구하고, 실제로 종교들은 '이교도들'·'비종교인들'·'진실된 신의 적들'을 배제하는 행동을 은밀히 행합니다. 이렇게 제외된 사람들은 더 이상 이웃이나 형제로 여겨지지 않고, 제거되어야 할 적들로 여겨집니다. '우리의 이웃을 사랑'해야만 한다는 것은, 신의 의지라는 이름하에서가 아니라 인류 현실에 대한 우리의 명철성의 이름하에서 이루어져야 합니다. 이러한 명철성이 나에게는 비종교성의 기초가 됩니다.

한 번 더 말하자면, 우애를 정의하기 위해 하늘에서 떨어진 개념들에 도움을 청할 필요는 없습니다. 인류의 현실을 똑바로 바라보는 것으로 충분합니다. 생물학적으로 호모 사피엔스는 모든 다른 종(種)에서와 마찬가지로 진화의 최종 단계입니다. 이러한 과정은 호모 사피엔스가 복잡성에 있어서의 우승자가 되게 하였으며, 그 복잡성은 그만이 받아들일 수 있는 하나의 능력을 제공해 주었습니다. 그 능력이란, 호모 사피엔스는 같은 종의 다른 일원들과 상호 작용을 하며, 그 상호 작용은 매우 예민하여 각 일원들로 하여금 보다 복잡한 전체 구조를 만들어 내게 한다는 것입니다. 호모 사피엔스는 인류를 건설해 낼 수 있었습니다. 이러한 건설 능력은 그의 특수성입니다. 인간이 된다는 것은 거기에 참여한다는 것, 그리고 다른 인류에게서 형제애를 느끼는 것입니다.

물론 이러한 건설은 결코 끝나지 않을 것입니다. 세대에서 세대를 거쳐 인류는 연대감과 인도주의적 행동에의 참여, 책임감 등을 배워야 할 것입니다. 인류의 생물학적 연속성은 출산 메커니즘에 의해 보장됩니다. 인류의 문화적 연속성은 교육체제에 의해서만 이어집니다. 그러나 이 교육체제는 인류의 진정한 모험 추구보다, 때로는 한 국가의 예산상의 균형을 생각하는 사람들의 손에 놓여 있습니다. 20세기말에 이른 이때, 우리는 야만으로의 회귀라는 커다란 위험에 닥쳐 있음을 주지해야 합니다.

당신의 이야기를 들으면서, 나는 레비나스〔1905-, 프랑스 철학가. 그의 존재에 관한 철학은 후설과 하이데거에게서 영향을 받았다〕가 우애와 타인에 대하여 이야기했던 것을 생각하게 되었습니다. 그는 《전체와 무한》에서 다음과 같이 말하고 있습니다. "스스로를 표현하는 존재는 자신을 인정하는 존재이다. 그런데 그 존재는 자신의 벌거벗음과 빈곤과 배고픔에 대해 나에게 호소한다 —— 그리고 그의 호소에 내가 무관심할 수 없도록 한다. 따라서 그의 표현에 있어 이렇게 스스로를 인정하는 존재는 나의 자유를 구속하지 않고, 반대로 나의 선의를 부추기면서 나의 자유를 약속한다."

당신은 오물더미 위의 어린아이들을 보고 나서 참여에 대한 책임감을 느꼈다고 말씀하셨습니다. 이 어린이들의 얼굴에서 당신은 '호소'를 느꼈습니다. 이것이 바로 레비나스가 말한 것입니다. 그는 "이 얼굴은 (……) 나를 바라보는 눈 속에서 인류 전체의, 제삼자의 존재를 증명하고 있다"고 말하였습니다. 그리고 계속해서 "완전한 타인처럼 나를 바라보는 얼굴 앞에서 (……) 우애의 근본적 실제를 형성하는 것은 나의 책임이다" 하였습니다. 또한 "인류의 상태 그 자체는 우애를 내재하고 있으며, 같은 인간에 대한 생각을 내재하고 있다. 우애란 듀칼리옹〔프로메테우스의 아들로서, 신화에 의하면 인류 전체를 휩쓴 홍수에서 그와 그의 부인 피라만이 살아남는다. 이들은 파르니스 산

정상에 도달하여 신탁에 따라 그의 어머니의 뼈를 그들 뒤로 던진다. 듀칼리옹이 던진 것은 남자가 되고, 그의 부인이 던진 것은 여자가 되며, 이들이 그리스의 선조가 되었다)에 의해 그의 등뒤로 던져진 돌에서 생겨난 다양한 인류, 유사성에 의해서만 한데 모여 있는 인류라는 개념과는 근본적으로 반대되는 것이다. 그리고 에고이즘적 투쟁으로 도시를 가득 메우고 있는 인류라는 개념과 반대되는 것이다. 인류의 우애는 이처럼 이중의 양상을 지닌다. 우애는 개인주의를 내재하는 것으로, 개인주의의 논리는 한 종류 안에서의 극단적인 차이로 귀결되지 않는다. 그들의 특이성은 각 개인 자신에 의거한다. 다른 한편 우애는 혈연 공동체를 의미하는 것으로, 같은 종족 공동체는 흔히 서로 충분히 결합되지 못하곤 한다. 사회는 얼굴에 나타나는 표정이 나를 어떻게 받아들이는지를 그대로 나타낼 수 있을 정도로 정직한—— 가능한 한 그와 비슷한 정도라도—— 우애 공동체여야 한다. 일신론(monothéisme)은 타인의 모습과 크기와 책임감을 우선적으로 살펴보는 인류를, 인류의 친족성을 의미한다"라고 하였습니다. 어떻게 생각하십니까?

 뭐라 더할 말이 없습니다. 너무 훌륭합니다. 과학적이기를 바라는 느리고 때로 무거운 나의 탐구는, 철학적이고 시적인 이러한 관점과 접합됩니다. 나는 엠마누엘 레비나스에게 감사할 뿐입니다.

유전학

만일 내가 너와 다르다면,
그것은 내가 너를 해롭게 하는 것이 아니라,
너를 보완하는 것이다.
——생 텍쥐페리——

Q 우선 정의를 내리는 것으로 시작해 볼까요? 유전학이란 무엇입니까?

유전학이란 과학으로, 생명체가 다른 생명체를 탄생시키는 과정을 밝혀낸 최근의 연구 결과에서 생겨난 것입니다. 이 과정은 실제로는 뚜렷이 구분되는 두 가지 다른 양상을 지닙니다. 어떤 경우에 있어서는, 한 개인은 이분(二分)되어 그와 동일한 존재를 만들어 냅니다. 이것은 '복제(reproduction)'입니다. 다른 경우에 있어서, 두 존재는 세번째 존재를 만들어 내기 위해 협력합니다. 이것은 '출산(procréation)'입니다. 우리가 이 두 용어를 사용한다는 것은, 겉보기에 신비스럽기만 한 이 사건을 이해하는 데 어려움을 느끼고 있음을 나타냅니다. 예를 들어 우리 인간은 출산할 수는 있으나 복제할 수는 없음이 분명합니다. 그럼에도 불구하고 '복제'라는 용어는 우리 인간에 대해서 끊임없이 사용되어졌습니다.

Q. 유전학은 최근에 정립된 학문입니다. 그러나 그렇듯 짧은 기간에 어떻게 그리도 많은 성과를 이루어 냈지요?

DNA 분자가 발견된 것은 1952년입니다. 반세기도 채 되지 못하였습니다. DNA 분자구조는 어떻게 이것이 복사되는지를, 다시 말하여 어떻게 자신의 형질을 전하는지, 그리고 생명체가 형성되고 성장할 수 있는 정보를 전달하는지를 설명할 수 있게 해주었습니다. 이러한 발견은 우리가 지니고 있던 '생명'이라는 개념, 실질적으로 의미가 부재하던 그 개념을 완전히 뒤흔들어 놓았습니다. 식물이건 동물이건 '생명체'라 불리는 존재들은, 어떤 한 막 속에서 그 실체를 구성하는 요소들간의 동일한 상호 작용을 정확하게 따르고 있는 것들의 상태라고 설명될 수 있습니다. 이 '생명체'들은 자연의 변화과정에서 생겨난 무한하게 다양한 것들 속에 포함되는 것입니다. 이 '생명체'들의 매우 특이한 활동들은 단지 그들의 엄청난 복잡성의 결과일 뿐입니다. 이처럼 우리를 감싸고 있고, 우리가 그 일원으로 있는 이 세계는 다시 통합되어지는 것입니다.

출산의 역설은 한 세기보다도 이전에 설명되었습니다. 역설이라 할 수 있습니다. 왜냐하면 다른 두 사람으로부터 한 사람을 만들어 내는 것이기 때문입니다. 그런데 이 한 사람이란, 정의에 따르자면 그것은 분할할 수 없는 존재입니다. 그러므로 논리적으로 말하자면 두 근원을 가질 수 없는 것입니다. 이를 위해 오래 전부터 제안된 해결책은 이같은 두 개의 근원을 부정하고, 결정적 역할을 하는 유일한 생식자를 인정하는 것이었습니다. 여기에서 특히 18세기에 성행했던 논쟁이 생겨났습니다. 그 논쟁이란 미리 만들어진 어린아이가 정자 안에 있다고 생각하는 정자론자들과, 난자 안에 있다고 생각한 난자론자들 사이의 논쟁이었습니다. 완두콩에 대한 실험에서 출발하여, 멘델은 생식과정에 있어서는 각각의 두 생식자들로부터 생물학적 정보를 받아들이는 두 부분으로 분리되는 과정을 포함한다는 것을 알아차렸습니다. 그 두 생식자는 나눌 수 있는 것입니다. 정확히 말하자면, 그 생식자들은 '개인들(individus)'이 아니라 '분할할 수 있는(dividus)' 존재들입니다. 그러나 그의 생각은 너무나 혁명적이어서 아무도 그것을 이해하지 못했습니다. 멘델의 이러한 개념이 받아들여진 것은 새로운 발견, 즉 세포핵 안의 염색체의 발견이 이루어졌던 1900년에 이르러서입니다.

모든 종(種)들이 같은 근원에서 진화되었다는 것은, 오늘날 모든 과학자들에게서 받아들여지는 사실입니다. (틀림없이 바다 속의 푸른 해초는 35억 년 전부터 있어 왔습니다.) 하지만 무엇이 이러한 진화의 원동력일까요? 라마르크의 대답은 획득된 형질을 전달하는 데에 있다는 것입니다. 다윈의 대답은 자연도태였습니다. 그러나 이들은 생물학적 형질의 전달과정을 알지 못하였습니다. 그들은 충분한 근거가 있는 해답을 제시할 수 없었습니다. 전체 인구에 대한 유전학 연구는, 그 과정의 기본적인 것들의 결과를 이끌어 내도록 해줍니다. 그것은 세대에서 세대로 전달되는 것은 관찰할 수 있는 형질, 즉 '표현형(phénotype)'이 아니라 그 형질들을 지배하는 유전자 전체인 '유전자형(génotype)'이라는 것입니다.

다양한 매개변수들, 즉 출산 능력, 도덕성, 섹스 파트너 선택방법, 돌연변이, 인구이동, 그 집단의 전체 인원수 등이 고려되어져야만 합니다. 인구를 연구함에 있어서는 항구적이며 쉽게 측정할 수 있는 몇몇 변수들을 분리시켜 고찰해 보는 것이 편리합니다. 바로 이런 점 때문에, 특히 다른 집단과 유전적인 교류가 오랜 기간 없었던 '고립집단'에 관한 연구가 흥미있는 것입니다.

이 모든 발견들은 자연에 있어 신비하게만 느껴지던 것을 바꾸어 놓았습니다. 우리는 조금씩 그것들을 분석하고 각 단계를 규정하였습니다. 그리고 우리는 그 전개과정을 변화시킬 수 있게 되었습니다. 호모 파베르(Homo faber. 인류의 조상 가운데 도구를 사용하기 시작한 고대인을 지칭함)가 우리의 환경을 변화시킬 수 있게 된 이후, 우리가 우리 자신을 변형시키는 단계로 넘어갔습니다. 우리 자신에게 완전히 새로운 책임을 부과한 것입니다.

Q. 세부적인 사항으로 들어가기 전에 DNA의 이중 나선구조가 무엇인지, 유전학 코드가 무엇인지 말씀해 주시겠습니까.

나는 여기서 생화학 강의를 할 생각은 없습니다. 다만 DNA와 RNA 같은 주요 분자에 의해 일어나는 일들을 이해하는 것으로 만족합시다.

모든 것들은 DNA 분자의 A · T · G · C, 이 네 범주에 속하는 화학구조의 연속체로부터 이루어지는 것입니다. 20여 개의 원자로 구성된 이 구조들은 모든 다른 분자들처럼 어떤 것들은 서로 이끌려 당겨지고, 어떤 것들은 밀려나고 합니다. 이 네 구조들간의 관계는 매우 강합니다. 이것들은 TGGCAATCG……처럼 연결되는 기다란 가지를 형성하기 위해 서로 접합됩니다. 다른 한편 A와 T, 그리고 G와 C 사이에는 끌어당기는 힘이 약합니다. 따라서 이전의 가지 옆에 ACCG TTAGC……라는 다른 가지가 생겨납니다. 그런데 이 두 가지는 서로 매우 약하게만 얽혀 있습니다. 이것들은 서로 나누어질 수 있고, 또다시 자신 옆에 다른 가지를 만들어 냅니다. 이처럼 이중의 가지 옆에 동일한 2개의 이중 가지가 연결됩니다. '복사'가 이루어지는 것입니다. 우리가 아는 한, 이러한 일을 수행할 수 있는 물질적인 구조는 DNA뿐입니다.

RNA 분자 역시 네 가지 타입의 화학구조 연속체에 의해 이루어집니다. 그러나 여기서는 U가 T로 대체됩니다. DNA와 RNA 사이에도 같은 평행관계가 생겨날 수 있습니다. RNA 중의 몇몇 '전달소'라 불리는 것은 두 영역을 가지고 있어 DNA상에 나타난 연속체를 해석할 수 있게 하고, 단백질을 구성하는 아미노산을 연이어 생겨나게 합니다. 단백질은 생체조직의 기본을 이루는 것으로, 이것 역시 기다란 연속체입니다. 이 연속체의 요소들은 20여 개의 형태를 지닌 '아미노산'이라 불리는 화학 혼합체입니다. 하나의 단백질을 구성한다는 것은, 아미노산을 정확한 규칙에 따라 배열한다는 것입니다. 그 규칙은 DNA 분자에 기초한 연결관계에 의해 정해집니다. 그것이 동일하게 전달되는 것은 전달소 RNA에 의해 확실하게 됩니다. 이 각각의 RNA는 세 가지 기초 위에 64개 결합 유형이 가능한 것으로, 20여 개의 아미노산 타입 중 하나를 연결시키고 있습니다. 이렇게 동일하게 전달된다는 것에 대해, 우리는 '유전학 코드'라는 이름을 붙이는 것입니다.

이렇듯 복잡한 메커니즘을 넘어 중요한 것은, 이것들이 얼마나 결정론적인가 하는 것이며, 결과적으로 그 전개를 변경시킬 수 있는 어떤 개입이 허락되는가 하는 것입니다.

왜냐하면 어느 한 종(種)의 표현형질은, 하나 또는 여러 유전자에 어느 정도 종속되어 있기 때문입니다. 또한 표현형질은 환경에서 영향받기도 합니다. 이같이 두 근원에서 비롯되는 것으로 하나는 '본래적인' 것이며, 다른 하나는 '획득된' 것입니다. 그리고 이것들은 하나의 표현형을 만들어 내기 위해 서로 협력합니다. 형질을 변형시키기 위해서는 환경을 바꿀 수 있습니다. 그러나 그 효과는 그같은 새로운 조건을 따르는 사람들에게만 한정됩니다. 그리고 그렇게 이루어진 변형은 후손에게로 전달되지는 않을 것입니다. 반대로 만일 우리가 유전자를 변형시킨다면 그 변화는 확실합니다. 그리고 모든 후손들이 영향을 받을 것입니다. 유전자 조작은 (사람들은 '유전공학'이라는 용어를 선호합니다) 틀림없이 우리가 바라는 방향으로 가축의 형질을 변화시키거나, 보다 양질의 우유를 생산하는 젖소를 만들어 낸다거나, 계란을 보다 많이 생산해 내는 닭을 만들어 낼 수 있도록 할 것입니다. (몇몇 경우에 있어서는 이미 그런 일들이 이루어졌습니다.) 그러나 이러한 형질의 변화가 다른 일들에 있어서도 이루어지고, 그 결과가 언제나 유익한 경우는 드문 일입니다. 처음에 가졌었던 흥분은 가라앉고, 현재는 그것이 그렇게 성공적인 것은 아니라는 사실을 확인시켜 주고 있습니다.

물론 가장 주의를 요하는 것은 우리 인간에 대한 경우일 것입니다. 우리는 모든 과학적 진보가 인류의 발전을 나타내는 것은 아니라는 사실에 주목해야 합니다. 뇌량(腦梁) 발육부전이나 근육쇠약증처럼 무서운 병들의 유전자를 제거하는 것은 물론 인간들에게 도움이 되는 것입니다. 그러나 제거해야만 할 것과, 종의 다양성을 확보하기 위해 단지 거리를 두어야 할 것 사이의 경계선을 어디에 두겠습니까?

　여기에서, 내가 앞장에서 '윤리의 민주주의'라 불렀던 것의 필요성이 생겨납니다. 윤리의 민주주의를 통해 사람들은 이러한 새로운 힘에 대항할 수 있는 규범을 스스로 만들어 낼 수 있을 것입니다.

히틀러

수백만 희생자들의 고통스러운 육체 안에서
인종 말살주의자들이 말살시키려 했던 것은
인간 그 자체이다.
──블라디미르 잔클레비치──

Q. 20세기의 역사는, 쇼아(Shoah. 나치가 12년 동안 자행한 유대인 대학살. 홀로코스트를 지칭하는 히브리어)를 겪음과 더불어 악의 문제를 다시 화젯거리로 올리게 되었습니다. 우리는 악의 실재를 부정할 수도 정당화할 수도 없습니다. 악은 어디에 존재하는 것일까요? 인간 안에? 저는 말로(1901-1976, 프랑스의 소설가·예술가·정치가 프랑스 문화부장관으로 일하기도 했다)의 다음과 같은 구절을 떠올리게 됩니다. "나는 절대 악이 형제애와 대립하고 있는 마음의 중요한 부분을 찾고 있다."

어떠한 사물도 혼자 존재할 수는 없습니다. 정의를 내리기 위해서는 그것이 어디에 속하는지를 지적해야만 합니다. 그리고 그것을 넘어서 그것이 아닌 모든 것을 정의 내려야만 합니다. 'A'를 특징짓는다는 것은, 동시에 'A가 아닌 것'을 특징짓는 것입니다. 이것은 개념에 있어서도 마찬가지입니다. '아름다움'을 생각한다는 것은 필연적으로 '아름답지 않은 것'을 생각하는 것입니다. 아름다움은 추함이 있기 때문에 존재하는 것입니다. 사물들을 이러한 기준에 따라 분류할 줄 모르는 문화를 생각할 수는 있습니다. 그러나 아름다움은 알지만 추함은 알지 못하는 그러한 문화는 생각할 수 없을 것입니다.

'악'에 있어서도 이와 마찬가지입니다. 이것은 내가 행하는 행위와 관계되는 것입니다. 예를 들어 굶어죽지 않기 위해서 나는 물고기를 잡아죽입니다. 나를 방해하는 사람을 물리치기 위해 나는 그를 공격하고 그를 죽입니다. 이 두 행동은 각각 독립적인 다른 가치판단으로 여겨질 수 있습니다. 그것들은 나의 자유의 결과이며, 그 고유의 인과관계의 논리에 의해 전개된 것입니다. 그것들은 그것 자체로 좋은 것도, 나쁜 것도 아닙니다. 그것들은 그저 그것들일 뿐입니다.

'악의 문제'는 내가 이러한 행동들에 대해 판단을 내리려 할 때 생겨납니다. 즉 내가 하나는 정당화하고, 다른 것은 비난하려 할 때 생겨나는 것입니다. 이러한 판단은 이전에 정해진 법규를 참고하도록 합니다.

그러므로 도덕성을 상상해 내는 인간의 능력 안에서 '악'의 근원을 찾아야만 합니다. 다른 생명체에 있어서는 이러한 악에 대한 정의가 없습니다. 자연은 맹목적으로 흘러갑니다. 그 존재, 또는 그 종(種)의 존재를 따라가려는 것 외에는 다른 뚜렷한 목적은 없습니다.

그러나 도덕성을 만들어 내는 것이 무상의 행동은 아닙니다. 그것은 우리의 미래를 생각할 수 있는 능력에서 생겨납니다. 다른 동물들과는 반대로 우리는 내일이 존재한다는 것을 압니다. 그리고 우리는 이 내일을 만들어 내는 사건들에 바로 우리가 개입할 수 있다는 것을 압니다. 이처럼 우리는 우리가 움직일 수 있는 우주의 작은 구석 안에 궁극성을 끌어들입니다. 따라서 우리는 가능한 행동들 가운데서 선택해야만 하며, 선택을 위해서 우리는 어떤 행동은 '좋은 것'으로 여겨지고, 어떤 행동은 '나쁜 것'으로 여겨지는지를 구분해 주는 기준을 참조해야만 합니다. 외부에서 주어지는 이 기준을 얻기 위해 모세는 시나이 산 정상에 올라갔었습니다. 오늘날 우리들은 어느 산 위에 오를 수 있겠습니까?

Q. 이것은 한스 요나스가 그의 《아우슈비츠 이후의 신에 대한 개념》에서 제기했던 질문과 약간 비슷하군요. 그 책에서 그는 신은 인간을 자유롭게 내버려둠으로써 '위험을 자처한다'라고 기술하였습니다.

만일 우리가 모든 것을 정하신 창조주의 의지로 우주의 실재를 설명하려 한다면, 창조주가 자신의 창조물들 중의 하나에게 자신의 뜻대로 결정할 가능성을 부여하였다는 것도 분명한 일입니다.

확실히 20세기의 과학은, 결정론적인 시각에서 우주의 사건들을 보았던 라플라스〔1749-1827, 프랑스의 수학자·물리학자·천문학자〕의 개념에서 멀어졌습니다. 그에 따르면, 오늘에서 내일로의 진행은 엄격하게 예측할 수 있는 것입니다. 미래는 현재 안에 포함되어 있는 것입니다. 오늘날 우리들은 일들이란 그렇게 간단하지 않다는 것을 압니다. 소립자의 차원에서는 불확정성이 우세합니다. 거시적인 차원에서는 결정론들이 서로 뒤얽혀 있어 장기적 안목에서의 예측이 불가능하다는 사실로 귀착됩니다. 그렇다고 해서 우리를 둘러싸고 있는 사물들이 자유로운 것은 아닙니다. 왜냐하면 그것들은 복종하고 있기 때문입니다. 그들은 그들의 미래를 그들 손에 쥐고 있지 못합니다. 그것을 쥐고 있는 것은 바로 우리입니다.

우리는 선택할 수 있습니다. 잘된 일이건 그렇지 않건간에 우리는 선택하도록 강요받았습니다. 우리는 자유롭지 않을 자유가 없습니다. 이러한 은총이 창조주에 의한 것이건, 보다 더 복잡함을 향해서 나아가는 우주 도약의 부분적인 결과이건 그것은 중요하지 않습니다. 우리에게 중요한 것은 '함께 하는 것(faire avec)'이며, 그리고 때로는 그것이 독이 든 선물이라는 것을 생각해야만 합니다.

Q 그런데 그 독성이 우리가 이야기하고 있는 이 문제에서 보다 더 심하게 나타난 때는 없었습니다. 블라디미르 잔클레비치는 《절대적인 가치》에서 나치의 범죄에 대해 언급하기를, 그것은 '인류의 본질에 거역하는 죄'이고, 인간 본성에 거역하는 죄이며, 인간을 전멸시키려는 행위라고 하였습니다.

모든 다른 선택이 뒤따르게 되는 최초의 선택은 우리가 우리 자신에 대해, 그리고 우리와 닮은 이웃들에게 던지고 있는 시선입니다. 아울러 이 시선은 존경이나 또는 멸시를 담고 있습니다. 그런데 한 번 이러한 선택이 이루어지고 알려지게 되면 거기에서 결과를 끄집어 내어야만 합니다. 가장 나쁜 태도는 많은 사회에서 그러하듯 존경을 선택했다고 공표하면서도 실제로는 매일 멸시를 행하는 것입니다. 이러한 태도는 바로 공식적으로는 성서를 근본으로 하고 있다고 하면서도, 그들의 법제에 사형을 시행하고 있는 나라들의 경우라 하겠습니다. 이러한 것은 인간성의 가치를 떨어뜨리는 모든 '비인간적인' 것들입니다.

　그러나 나치의 경우에 있어서, 그 잔인함은 한계를 넘어선 것입니다. 그들은 단지 사람들만을 공격한 것이 아니라, 마치 사람들이 아픈 이를 하나 뽑아내듯이 그들이 인류에서 제거하기를 원했던 집단을 공격하였습니다. 그들의 죄를 단지 '비인간적'이라는 형용사만으로 이야기하는 것은 충분하지 않습니다. 그들이 우리 인류에 있어 특별한 것을 파괴시켰음을 나타내는 새로운 단어가 필요합니다. 그리고 그들은 그들의 희생자들에게서만이 아니라 그들 자신에게 있어서도 그것을 파괴한 것입니다.

Q　이렇듯 인류에 반대되는 행위들이 나치 독일에 의해 가장 체계적인 방법으로 자행되었습니다. 나치 독일의 책임자들은 수백만의 유대인들과 수십만의 보헤미안들을 제거할 것을 이성적으로 결정하고 조직하였습니다. 우리는 나치에 의한 유대인 학살의 특이성을 이야기할 수 있지 않을까요? 왜냐하면 이렇게 한 국가가 최고통치자의 권한하에 어떤 한 집단의 사람들을 제거하기로 결정한 것은, 이전에는 없었던 세계 역사상 유일한 현상이기 때문입니다.

　인류에 의해 자행된 끔찍스러운 일들은 수없이 많습니다. 수백만의 아메리카 인디언들이 학살당했습니다. 그리고 수많은 아프리카 흑인들은 강제이주당하였습니다. 그러한 행위를 범하거나 명령한 자들은, 일반적으로 그들의 행동이 도덕성에 위배된다는 것을 의식하고 있었습니다. 그들은 전쟁의 필요성이나 생산의 필요성으로 그들의 행동을 정당화하였습니다. 이러한 정당화시키려는 노력의 한 예를, 아프리카 사람들을 노예로 데려가는 것은 그들을 진실된 종교로 이끄는 방법이라 이야기하고 있는 로마 교회의 '검은 법전(Code noir)' 안에서 찾아볼 수 있습니다.

나치 독일에 의해 자행된 유대민족 말살계획은 그들이 보기에도 정당화되지 못하였습니다. 그들은 그것을 인류 종족을 위해 유익한 것으로, 따라서 나쁜 부분들을 제거해야만 하는 것으로 간주하였습니다. 유대인들을 아우슈비츠로 태우고 가는 기차가 베르마크트(Wehrmacht. 나치 시대의 독일 국방군) 기차보다 우선권을 가졌다는 것은, 그들의 민족 말살계획이 전투의 승리보다도 더 큰 중요성을 지녔다는 것을 보여 줍니다. 나치는 보다 쉽게 전쟁에 승리하기 위해 유대인들을 제거하려 하였던 것은 아닙니다. 그들은 유대민족을 말살하려는 그들의 계획을 완수하기 위해 전쟁에서 승리하기를 원하였습니다. 이러한 점으로 볼 때, 그들의 범죄가 독특하다는 것입니다.

더구나 이것은 과학이 가져다 준 힘이 놀라운 발전을 이루던 역사적 시기에 일어난 것입니다. 나치는 그들의 환상을 이루어 내는 데 이것을 이용하였습니다. 유전학의 첫번째 발견은, 그들에 의해 민족주의가 과학인 것처럼 보이게 하는 데 왜곡 사용되어졌습니다. 베를린의 인류학연구소 책임자인 유전학자 폰 베르슈어는, 히틀러를 '유전학적 사실들을 국가 지침의 원칙으로 삼은 최초의 국가 원수'라고 그에게 감사를 표하였습니다. 그런데 유전학은, 인류에게 있어 민족이라는 개념은 임의적이라는 것을 확인케 해주었습니다. 프랑수아 자코브는 그것이 '실제적인 것이 아니라'고 이야기하고 있습니다.

Q 당신은 '민족'이라는 개념에 대해 많이 연구하셨지요? 1856년에(그보다 조금 더 후에) 고비노는 《인종의 불평등에 관한 에세이》라는 글에서 아리아인을 찬양하고, 피와 인종의 뒤섞임에 의하여 문명이 몰락할 것이라 예언한 바 있습니다. 당신이 생각하시기에 이것이 히틀러의 제3제국 사람들에게 영향을 미쳤을까요? 단순히 그들이 닮지 않았다고 해서 유대인들이나 보헤미안들, 장애인들과 '일탈자들'을 제거해야 하는 것일까요?

인류를 정해진 민족에 따라 분류하는 연구 자체가 나쁜 것은 아닙니다. 어떤 종(種)에 있어서는 이러한 분류가 보다 엄격하게 이루어집니다. 이것을 위해서는 다양한 여러 민족들의 유전형질간의 차이가 개인의 유전형질간의 차이와 비교해 볼 때 중요해야만 합니다. 우리 인류라는 종에 있어서는 그 반대임이 확인되었습니다. 이러한 연구는 생물학적인 의미를 지닌 인류를 정의 내릴 수 없을 것입니다.

'민족'을 정의 내리려 노력하였던 19세기의 인류학자들은 민족주의에 의해 비난받을 수 없습니다. 그들은 단지 분류하는 것을 넘어서, 어느 민족이 어느 민족보다 '우세'하다는 서열을 정하기까지 하였습니다. 이러한 일에 있어 고비노는 실제로 선구자였습니다. 이상하게도 그는 그의 서열의 맨 꼭대기에 '아리아인'을 세웠습니다. 그런데 그 용어는 민족 전체를 지칭하는 것이 아니라 그 언어권 전체, 즉 '인도-유럽어' 전체를 지칭한 것입니다. 한 종족을 지칭하기 위해서 이 용어를 사용한다는 것은 의미 없는 것이었습니다. 이렇듯 반대되는 의미에도 불구하고, 고비노는 바그너의 제자인 영국 태생의 독일 정치철학가 휴스턴 스튜어트 체임벌린의 사고에 영향을 미쳤으며, 《나의 투쟁》(히틀러의 자서전)이라는 저작에 밑거름을 제공하였습니다.

민족주의자들과 생물학자들의 개념상의 차이는 '순수 민족'의 개념에 있어 명백하게 나타납니다. 민족주의자들은 그들의 피가 섞이지 않도록 지켜야만 하였습니다. 왜냐하면 그 민족은 몰락할 수 있기 때문입니다. 자연히 혼혈아는 불완전하다고 생각하였습니다. 생물학자들에게 있어서는 반대로 집단적인 유전형질의 가치는 다양성에서부터 생겨납니다. '순수'하다는 형용사는 '취약'하다는 의미로 해석된다는 것입니다.

Q 순수 민족에 대한 망상과 불순한 자들을 제거하려는 생각은 별 차이가 있는 것이 아닙니다. 폴 리쾨르가 《비평과 신념》에서 이야기하고 있는 것처럼, '대량 학살'은 언제나 전체주의를 나타내는 것이라고 당신은 생각하십니까? 그것은 분명 제도적인 말살정책과 관계된 것입니다. 십자군이나 종교재판소의 경우는 그러하지 않았는지요? 그리고 당신은 리쾨르처럼 전체주의가 사회적 관계들을 파괴하는 것을 내포하고 있으며, 인류 공동체를 구별되지 않는 집단의 상태로 축소시키는 것을 내포하고 있다고 생각하십니까?

전체주의가 20세기에 시작되었습니까? 내가 보기에는 이미 종교들은 전체주의의 한 형태를 나타내고 있는 것 같습니다. 종교가 개인적인 차원을 넘어서서, 그 종교 안에서 움직이고 있는 악마를 격퇴하기 원할 때 그러합니다. 그리고 이것은 '전체'를 구성하는 각 요소들이 아니라 '전체'에만 관심이 있는 교리를 명분으로 하고 있는 것입니다. 종교재판을 하던 사람들의 경우에 있어서도, 도처에 존재하는 악마와 싸운다는 생각하에서 그들이 한 가여운 악마를 고문할 때에는 전체주의자가 아닙니까? 더구나 한 개인이 자아의 실재로 여겨지지 않고, 이데올로기나 의견의 단순한 표현자 또는 그가 속한 '종족'의 단순한 표현자로만 여겨질 때도 마찬가지 아닙니까?

나치주의는 이러한 태도를 극단까지 밀고 갔습니다. 나치는 그의 적들만을 '전체'로 규정한 것이 아니라, 더 이상 지도자들의 손 안에 머무르는 효율적인 기계가 아닌 독일 국민들까지도 '전체'로 규정하였습니다. 그렇다고 해서 이렇게 기계처럼 되는 것이 이 국민들의 사회적 관계를 파괴시키고, 이들을 생기 없는 대중의 상태로 만들어 버렸다고 단언할 수는 없습니다. 반대로 그 모든 일원들과의 관계는 매우 엄격하였습니다. 이것은 바로 변형되어진 사회관계의 성격입니다.

이 조직은 사람들이 그들 사이에서 형성해 내는 관계들에 의해 만들어집니다. 민주주의란 사람들 사이의 관계는 상호적인 것이라고 전제합니다. 인과관계의 화살은 양방향으로 열려 있습니다. 전체주의는 효용성이라는 미명하에 일방적 관계만을 자리잡게 하며, 각 개인들은 질서에 복종해야만 하는 계급체제를 만들어 놓습니다. 이러한 구조를 지닌 모델로 군대를 들 수 있습니다. 군대에서는 "가장 중요한 힘은 규칙이다"라고 이야기합니다. 하나의 종파의 구조도 그러합니다. 그리고 때로는 불행히도 교회의 구조 또한 그러합니다. 나치의 악마주의는 전체 국민에 대해 이러한 모델을 적용하려 하였습니다.

역사를 고려해 볼 때, 특히 교육 수준을 고려해 볼 때, 독일 국민들은 다른 국민들에 비해 이러한 유혹에 더욱 잘 저항할 수 있었을 것입니다. 어떻게 모든 국민들에게 문제를 일으키는 이러한 소용돌이에 빠져들도록 가만히 있었을까요. 그 설명은 1918년의 패배, 인플레이션, 실업 등이 독일인들을 절망에 빠뜨렸던 것에서 찾을 수 있습니다. 그들은 변화를 가져오는 모든 해결책이 받아들여질 것 같은 시점에 있었습니다. 그런데 히틀러는 그들에게 근본적인 변화를 약속했던 것입니다—— 그리고 그는 그 약속을 이행하였습니다.

Q 그러나 보수적 지도자층 없이, 그리고 독일 관료주의와 군사력의 타협 없이 그것이 이루어질 수는 없었으리라는 건 사실입니다. 엘리트 집단에 진짜 책임이 있었습니다.

히틀러 개인에 대한 대중들의 지지는 물론 여러 원인들이 결합된 결과입니다. 가장 불안했던 것은 유대인 배척에 대한 지배계급의 소극적 태도였습니다. 아인슈타인이 1933년 폴 발레리에게 보낸 편지에 실린 다음과 같은 구절을 상기해 봅시다. "가장 심각한 것은 이 커다란 나라 안에서 아무도, 어떤 기관도 문화와 정의의 이름으로 그렇게 많은 우수한 지식 노동자들을 제거하는 것에 대항하여, 그리고 그들을 물질적으로 무력화시키는 것에 대항하여 항의하는 자가 없다는 것입니다." 이러한 지도계급의 수동성, 그리고 자신의 목적을 달성하기 위해 히틀러에게 봉사한다고 생각했던 기업가들의 마키아벨리즘적 어리석음은, 나쁘다고 판단되는 지도체제 앞에서도 저항하지 않는 모든 사람들에 의해 다시 한 번 상기되어져야 합니다. 시민이 되는 법을 알아야만 합니다. 다시 말하여 '정치를 하여야만 합니다.' 정치를 한다는 것은 확실히 스스로 속아 넘어갈 우려가 있는 것입니다. 그러나 정치를 하지 않는다는 것은 확실하게 속아 넘어가는 것입니다.

Q. 1963년에 있었던 나치 지도자 아이히만의 재판에서, 한나 아렌트는 피고에게서 새디즘적이고 정신이상적인 고문을 하는 사람의 모습은 발견하지 못했노라고 증언하였습니다. 반대로 그녀는 그를 자신의 일을 꼼꼼하게 수행하는 순종적인 공무원으로 묘사했습니다. 이것에 대해 어떻게 생각하십니까?

한나 아렌트가 본 것은 아마도 사실일 것입니다. 아이히만은 복종한 것입니다. 그러나 무조건적인 복종은 '비인간적' 태도라는 것을 이해해야만 합니다.

Q. 희생자들을 위해서 우리는 이러한 인간성의 부정과, 역사 안에서 일어난 다른 모든 죄들을 혼동해서는 안 되겠지요? 알랭 핑켈크로트가 《헛된 기억》에서 이야기하였던 것처럼, 이것은 더 이상 전쟁이 아니라 '추잡한(immonde)' 것입니다. 그는 다음과 같이 이야기하고 있습니다. "실제로 아직도 전쟁에 속해 있는 세계가 있고, 추잡한 것들이 있다. 적이 된다는 것과 사냥감의 대상이 된다는 것은 같은 것이 아니다."

나치의 계획은 물론 비인간적인 것이었습니다. 그런데 이러한 집단에 의해 주어진 계획은, 그 명령에는 들어 있지 않았던 '추잡한' 개인적 행동들을 수반하였습니다. 상대방을 타락시키고, 고문하고 고통받게 하는 것 안에서 즐거움을 찾으려는 욕망이 그 다른 이유였지요.

나는 이것이 동물성으로의 회귀라고 생각하지는 않습니다. 동물들은 거칠고, 또한 연민을 느낄 줄 모릅니다. 그러므로 그들은 그들의 희생물들의 고통을 즐길 수가 없습니다. 왜냐하면 그들은 이 고통을 모르기 때문입니다. 우리가 사용하고 있는 의미에서 비인간성이라는 것은 인간에게만 특징적인 성격입니다. 나치에게서 보여졌던 것처럼, 타인을 파괴시키는 데에서 묘한 새디즘을 느낄 수 있기 위해서는 상상력과 이성을 지닌 인간이어야만 합니다. 이러한 새디즘적인 즐거움을 찾는 것은, 고문을 행하는 자들이 자신은 단지 전체주의 사회에 속하는 하나의 톱니바퀴일 뿐이라는 생각에서 오는 실망에서 비롯됩니다. 나치친위대원들(SS당원들)이 상부의 명령에 자신이 생각해 낸 학대를 덧붙이는 것은, 개인적인 고유한 존재로 남으려는 필요에서 생겨나는 것입니다. 이처럼 우리는 가정에서는 좋은 아버지이면서 고문을 행하는 자들의 이중적 태도를 설명할 수 있습니다. 그러므로 결과적으로 이러한 비인간적인 행동의 근본 원인은 전체주의 사회에 귀속되는 것에서 찾아진다 하겠습니다.

Q 비인간적이라는 것이 사람들에게는 낯설지 않습니다. 인류 역사를 진보로 생각하지 말아야 하는 것 아닙니까?

　인류의 역사에 있어서 진보라는 용어는 과학과 기술에 적용될 수 있습니다. 이 용어는 사회적 행위에는 사용될 수 없습니다. 존재에 대한 의식을 획득하고, 우리의 행동을 자유로이 선택할 수 있는 가능성을 지니게 됨으로써 일은 시작된 것입니다. 이러한 자유가 의미하는 바는, 각 개인은 선(善)을 선택할 수 있는 것처럼 악(惡)을 선택할 수도 있다는 것입니다.

　상상해 볼 수 있는 유일한 진보란, 이러한 선택을 가능한 한 명확하게 하는 것입니다. 바로 여기에 교육의 첫번째 역할이 있습니다. 야만성을 선택한 사람들은, 자신의 선택이 다른 사람들과 자기 자신을 위해 어떤 결과를 가져오는가는 적어도 알고 있어야 할 것입니다.

그 결과를 의식할 수 있는 가장 좋은 방법은 지나간 사건들을 잊지 않는 것입니다. 잊는 것과 왜곡하는 것은 가장 나쁜 실수를 다시 범하게 합니다. 바로 이런 이유로 해서 나치의 범죄를 축소하고, 또는 그 범죄에 대한 이야기가 거짓말인 것처럼 말하고 있는 '부정주의자(négationniste)'에 대항해야만 하는 것입니다. 수용소의 공포가 밝혀지면서 유발된 격앙된 감정하에서, 처음에 집계된 유대인 희생자들의 수는 총 6백만 명이라고 하였습니다. 역사학자들은 이 숫자를 보다 정확히 집계하게 되었으며, 그 수는 집계방식에 따라 5백10만 명에서 5백90만 명까지 달라집니다. '수정주의자'들은 결론 내리기를, 어떠한 신뢰할 수 있는 집계도 확실한 것이 아니라 하였으며, 유대인 말살계획은 단지 이스라엘 국가 강화를 위한 '로비'의 산물이라는 가능성을 시사하게 되었습니다. 이렇게 망각해 버리려 한다는 것은 재발할 수 있는 조건을 다시 만들어 내는 것입니다. '결코 다시 일어나지 않기를' 바라는 소망을 확고히 하기 위해서는, 언제나 기억을 잊지 않는 것이 반드시 필요합니다.

그러므로 속지 않도록 주의합시다. 전체주의는 언제나 유혹으로 남을 것입니다. 전체주의는, 민주주의의 느린 발전에 반대되는 즉각적인 효용성을 제공해 줍니다. 전체주의는 모든 사람들에게 공통의 과업에 공헌하고 있다는 느낌은 유지한 채로, 결정을 내리지 않아도 된다는 안락함을 제공해 줌니다. 어떻게 우리가 진실을 소유하고 있다고 주장하는 사람과 따라 나가야 할 길을 제시하는 사람, 그리고 첫단계에서 상황을 개선할 수 있다고 증명하는 사람에게 현혹되지 않을 수 있겠습니까? 1935년에 여러 상황들은 독일인들에게 매우 유리하게 진행되었을 것입니다. 히틀러가 등장한 지 2년 후에 말입니다! 이러한 유혹에서 벗어날 수 있었던 사람은 매우 드뭅니다. 그러나 그것이 도달한 것은 단지 세상의 종말(Apocalypse)이었습니다.

상상력

광기에 대한 두려움 때문에 상상력에
반기를 드는 것은 아니다.
——앙드레 브르통——

Q 플라톤 이후의 모든 철학자들은 상상력을 인식의 타락한 형태로 취급하였습니다. 말브랑슈는 상상력을 '집안의 광녀'라 일컬었으며, 파스칼은 '실수와 오류의 주범'이라 지칭하였습니다. 당신도 이와 같은 의견이신지요?

우리가 우주를 인식함에 있어서, 상상력은 인식보다 앞서는 것입니다. 이러한 인식은 결코 낮은 수준의 것이 아니며, 우리를 조금씩 현실에 다가가도록 하는 사고과정의 일부에 해당하는 것입니다.

이렇게 발견보다 한 발 앞서는 갑작스러운 깨달음의 현상은 수학에서도 일어날 수 있습니다. 연구하는 학자는 연속되는 문제에 있어서 다음 단계로 전개시키기 전에, 가능한 증명에 대한 직관을 가지게 됩니다.

상상력 없이는 창조를 이루어 낼 수 없을 것입니다. 따라서 상상력이란 가장 풍요로울 뿐만 아니라 가장 고귀한 지적 행위인 것입니다.

일단 한 번 깨달음이 이루어지면, 우리는 마치 구두쇠가 금덩어리에 집착하는 것처럼 그 깨달음에 의지하게 됩니다. 지식이란 아무것도 흥분할 만한 것이 없습니다. 다시 말하여 지구와 달과의 거리를 정확히 알아낸다는 것은 백과사전의 한 칸을 차지하는 지식으로, 거기에서 어떤 흥분을 기대할 수 는 없습니다.

반대로 우리가 이러한 거리를 잴 수 있는 지혜로운 방법을 생각해 내는 것은, 우리에게 곧 이루어 낼 수 있다는 승부욕 을 품게 해줍니다. 이것은 자신이 만들어 낸 허구적 인물들 인 주인공들의 모험을 상상해 내는 소설가의 깊은 즐거움과 도 같은 것입니다.

당신이 방금 인용했던 말브랑슈나 파스칼의 좋지 않은 견 해에 관해서 이야기하자면, 나는 그들이 '광녀'라 부르는 것 을 옹호하고 싶어집니다. 만일 그 광녀가 없었다면, 그 집은 어둡고 회색빛이며 먼지 나는 슬픈 곳이었을 것입니다. 바슐 라르는 이것을 정확히 간파하였습니다. 그는 지적하기를, 우 리를 다른 동물들보다 '가장' 월등하게 해주는 것은 바로 상 상력이라 하였습니다.

우리가 구별되는 점은 우리가 미래를 생각할 수 있는, 다 시 말해 계획을 세울 수 있는 능력이 있다는 점입니다. 그런 데 미래는 존재하지 않습니다. 우리는 오늘은 어제에서 이어 지는 것이라 생각하고, 이것을 연역하여 내일은 오늘에서 이 어질 것이라 생각합니다. 그러나 아무것도 우리가 이것을 믿 도록 강요하지는 않습니다. 그리고 우리의 사촌쯤에 해당할 만한 다른 종(種)들은 이러한 것을 거의 생각하지 않는 것 같습니다. 미래를 생각한다는 것은 상상력을 발휘함으로써만

가능합니다.

우리의 이성과 논리의 결합이라는 권태로움 곁에서, 우리가 상상력과 함께 하는 사랑스러운 모험은 우리를 창조라는 즐거운 공간으로 들어가도록 해줍니다. 단지 상상력만이 우리에게 다른 시각을 가질 수 있도록 해줍니다. 그러나 상상력의 개입이 결코 이성을 몰아내는 것은 아닙니다. 상상적인 것과 비합리적인 것을 혼동해서는 안 됩니다. 이성이 상상력에게 견딜 수 없는 구속으로 나타날 때에만이 상상력은 정말로 위험한 것이 됩니다. 따라서 모든 부조리한 것은 가능한 것이 됩니다. 미신적인 행위처럼, 우리의 무능함을 보충하기 위해 상상력이 요구되어졌을 경우에는 특히 그러합니다. 그러므로 비난해야 하는 것은 상상력이 아니라, 이성에 도움을 청하기를 거부하는 것입니다.

결과적으로 우리의 인식이 보다 진보할 수 있는 것은 상상력과 이성의 연결에 의해서입니다. 상상력은 새로운 전망을 열어 주고, 새로운 개념을 가져다 주고, 현실에 새로운 시각을 제공해 줍니다.

그러나 상상력도 역시 왜곡될 수 있고 흐려질 수 있습니다. 만일 상상력이 대항할 세력이 없는 절대적인 여왕과 같다면, 상상력은 단지 환상만을 가져올 것입니다. 이러한 여왕을 몰아낼 필요는 없습니다. 그러나 이 상상력이 우리에게 제안하는 지나치게 어마어마한 몇 가지 선물들은 이성의 이름으로 거부할 줄 알아야 합니다. 상상된 것과 인식되고 증명된 것은 분명히 잘 구분해야 합니다. 혼돈의 위험도 도사리고 있습니다. 그러나 우리가 상상력을 이성의 적으로 여길 때에만 이러한 혼돈이 일어나는 것은 아닙니다. 플라톤의 용어를 따르자면 '인식의 가장 저급한 수준의 것'은 상상력이 아니라, 우리가 상상한 것을 증명되기 이전에 사실이라 믿어 버리는 환상인 것입니다.

Q. 조금 더 발전시켜 이야기하여, 에드가 모랭이 지적하고 있는 것처럼 상상력이 없다면 현실이, 진정한 아이덴티티가 없을 것이라 이야기할 수 있을까요?

인간의 생물학적인 현실은 자연에 의해 주어집니다. 우리들은 우주에 존재하는 모든 다른 것과 마찬가지로 1백50억 년 동안 진행된 것으로 여겨지는 역사의 결과물입니다. 그런데 자연은 우리에게 이러한 역사에 새로운 단계를 덧붙일 능력을 주었습니다. 우리의 상상력에 의해 주어지는 개념 덕택으로, 우리는 같은 과정을 재생산해 내는 가상적인 모델로 현실 세계를 보충하였습니다.

우리는 분명 우주에 접근할 수 없는 현실을 만들어 내지는 않았습니다. 우리는 우리 '인류(hommerie)'가 펼쳐질 수 있는 제2의 우주를 창조해 냈습니다.

이러한 모델 만들기는 우리 인류라는 종(種)에서도 이루어졌고, 따라서 우리 인류는 행동의 내용과 목적을 바꾸었습니다. 즉 그 행동들은 자연스러운 과정의 단순한 결과라기보다는 하나의 의미를 지닌 것입니다. 자연은 우리가 성행위를 하도록 유도하는 호르몬을 우리 몸에서 만들어 냅니다. 세대 교체는 이렇게 하여 이어지는 것입니다. 이러한 행위는 가장 근본적인 감정의 근원이 됩니다. 성행위는 만남으로 변모되었습니다. 일상생활의 모든 사건들은 이렇게 변모되어집니다.

우리 인간 자신도 우리의 상상할 수 있는 능력의 결과입니다. 자연은 하나의 개인을, 상호 작용을 하는 기관들의 일개 조합인 개인을 만들어 내었습니다. 내가 지금의 누구로 된 것은 내가 타인들에게 누구였다는 것을 이해하면서입니다. 나라는 존재는 나의 피부라는 봉투 안에 자리잡을 수 있는 것이 아니라, 내가 만나는 사람들과의 관계 안에 자리잡고 있는 것입니다. 그리고 이러한 관계는 우리의 풍부한 상상력의 산물입니다.

Q 다른 말로 표현하자면, 자아에 대한 인식은 타인에 대한 인식과 마찬가지로 우리의 상상력에 달려 있는 것이라고 당신은 생각하고 계시는군요. 바로 그 점이 전통적인 철학과는 거리를 두고 있는 점이지요!

그러나 그것은 논리적입니다. 타인과의 관계는 커뮤니케이션, 다시 말해 공동체 생활을 하는 데서 비롯됩니다. 따라서 타인과의 관계는 타인이 나와 유사한 존재라는 것을 나의 상상력이 알아낼 때에만 이루어진다는 것입니다. 나의 눈이 다른 많은 것들 가운데 하나를 나에게 제시합니다—— 전에 데카르트에게서 이와 유사한 것을 읽은 적이 있는 것 같습니다—— 내가 그 대상을 존경심을 가지고 대할 수 있는 것은, 내가 그 대상을 주체로 변모시키면서 그에게서 나와 같은 신비스러운 출현을 상상할 수 있을 때만입니다.

이러한 상상의 노력은 내가 타인을 '이웃'으로 여기도록 강요합니다. 그러나 그것은 언제나 쉬운 일은 아닙니다. 게으름 때문에 그리고 나의 안락함을 유지하기 위해, 나는 이러한 변모 게임을 하지 않고 안주하도록 유혹받을 수 있고, 그 앞에서 권리되찾기를 유혹받을 수 있습니다. 사형집행인과 고문을 행하는 사람의 행동을 달리 어떻게 설명할 수 있겠습니까?

 당신 이야기를 들으면서 나는 보들레르가 《미학적 호기심, 1859년 현대미술전》에서 이야기한 다음과 같은 유명한 구절을 떠올리게 됩니다. "상상력이 없는 학자에 대해 어떻게 이야기하겠습니까? 그는 교육을 통해서 배울 수 있는 것은 모두 배웁니다. 그러나 그가 예견할 수 없는 법칙은 생각해 낼 수 없을 것입니다. 상상력은 진실의 여왕입니다. 그리고 가능성은 진실의 영역 가운데 하나입니다."

만일 상상력의 힘이 없다면, 내일은 단지 오늘의 결과라는 것은 확실합니다. 상상력 덕택으로 우리는 다른 가능성을 엿볼 수 있습니다. 그리고 특히 우리는 이러한 가능성이 현실화되도록 행동할 수 있습니다.

반대로 이야기하여, 행동이 없다면 상상력은 단지 우리가 비현실 속으로 도피하는 하나의 수단이 될 것입니다. 이것은 참을 수 없는 현실에 대항하기 위해서는 유용할 수도 있습니다. 그러나 이렇게 방어하는 것만으로 만족하는 것은 마약에 몸을 맡기는 것과 같은 것입니다. 그런데 이것은 마치 자위가 사랑에 속하는 것처럼, 그 마약도 행복에 속하는 것입니다. 다시 말해 문을 걸어잠그고 자기 자신 안에만 침잠하는 것은 어떤 시기에는 필요하기도 하지만, 만일 그것이 외부 세계와의 접촉을 끊어 버린다면 메마르게 하는 것입니다.

이것은 단지 '노래 부를 수 있는 미래'를 상상하는 것이 아니라, 그 미래에 다시 노래할 수 있도록 지금 행동해야 한다는 것입니다.

 그렇다면 병적인 상상력은 어디에서 시작됩니까?

상상력의 산물을 사실로 여긴다는 사실이 병적인 것입니다. 우리의 지적 활동은 여러 근원이 요구되는 것으로, 많은 걸작품들이 근원으로 하고 있는 신비나 환각까지도 거부하지 않습니다. 시인은 흔히 환각에 빠집니다. 그러나 만일 상상력이 유일한 근원이 된다면, 그 위험은 현실이 유일한 근원이었을 때만큼이나 크다고 하겠습니다.

특히 자신의 인성을 형성하는 단계에 있으며, 자신의 정체성에 대해 고통스럽게 자문하고 있는 젊은이들에게 있어서는 그 위험이 더욱 크다고 하겠습니다. 여러 차례의 갈림길의 선택을 거치면서 하루하루 스스로를 만들어 나가려 하기보다는, 기성복처럼 이미 만들어져 있는 인성에 들어가 버리려는 유혹은 큰 것입니다. 어떤 인물을 연기한다는 것이 그 인물이 된다는 것은 아닙니다. 이러한 혼란을 엿보고 있는 자들에게 이같은 사실을 끊임없이 상기시켜야만 합니다.

건강한 상상력과 광적인 상상력의 구분은, 하나는 비평을 받아들이는 것이고, 하나는 거부하는 것이라는 데 있습니다. 과학적 활동은 건강한 상상력의 모범이 되는 것입니다. 과학은 실제로 가정들에 의해 이루어집니다. 과학은 그 가정들을 유효한 것으로 만들고자 하며, 만일 실험을 통해 부정적인 것이 되면 거부해 버립니다.

예를 들어 기초적인 소립자(양성자·중성자 등)를 형성하기 위해 서로 연결되어 있는 6개 쿼크(quark)의 존재는, 물리학자인 겔 만에 의해 1964년에 제안되었습니다. 그런데 이것은 순전히 상상에 의한 추측이었습니다. 이 존재를 증명하기 위해서 많은 실험이 필요하였으며, 그 중 '상층(top)'인 여섯번째의 쿼크만이 증명되었을 뿐입니다.

그 반대의 경우로 N 광선의 존재는 몇 해 동안 낭시대학교——낭시(Nancy)에서 N이라는 이름을 따옴——의 물리학자들에 의해서 받아들여졌습니다. 그러나 실험을 통해 그것은 순전히 환상이라는 것이 밝혀졌습니다. '물에 관한 연구'에 대해 현재 이루어지고 있는 논쟁은, 가정과 사실 사이에 경계를 긋는 것이 어렵다는 것을 보여 주는 한 예입니다. 이러한 문제에 있어 반드시 생각해야 하는 것은, 사실로 밝혀지기 전에는 그 가정에 대해 겸손한 태도를 취해야 한다는 것입니다.

Q '영상 세대'라 일컬어지는 문명을 특징짓는 것은 무엇입니까? 우리는 언제 영상 문명으로 넘어왔습니까? 새로운 테크놀로지에 대해 당신은 매혹되십니까, 또는 불안한 마음을 가지게 됩니까?

인쇄물과 함께 하는, 더욱이 텔레비전과 함께 하는 우리의 문화는 타인에 의해 만들어진 영상을 우리에게 억지로 주입하고 있습니다. 이것은 상호 교류의 가능성을 없애며, 일방성만을 지니고 있습니다. 텔레비전의 경우에 있어서는, 영상의 전파가 빠른 만큼 그 피해 또한 가중됩니다. 우리의 뇌는 영상들이 천천히 변할 때만이 받아들일 수 있도록 습관화되어 있습니다. 서로 연관관계도 없이, 우리가 가까스로 따라갈 수 있는 리듬으로 갑작스럽게 쏟아지는 영상들은 우리의 지성을 공격합니다. 여기에서 손상이 일어날 수 있습니다. 상업광고와 마찬가지로, 빠른 리듬의 것들은 전달하려는 내용 또한

어리석은 것이라는 점은 분명합니다. 따라서 우리를 비판정
신이 없는 소비자로 만들려는 사람들에게는 영상은 유용한
무기가 됩니다.

우리의 고유한 상상력에 의해 만들어진 영상과 관계되는
것이라면 '영상 문명'은 환영할 만한 것입니다! 그러나 그
영상들이 타인에 의해 만들어진 그리고 수동적으로 받아들
여지는, 제조되고 급속 냉동된 생산품과 같은 것이라면 우리
는 경계해야만 합니다. 영상을 전달하는 현대적 장치들에서
의사 교류의 방법을 찾으려는 것은 기만입니다. 의사 교환을
한다는 것은 공동체 생활을 한다는 것입니다. 그런데 우리가
지금 사용하고 있는 도구들은 '정보'의 수단, 다시 말해 편
집 작성된 수단들입니다. 글로 씌어진 것 앞에서는 우리는
우리의 리듬대로 읽을 자유가 있습니다. 우리는 뒤로 되돌아
가 읽을 수도 있고 생각할 수도 있으며, 우리의 비평정신이
움직이게 할 수도 있습니다. 우리는 글로 씌어진 것 앞에서
는 끊임없이 우리 자신이 될 수 있습니다. 라디오나 텔레비
전에 있어서 모든 것들은 우리에게 강제로 부과됩니다. 우리
는 수동적일 수밖에 없습니다. 단지 정보가 있을 뿐이지, 의
사 교류는 거의 불가능합니다.

정의와 법률

문제는 우리가 어떤 경우에, 그리고 어디까지
정당하지 않은 체제를 따라야만 하는가이다.
——존 롤스——

Q. 사람들은 일반적으로 법률의 기능은 폭력을 대신하는 것이라고 말합니다. 그러므로 결과적으로 하나의 사회는 법 없이는 존재할 수 없습니다. 당신도 이와 같은 생각이십니까?

법률이란 사회 안에 있는 개인들간의 관계를 정의하는 규칙들의 총체입니다. 동물들의 세계에 있어서 이 관계는 필연적으로 힘의 관계, 즉 육체적 힘 또는 위협할 수 있는 능력에 따라 이루어지는 관계입니다. 인간사회를 형성한다는 것은, 바로 이러한 관계를 공동체 안에서 토론되고 받아들여진 구속으로 대체한다는 것입니다. 그리고 각 개인들은 이 구속에 기꺼이 따릅니다. 왜냐하면 이 구속들이 자신의 자유를 보호해 주는 울타리라는 것을 알고 있기 때문입니다.

폭력에 도움을 청하는 것은, 이러한 법률의 규칙들이 효력없다는 것을 확인하는 것입니다. 이러한 상황은 사회를 구성함에 있어 가장 극적이 됩니다. 폭력이나 일시적인 명목만을 쫓는 것은 사회의 본질적인 것, 즉 그 사회를 구성하는 사

람들간의 관계를 구성해 나가기를 포기하는 것이기 때문입
니다.

법률이 있으므로 해서 사회가 있는 것입니다. 법률 없이는
개인들의 집합만이, 인간의 생물학적 특성에 의해 유발되는
상호 작용 이외에는 다른 상호 작용 없는 개인들의 집합만이
존재합니다. 이 집합은 단지 하나의 군중 무리일 뿐입니다.
법률은 인간들 사이에 상호 작용을 자리잡게 하며, 따라서
국민이 될 수 있게 하는 것입니다.

이처럼 모든 사회는 분쟁을 조정할 수 있는 성격들을 분명
하게 선택해야만 합니다. 이것은 때로는 '보다 강한 법'을
요구합니다—— 이 힘이 육체적 힘에 의존한 것이건, 지식에
의존한 것이건, 또는 금전력에 의존한 것이건간에 만일 그것
이 진정한 법률이라면—— 이것은 또한 사회를 구성하는 근
본적인 법칙, 즉 그 사회의 헌법일 수 있습니다. 가장 나쁜
배신행위는, 이 헌법을 그 의도와는 반대되는 행동을 정당화
하는 데 사용하는 것입니다. 이러한 일은 국민의 대표에 의
해 공식적으로 통치되는 민주주의 국가에서도, 그 권력이 몇
몇 세도가들의 이익을 위해서만 행사되는 경우에 일어나게
됩니다.

Q 법이 없다면 사회 또한 없는 것입니다. 그렇다면 어떠한
법률을 말합니까? 인간임을 주장할 수 있는 법률은 어떤
것입니까? 우리는 그러한 것에서 멀어져 있는 것인가요? 아니
면 지금 우리에게 있는 것인가요? 다른 곳에 있는 것일까요?

근본적인 법률이란 처음에는 생물학적인 생존들, 즉 음식
물과 난방 등을 보장해 주는 것이었습니다. 노동과 지식의

증가로 사회가 추가적인 방편들을 정비해 감에 따라, 법률은 개인들뿐만 아니라 인간성에까지 미치게 되었습니다. 즉 교육에 관한, 정의에 관한, 보살핌에 관한, 그리고 적당한 주거에 관한 법률 등이 생겨난 것입니다. 우리가 새로운 풍요를 가져올 수 있고, 새로운 요구들을 상상해 낼 수 있는 한 그 목록은 결코 끝나지 않을 것입니다.

그러나 불평등과 부정당함을 혼동하여서는 안 됩니다. 자연에서 기인된 불평등은, 예를 들어 유전학적 불평등은 정당한 것도 부정당한 것도 아닙니다. 그것은 단지 인간의 다양성의 일부일 뿐입니다. '평등'의 반대말이 '보다 우세한' 또는 '보다 열등한'이 아니라 '다른'이라는 것을 잊지 맙시다. 어떤 사람은 작고 어떤 사람은 크다는 것에는 어떠한 부정당함도 없습니다. 부정당함은 우리 사회가 이 사람 저 사람에게 임의적으로 어떤 작위를 부여할 때 생겨나는 것입니다.

이 점에 있어서, 우리는 틀린 계산을 하고 있습니다. 프랑스에서도 많은 아파트들이 비어 있음에도 불구하고 많은 가족들이 지붕도 없이 지내고 있습니다. 우리의 곡식 창고는 가득 차 있는데, 멀리 제3세계에서는 많은 어린아이들이 굶주려 죽어가고 있습니다.

왜냐하면 법률이란 모든 사람들을 위해서, 모든 사람들에 의해서 이루어져야만 하는 것이기 때문입니다. 모든 사람들이 의견을 표시할 수 있는 절차들(선거나 권력의 위임 등)을 제대로 정비하여야 합니다. 시나이 산에서 받아 씌어진 법률을 받아들인다는 것은 인간을 포기한다는 것을 의미합니다. 우리가 어떻게 행동해야 하는지를 알기 위해서 계시되어진 진실에 기대지 맙시다. 무엇을 해야 하고, 무엇을 하지 말아야 하는지를 같이 결정해야 하는 것은 바로 우리의 일입니다.

Q 모든 나라들에 있어 공통적인 지평이라는 생각을 견지하여야 할까요? 또는 반대로 다양성을 강조하여야 하는 것일까요?

여러 문화와 여러 국가간의 관계를 강화시키기 위해서는, 모든 사람들이 동의할 수 있는 공통적인 중심이 있어야 합니다. 한때 종교는 전인류를 하나의 믿음으로 개종시킨다고 주장하면서 이러한 조화를 시도하였습니다. 그러나 여기에서 끔찍한 종교전쟁이 발생하게 되었습니다. 오늘날 이러한 조화는, 과학의 진보가 가져다 준 명석함에 의하여 근본적인 점에 있어서는 이루어질 수 있을 것 같습니다. 과학이 제안하는 인류의 정의는 각각의 개인을 존중해야 한다는 것입니다.

Q 이것이 의미하는 것은, 모든 나라들이 과학이 제시하는 보편적 성격을 받아들여야 한다는 것입니다. 그러나 이것은 언제나 실제와는 거리가 멉니다. 예를 들어 이슬람교적인 사고에서는, 여자는 남자에게는 위험하고 탐욕스러운 존재로 표현됩니다. 알라에게 복종하고 충동을 자제하는 남성적 축과는 반대로, 여성은 끝없는 즐거움의 축을 차지합니다. 어떻게 이러한 '표현'과 여성의 권리 인정을 타협시킬 수 있겠습니까?

당신이 묘사하고 있는 여성에 관한 '표현'이 사실로 받아들여진다면, 여성의 권리를 인정하려는 노력과는 어떠한 타협도 이루어질 수 없습니다. 우선 우리가 두 성(性)을 동등한 인류 구성원으로 간주하고 있는지 그렇지 않은지를 알아야만 합니다. 그리스인들은 아니라고 대답합니다. 이슬람교의 교조주의자들도 아니라고 대답합니다. 인도 문화도 아니라고 대답합니다. 이렇게 하는 것이 물론 남자들에게는 편리한 일일 것입니다.

사실 이러한 여성의 권리 부정은 여성의 어떤 성질에 대한 표현의 결과는 아닙니다. 반대로 그러한 '성질'을 부여하려는 것은, 바로 여성에게 부과된 운명을 정당화하려는 욕망에서입니다.

Q 우리는 때로 원칙에 대한 논쟁들을 보게 됩니다. 우리는 정당하지 않다는 것을 발견하고도 그 법률에 따라야만 하는 것일까요, 또는 우리의 신념을 밀고 나가야 할까요?

사회는 법을 존중해야만 합니다. 그러나 사회는, 어떤 사람들이 개인적 입장에서 볼 때 자신의 윤리와 반대되는 것으로 여겨지는 행동을 강제로 부과할 수는 없습니다. 예를 들어 프랑스법은 어떤 한도 내에서 여성의 낙태에 대한 권리를 인정합니다. 각 개인의 의무는 이 권리를 존중하는 것입니다. 그렇다고 해서 우리는 자신의 종교와 이념에 따라 낙태를 반대하고 있는 의사에게, 낙태를 시행하도록 강요할 수는 없습니다. 일반적으로 이야기해서, 아무것도 우리가 부정당하다고 간주하는 것을 합법적으로 행하도록 강요할 수는 없습니다. 우리가 거북하게 느끼는 법률에 대해서, 우리는 그 법률이 변경될 수 있도록 행동해야만 합니다. 예를 들어 징병의 경우, 이를 신념을 가지고 반대하는 사람을 볼 수 있습니다. 이러한 사람들은 무기 드는 것을 금하는, 그리고 다른 사람을 살해하는 방법을 가르치는 것을 금하는 자신의 도덕성을 존중하고 있는 것입니다. 오랫동안 그들은 탈영자로 간주되었고, 또한 그렇게 취급되었습니다. 용기 있는 몇몇 사람들의 행동에 의해, 이와 같은 반대자들의 상태에 대해 투표를 하기에 이르렀습니다. 이를 위해서 루이 르쿠앵은 1962년 23일간이나 지속된 단식투쟁을 무릅썼었습니다.

이러한 태도는 주어진 질문에 대한 대답입니다. 즉 따르지 않는 것도, 여기에는 법률도 포함되는데, 때로는 의무입니다. 그러나 이러한 불복종의 의무는 규칙의 변화를 얻어내기 위한 행동해야 할 의무를 동반합니다. 그리고 이러한 행동은 모든 다른 사람들이 따라야 할 의무, 즉 비폭력을 존중하면서만이 이루어져야 합니다.

Q 이러한 불복종의 의무는 혁명가들에 의하여 너무나 많이 사용되었습니다. 마르크스를 뒤이어, 많은 사람들이 법률은 부유한 사람들을 위해서 이루어진 것으로 평등성이 없다고 이야기합니다. 마르크스는 사람들이 권리를 주장하는 것을 비판하였는데, 그에 의하면 이는 인간의 진정한 해방에 이르지 못하게 한다는 것이었습니다. 오히려 이것은 특정한 한 사회계급, 즉 부르주아계급의 이익을 감추는 것이라 하였습니다. 예를 들어 소유의 권리는, 아무것도 지니지 못한 자들에 대해 염려할 필요 없이 자신들의 재산을 즐길 권리와 같은 것입니다.

프랑스법이 무엇보다도 소유물들을 지키고, 그 소유물들을 세대를 넘어 다음 세대로 전하는 것을 염두에 두고 만든 나폴레옹 법전에서 크게 영향받았다는 것은 사실입니다. 이 법은 민주주의적인 여건들을 고려하였다기보다는 군주주의적인 여건을 고려한 결과입니다. 이것은 '프롤레타리아'에 대한 가진 자 계급들의 지배를 확실히 해주었습니다.

그러나 변화는 가능합니다. 법의 해석은 조금씩 법조항을 다르게 해석합니다. 예를 들어 몇 해 전부터 주거의 권리는 소유의 권리에 비해 점점 더 중요해졌습니다.

Q 주거의 권리, 이것이 당신에게는 특히 중요한 문제로 여겨지는 것 같군요? 왜 그렇지요? 어떻게 당신은 이 문제를 위해 '투쟁하게' 되었습니까? 왜 그것이 당신에게는 본질적인 문제로 여겨집니까?

나는 주거의 권리를 옹호하는 사람들 곁에서 투쟁하였습니다. 그러나 나는 그 일을 '과장해서' 하지는 않았습니다. 나는 단지 내가 몇몇 시위나 행동 들에 참여하는 것이 일의 효과를 높일 수 있다고 생각될 때 그 일을 도왔습니다. 우리 사회는 '존경받는 교수'의 존재가 규율의 공권력과의 대화를 유연하게 해주는 그런 식으로 이루어졌습니다. 부당함에 희생된 사람들이, 그들 자신을 위해서 아무것도 요구할 필요가 없는 사람들에 비해 그 수가 훨씬 많다는 것은 매우 유감스러운 일입니다.

주거지를 가지지 못한다는 것은 정말로 비극적인 일입니다. 주소가 없이는 어린아이들을 사회화시키거나, 일자리를 찾는 것이 거의 불가능해 보입니다. D.A.L.(주거의 권리)의 활동은 5년 전부터 이 분야에 있어 법의 해석을 현저하게 변화시켰습니다. 그리고 1996년말 현재, 주거의 권리는 마침내 소유의 권리와 같은 무게를 인정받게 되었습니다.

정의란 끝없이 건설해 나가야 하는 것이라는 점을 이해해야만 합니다. 따라서 이러한 정의는 매순간 불완전한 것입니다. 그러나 이러한 정의가 완전함에 가까워지도록 모든 것들이 행해져야 합니다. 따라서 이것은 하나의 유토피아입니다. 다시 말해 이것은 사람들이 향해 나아가고 있는, 그리고 사람들에게 방향을 찾도록 해주는 별과 같은 것입니다. 사람들에게 낮을 기다리는 희망이 거의 없을 때에도 말입니다.

Q 교육의 역할은 어디에서 생겨납니까?

인류가 건설해 나가는 이 유토피아는 사실상 교육에 의해서만 가능합니다. 보다 정확히 말해서, 모든 사람들에게 가르쳐야 하는 것은, 그것도 가능한 일찍 가르쳐야 하는 것은 정의에 대한 요구입니다. 정의가 지배할 수 있도록 하는 방법은 전문가들의 일이며, 법률 전문인들에 의해서만 가르쳐질 수 있는 것입니다.

Q 우리는 법률에 필연적으로 따르는 것, 즉 처벌에 대해서는 아직 아무런 언급도 하지 않았습니다. 당신은 처벌이 어떤 역할을 지닌다고 생각하십니까?

법률이란 어떠한 행동을 강제하는 것이기 때문에, 필연적으로 그 법을 위반하는 자들에 대한 처벌과 연결됩니다. 이러한 처벌은 우선은 교육적이어야만 합니다. 다시 말해 법률을 존중해야만 하는 공동체 생활의 필요성을 이해시키도록 해야 합니다. 역으로 그 처벌이 '위협적'이거나 '본보기'를 보이기 위함이어서는 안 됩니다. 만일 그렇게 된다면, 그러한 처벌은 두려움 때문에 또는 동조하기 위해서만 법률을 받아들이도록 만들게 됩니다. 따라서 그러한 처벌은 미래에 다른 위반을 낳게 됩니다. 우리가 알고 있듯이, 무조건적인 억압은 범죄가 생겨날 수 있는 씨를 뿌리는 것입니다.

Q 사형에 대해서는…….

죽음은 커다란 미스터리입니다. 사람들이 그것을 하나의 처벌로 여긴다는 것은 얼마나 끔찍한 착오입니까? 아닙니다. 죽음은 처벌이 아닙니다. 분별 있는 존재라면, 누구도 다른 존재에게 죽음을 부과할 수 없습니다. 지각 이전의 무의식 상태의 존재를 제외하고는 말입니다. 죽음을 형벌로 받아들이는 모든 사회는, 그 사회가 무의식에 의해 지배되는 야만의 상태라는 것을 나타내는 것입니다. 나는 사형이 범죄에 대항하기 위한 유용하고 효과적인 방법이라고 주장하는 사람들과 논쟁하기를 거부합니다. 나는 무지한 인간과는 논쟁하지 않습니다.

쿠웨이트

부자들이 전쟁을 할 때,
죽는 것은 가난한 자들이다.
——사르트르——

Q. 과학적 성찰로 이루어진 이 책에서, 왜 한 작은 나라에 대하여 이야기해야 합니까? '쿠웨이트'라는 단어가 우리에게 불러일으키는 것은 단지 지리학적인 한 지역이나, 또는 그 나라에 관계된 최근의 사건들을 떠올리게 합니다.

사실대로 이야기하자면, 쿠웨이트에 바쳐진 이 장은 알파벳 K로 시작되는 적당한 단어를 찾지 못한 데서 기인합니다. 그러나 우리는 이 '쿠웨이트'를 이야기해야 할 필요성을 보다 만족스럽게 정당화시킬 수 있습니다. 10년 전까지만 해도 대부분의 사람들이 그 위치나 존재조차 모르고 있던 중동 지역의 이 나라는, 오늘날에는 중요한 문제들이 귀착되는 곳으로 부상하였고, 따라서 기본적 성찰이 이루어질 문제가 될 수 있습니다. 소크라테스가 오늘날 나타났다면, 최근 들어 그토록 중요성을 지니는 이 나라 앞에서 보이는 우리들의 태도의 불일치를 지적하면서 그가 얼마나 즐겼을지를 우리는 상상할 수 있습니다.

그 나라는 물론 작습니다. 프랑스보다 넓이가 30배나 작고, 인구는 40배나 적습니다. 그러나 1990년 8월 강력한 이웃 국가인 이라크의 공격을 받았을 때, 가장 힘 있는 모든 나라들이 쿠웨이트를 방어해 주기 위해 모였습니다. 7개월 후, 28개국이 모인 연합군은 쿠웨이트를 해방시키고 공격자를 응징하였습니다. 이와 같은 이야기는, 마침내 이 지구의 사람들이 지구의 질서를 지배할 수 있는 체제를 바로잡았다는 인상을 줄 수 있습니다. 이처럼 '걸프전쟁'은, 이제는 국제적 연대를 통해 강대국에 대한 작은 나라들의 안전을 보장할 수 있다는 예시일 수도 있습니다.

Q. 이와 같은 이야기는 공적인 논평입니다. 그러나 실제 사실은?

쿠웨이트를 침략한 이라크 군인들은 늘 벌어지는 잔혹행위들, 즉 강간·살상·약탈 등을 저질렀습니다. 이를 찍은 영상들이 전파되어 서구인들을 항거하게 만들었습니다. 이러한 약탈에 대해서는 집단적인 저항이 필요하다는 것을 쉽게 설득시켰습니다. 죄인을 단죄하려는 이러한 의지는 훌륭한 것이었습니다. 그러나 이것은 선별적인 것으로 보일 수 있습니다. 지구의 수많은 지역에서 그와 같은 인권침해들이 자행되고 있으나, 세계인의 이목을 집중시키지는 않습니다. 쿠웨이트에서도 마찬가지로, 오래 전부터 정당활동을 금지하던 강력한 군주제에 의해 기본적인 인권들이 무시되어 왔었습니다. 분명 다른 관심이 여기에 개입된 것입니다.

이 나라가 지니고 있는 석유 저장량은 전체 지구의 약 10퍼센트에 해당합니다. 서구인들에게는 이러한 풍요가 적의 손에 넘어가는 것을 보는 두려움이, 쿠웨이트 사람들을 이라크 군인들의 약탈로부터 벗어나게 하려는 바람만큼이나 중요한 역할을 하였음은 자명한 일입니다. 걸프전쟁은 권리를 위한 전쟁이 아니라 경제전쟁이었습니다. 이것은 에너지 자원의 주도권을 지키려는 문제와 관련된 것입니다. 에너지 주도권을 잃는다면, 선진국의 경제는 흔들릴 것이기 때문입니다. 실제로 이같은· 예는 인본적인 행동이라는 명목으로 자신들의 이익을 보호하려는 강한 자들의 위선이었습니다.

Q 이웃의 풍요를 자기 것으로 삼으려는 사람들에게 하나의 교훈을 주어야 되지 않겠습니까? 소유의 권리가 더 이상 존중받지 않는다면 인류는 어디로 가야 할까요?

진짜 문제는 다음과 같은 것입니다. 즉 이러한 자원의 합법적인 소유주는 누구인가라는 것입니다. 우리는 논의의 여지없이 소유주는 자기 국가의 경계선으로 석유 산출지를 감싸고 있는 바로 그 국가라고 이야기합니다. 그러나 이러한 거짓증명에 다시 한 번 의심을 품어 볼 필요가 있을 것 같습니다.

사냥꾼이며 채집자였던 우리의 먼 조상들에게 소유의 개념은 아무런 의미가 없는 것이었습니다. 그 개념은 농업과 사육이 시작되면서 중요성을 지니게 되었습니다. 땅에서 일하고, 그 땅에 씨를 뿌린 자가 거기에서 나는 수확물을 소유하는 것이 당연한 권리로 여겨졌습니다. 이러한 태도는 그 땅 자체에 대한 소유로, 그리고 그 땅에서 나고 그 땅이 지니고 있는 것으로까지 확대되었습니다. 그러나 대부분의 법률은 이러한 소유에 제한을 두었습니다. 프랑스에서 지하는 그 땅의 소유주에게 속하는 것이 아니라 국가에 속하는 것입니다.

오늘날에는 개인의 소유나 국가의 소유를 넘어 '인류의 소유'를 정의하는 것이 정당할 터이며, 땅에 의해 자연스럽게 생겨난 풍요는 인류 전체에 속하는 것으로 받아들임이 정당할 터입니다.

이러한 사실은 특히, 다시는 재생산될 수 없는 자원의 경우에 있어 분명하게 나타납니다. 석유는 그 좋은 예입니다. 땅은 수억만 년 전에 살았던 미소한 동물들의 시체로부터 석유를 만들어 냅니다. 긴 분해과정이 그것들을 우리에게는 그토록 중요한 이러한 물질로 변모시켰습니다. 인간들이 살고 있는 지구에 의해 만들어진 이러한 선물은 누구에게 속하는 것일까요?

그 대답은 분명한 듯이 보입니다. 즉 모든 사람들, 어제의 사람들뿐만 아니라 내일의 모든 사람들의 소유라는 것입니다. 한 세기 전부터 우리가 해오고 있는 것처럼 석유를 탕진하는 것은, 우리를 이어 나갈 다음 세대의 자원을 도둑질하는 것입니다. 재생될 수 없는 모든 자원들에 대해, 그것들이 인류 공동의 재산이라는 개념을 확산시키는 것이 시급합니다. 이러한 개념은 지구의 중요 지역과, 인간에 의해 만들어진 걸작품 등에 인류 문화유산이라는 이름으로 UN에 의해 적용되고 있습니다. 달이나 아미앵 대성당, 보로부두르 사원 등은 더 이상 한 국가만의 재산이 아닙니다. 이것들은 모든 인류의 공동재산입니다. 그렇다면 자연이 우리에게 단 한 번 제공한, 두 번은 주지 않을 선물에 대해서는 왜 같은 태도를 취하지 않는 것일까요?

자 유

사람들은 자유를 지키기 위해서라면
목숨을 걸어야 한다.
——헤겔——

Q 당신 같은 과학자는, 과학이 자연현상을 명확하고 정확하게 재현해 준다고 생각합니다. 그런데 과학이 근거하고 있는 가장 근본적인 원칙은 결정론(우주의 온갖 현상은 선행되는 원인에 의해서 엄밀하게 결정되었다는 주장)입니다. 이는 당신이 자유를 부정한다는 것을 나타내는 것입니까?

자유에 대한 욕망은, 인간만이 유일하게 지니고 있는 능력인 내일을 생각하는 능력과 직접적으로 연결되어 있습니다. 동물들에게는 단지 과거와 현재만이 존재합니다. 동물들은 그들의 행동이 미래의 어떤 목표를 향해 나아가고 있는 것같이 보일 때에도, 그것은 단지 과거와 현재의 사건의 결과일 뿐입니다. 미래를 발견한 것은, 우리 인간이라는 종(種)에 의해서입니다. 그리고 이러한 발견은 그 미래가 어떠할 것인가에 대한 질문을 뒤따르게 하는데, 이러한 의문에서 희망이 또는 고뇌가 생겨납니다. 특히 여기에서 그 미래가 우리의 소원에 부합되도록 하려는 욕망이 생겨납니다.

그러나 이것이 가능할까요? 우리의 활동으로 사건들의 흐름을 변경시킬 수 있습니까? 그 대답은 입증될 수 없다는 것입니다. 마치 외적 현실의 존재가 우리에게는 증명될 수 없는 것과 같습니다. 그러나 거기에서 생겨나는 유아론(唯我論)적인 태도는 정말로 살아나갈 가능성을 부정하는 데 이르게 할 것입니다. 현실 세계는 단지 우리의 감각이 만들어 낸 환상이 아니라는 것을 받아들이는 것이 바람직해 보입니다. 같은 맥락에서, 오늘에서 내일로 진행됨에 있어서 이를 둘로 나누는 것이 필요하며, 우리가 그 일을 할 수 있다는 것을 받아들이는 것이 바람직해 보입니다.

그러나 우리가 변형시킨다고 주장하는 이 세계에, 우리 자신이 포함되어 있다는 사실에서 논리적 어려움이 생겨납니다. 우리들은 다른 물체들과 같은 요소로 이루어져 있고, 같은 기본적인 상호 작용에 따르고 있습니다. 이러한 점에서 우리는 라플라스의 논리를 발전시킬 수 있는 것인데, 그에 따르면 우주의 상태는 t의 순간에 t+1이 되는 순간을 결정하고 있다고 합니다. 그러므로 모든 자유는 환상입니다.

그러나 이러한 논리는 '삼체(三體) 문제〔태양·달·지구에 관한 문제 등〕'에 관한 푸앵카레의 발견을 고려하지 않은 것입니다. 몇몇 결정론들이 복잡하게 얽혀듦으로써, 하나의 행동의 결과를 장기적으로 예측한다는 것이 불가능해졌습니다. 이러한 결과는 '혼돈된(chaotiques),' 다시 말해 처음에 주어진 조건들과 긴밀하게 연결된 채로 전개되는 현상들 전체로까지 퍼져 나갔습니다. 이렇듯 출발조건을 정확하게 인식하는 데 대해 한계가 있는 것처럼, 장기 예측에도 한계가 있습니다. 이렇게 현실 세계의 현상들을 예측하는 것이 불가능하다는 것은, 자유가 가능하다는 것을 입증해 주기에는 충분치 않습니다. 따라서 나는 적어도 이 우주가 부과하고 있는 구속들 안에서는 자유롭다고 주장할 권리가 있다고 생각하며, 그리고 과학의 진보는 내가 이 구속들을 더 잘 묘사할 수 있도록 해줍니다.

Q 당신은 당신이 자유롭다고 느낄 권리가 있습니다. 그러나 이러한 자유롭다는 느낌은 단지 환상이 아닙니까? 예를 들어 사람들은 사회적 측면에 있어서 결정되어 있음에도 불구하고(사회-문화적 결정론, 불평등, 편견 등) 자유롭다고 느낍니다. 또한 심리학적인 면에 있어서도 사람들은 무의식적 동기 유발에 의해 결정되어 있습니다. 우리는 단지 우리를 행동하게 하는 실질적인 원인을 모르고 있을 뿐입니다.

나라는 인간은 나의 유전형질이 가져온 정보 전체에 의해, 그리고 나를 둘러싼 사람들이 제시하는 의견 전체에 의해, 행동과 규칙에 의해 이루어졌다는 것은 분명합니다. 나라는 인간은 물리적 영향과 구체적 메커니즘의 만남의 산물입니다. 그러나 이 산물은 매우 복잡하여 자신의 구성에 스스로 참여할 수 있습니다. 이러한 자기 구조화는 현재의 우리 자신, 그리고 미래의 우리를 위해 스스로 공헌하도록 합니다.

만일 내가 단지 외부 영향만으로 이루어진 산물이라면, 나는 인과관계 사슬의 —— 그 사슬에 있어 내가 개입할 여지가 전혀 없는 —— 피동적인 결과물인 제조된 물건과 같은 것입니다. 따라서 이러한 자기 구성 능력은 객체상태에서 주체상태로 넘어갈 수 있도록 해줍니다.

내가 '나, 바로 나'라고, 다시 말해 역설적이게도 내가 나 자신을 3인칭으로 말한다는 사실은, 우리가 다른 어느 종(種)에서도 찾아볼 수 없는 특이한 능력을 가지고 있다는 표시입니다. 그렇기 때문에 내가 받는 영향들, 나의 유전형질과 환경이 나에게 부과하는 구속들은 내가 스스로 선택하는 것들이 됩니다. 또는 될 수 있습니다. 이러한 외적 요소들은 더 이상 나를 움직이게 하는 '원인'들이 아니며, 내가 선택할 수 있도록 부추기는 자극들입니다.

무의식적 동기 유발에 대해서는, 그것들은 욕구이지 반드시 해야 하는 것은 아닙니다. 호르몬들은 행동의 원인이 됩니다. 그러나 우리는 그것들을 사용할 수도 있고, 또는 그것을 따르는 데에 만족하지 않을 수도 있습니다. 우리의 성적 호르몬은 우리가 성교를 하도록 자극합니다. 그러나 우리는 단순한 성교에서 사랑과 애정으로 넘어갑니다.

Q 당신의 말에 따르자면, 자유란 증명할 수 없는 것입니다. 그러나 당신은 자유가 하나의 사실인 것처럼, 더 나아가 하나의 가치인 것처럼 말씀하셨습니다.

자유란, 권리나 사랑이나 존엄성처럼 인간이 고안해 낸 것입니다. 자유는 우리가 존재에 대한 의식을 가지게 됨으로써만이 우리의 문제에 속하게 되는 것입니다. 우리의 가치들에 차등을 두는 것은 우리들입니다. 민주주의 사회는 이러한 것들, 즉 자유 · 평등 · 우애 등, 또는 노동 · 가족 · 조국 등을 정의하면서 공동체의 선택을 합니다.

자유는 하나의 주어진 여건이 아닙니다. 그 자유의 행사를 위해서는 최소한의 방책들이 필요합니다. 굶주린 배를 끌어안고 자유로울 수는 있지만 그것은 어려운 일입니다. 법률은 바로 이러한 점에서 자유를 보호하기 위해 있는 것입니다. 그러나 흔히 자유는 기존의 법률을 감히 위반하는 자들에 의해서 얻어졌습니다.

Q 이제 당신은 자유를 정의하실 수 있으시겠습니까? 자유란 우리의 육체적·정신적 능력을 마음껏 사용하는 것입니까? 법의 테두리 안에서 우리가 주도권을 가지고 있는 행동들을 결정하고 완수하는 능력입니까?

자유란 각 개인들이 타인의 도움을 얻어 자기 스스로를 만들어 나가는 것과 관련지어서만이 정의될 수 있습니다. 따라서 자유는 사람들이 하고 싶다는 단 하나의 이유 때문에 아무 일이나 하는 것과는 관계가 없습니다. 이것은 변덕입니다.

자유란 우리를 둘러싸고 있는 것들과의 관계를 엮어 나가는 가능성입니다. 따라서 그것은 고독한 작업은 아닙니다. 다음과 같은 유명한 구절, 즉 "당신의 자유는 타인의 자유가 시작되는 곳에서 멈춘다"는 구절은 우리를 속이고 있습니다. 자유롭기 위해서는, 보다 정확히 말하자면 각 개인들이 공동체 삶의 규칙들을 만족스럽게 느끼기 위해서는 적어도 2명 이상은 되어야 합니다.

따라서 자유는 결코 결정적으로 획득되어지는 것이 아닙니다. 자유는 쟁취하고 지켜 나가는 것이 아닙니다. 언제나 새롭게 정의 내리고, 다듬고, 변화하는 세계의 조건에 맞추어야 하는 것입니다.

아마도 단지 창조만이 고독한, 그러면서도 건설적인 행동일 것입니다. 창조는 고독한 만큼 공동체 생활의 구속에 거의 구애받지 않는 것입니다. 시인·화가 들에게는 그들이 원하는 것을 쓰거나 만들어 낼 권리를 막지 말아야 합니다. 자유의 필요성은 전파의 단계에서만 개입됩니다. 우리가 살고 있는 상업사회는, 전통 파괴적인 작품이나 순응적이지 않은 작품의 확산은 피하는 것이 분명합니다. 개혁적인 것을 사실상 비난하고 —— 모딜리아니의 경우처럼 —— 그러한 것들을 비참한 바스티유 감옥에 가두면서도, 우리 사회는 그러한 것이 만들어질 수 있는 자유를 내버려둔 데 대해 자기 양심을 속이고 있는 것입니다.

나는 "창작물들에 대한 존경심이 바로 자유의 척도이다"라고 말한 프랑수아 미테랑의 의견에 기꺼이 동의합니다.

Q 당신은 볼테르처럼 생각하십니까, 또는 마라처럼 생각하십니까?

볼테르 : "나는 당신의 생각을 증오합니다. 그러므로 나는 당신이 그 생각들을 표현할 수 있도록 끝까지 투쟁할 것입니다."

마　라 : "자유의 적에게는 자유가 없습니다."

우리는 광신적 행위에 대해, 교조주의에 대해 침묵해야 하는 것인가요? 또는 예를 들어 민족적 증오심을 부추기는 것을 그냥 보고 넘어가야 하는 것인가요?

당신은 일반적인 검열에 대해 어떻게 생각하십니까? 이것은 때로는 —— X등급 영화나, 또는 너무 폭력이 심한 경우에 있어서 —— 합법적인 것이 아닙니까?

분명 우리는 볼테르의 말에 귀를 기울여야 합니다. 그러나 우리는 '자유의 적들'에 의해 제기되는 문제를 피하지 말아야 합니다.

이상적으로 생각해서 나는 모든 것들이 이야기되어지기를

바랍니다. 여기에는 독재주의적인 문제나 인종주의적인 문제처럼 내가 전적으로 거부하는 문제들도 포함됩니다. 그러므로 나는 모든 이들을 교육시킴으로써 이러한 문제가 무해한 것이 되도록 하기를 바랍니다. 그러나 우리의 현실은 이러한 상황과는 거리가 멉니다. 그러므로 자유에 반대하는 자들에 대항해 싸우기 위해서는 임시로 강제권의 힘을 빌려야만 합니다.

약하고 상처받기 쉽고 스스로를 방어하지 못하는 사람들의 경우에 있어서 문제는 다릅니다. 왜냐하면 그들은 아직 교육받지 못했기 때문입니다.

특히 어린아이들을 폭력적 장면이나 음란 장면으로부터 보호해야 하는 것은 분명한 일입니다.

Q 이슬람교도의 베일〔야슈마크〕에 대한 논쟁은 잠잠해졌습니다만, 당신은 그것에 대해 어떻게 생각하십니까? 자신의 신앙을 내세우기 위한 표시에 있어서 우리는 무엇을, 어떤 표현방식을 허용할 수 있겠습니까?

학교란 우리가 관용을 배우는 장소입니다. 단 하나의 이데올로기에만 속하는 외적 표시들은, 그것이 선전을 위한 것이라면 금지되어야 할 것임에 틀림없습니다.

만일 스카프가 단지 옷을 입는 방법 중의 하나라면, 그것은 문제가 되지 않을 것입니다. 그러나 이슬람교도의 베일은 젊은 이슬람교도 여성이 자신의 종교에 충실하기 위해서 써야만 하는 것입니다. 그러므로 이것은 베일을 쓰는 것이 좋지 않다고 여기고 있는 사람에게는 하나의 억압이 됩니다. 이러한 점에서 볼 때 이것은 인정될 수 없습니다.

비종교성이란 타인을 존경할 줄 아는 모든 의견과 모든 행동을 받아들이는 것입니다. 고대 이집트의 왕 아크나톤(B.C. 1375-1354, 이집트 제18왕조의 파라오)이 제안했던 신의 유일성은, 사실 비종교성의 근간이 됩니다. 다양한 신의 이름으로 서로 나뉘어지는 것이 문제가 아니라, 인류라는 종(種)의 단일성을 확인해야 하는 것이 문제입니다.

수학, 그리고 논리학

수학이란 사람들이 자신이 무엇에 대해
이야기하는지를 알지 못하는 학문이며,
사람들이 자신이 이야기하는 것이 사실인지
아닌지를 알지 못하는 학문이다.
——러셀——

Q 철학에서는 관례적으로 수학과 논리학의 개념을 연결시키고 있습니다. 이것이 당신에게는 정당한 것으로 보입니까?

논리학은 이미 명백하게 인정된 것으로 여겨지는 규칙들을 적용하여서, 논리를 엄격하게 발전시키는 학문입니다.

수학은 경험을 통해 그 효용성이 밝혀진 상징들을 사용하여 이러한 논리를 풀어써 놓은 것입니다. 사물이나, 또는 개념을 형상화시킨 중국의 표상문자와 유사한 기능이라 하겠습니다.

x가 어떤 수라 할 때, 다음과 같은 무한수의 총계를 만나게 된다는 것을 우리는 경험을 통해 알고 있습니다.

$$x^0 + x^1/\,1 + x^2/\,1.2 + x^3/\,1.2.3 + \cdots + x^n/\,1.2.3 \cdots n + \cdots$$

이것을 쓰기 쉽고 자리를 많이 차지하지 않는 상징으로 나타내는 것이 보다 편리할 것입니다. 그리하여 관례적으로 이것을 ‘eˣ’로 표시하였습니다.

마찬가지로 직각 삼각형에 있어서 우리는 흔히 작은 변 가운데 하나의 길이와 빗변의 길이의 관계를 규정하게 되는데, 관례적으로 우리는 이 관계를 ‘사인 a’라고 부릅니다. 여기서의 a는 작은 변을 마주 대하고 있는 각을 말합니다.

수학의 신비를 벗기기 위해서, 우리는 수학이란 자신의 논리를 공식으로 요약하려는 ‘게으른’ 사람들의 고안물이라 보는 것이 좋습니다. 자신의 작업을 단순화시키기 위해 이러한 공식을 만드는 것은, 경험을 통해 가장 뛰어난 계략을 찾아내는 율법사의 활동과 같은 것일 뿐입니다.

반면 보다 치밀한 것은 공리계 형성〔axiomatisation. 증명할 필요 없이 누구나 경험으로 알 수 있는 추리의 근본 명제〕으로, 이것은 사람들이 제기하는 논리에 부합되는 것으로 받아들여지는 규칙을 설명하는 것입니다.

Q 우리는 현실에서 너무 멀어졌군요. 수학은 순전히 추상적인 것인가요, 또는 수학도 현실에 닻을 내리고 있는 것인가요?

이 질문에 대해 나는 다음과 같이 대답하고 싶습니다. 즉 2명의 한 육군대령(les deux mon colonel)이라고 말입니다. 나는 모든 산술계산이 기초로 하고 있는 이상한 숫자인 ‘제로’를 만들어 낸 역사를 가지고 설명하겠습니다.

여기 3개의 조약돌이 있고, 저기에 세 포기의 양배추가 있습니다. 당신은 이것들간의 차이를 구분할 수 있습니까? —— 물론이지요! —— 나는 이 손에 조약돌을 들고, 저 손에 양배추를 듭니다. 차이가 있습니까? —— 물론이지요! —— 나는 세번째로 다시 시작합니다. 잘 보십시오. 당신은 이것과 저것의 차이를 구분합니까? 물론 그렇지 않습니다. 더 이상 아무것도 없습니다──브라보! 따라서 당신은 하나의 그룹이 비어 있다면, 즉 수학자들의 용어에 따라 기수가 0이라면, 다른 비어 있는 그룹과 구분되지 않으며, 단지 비어 있는 하나의 그룹이 있을 뿐이라는 것을 받아들이게 되었습니다. 보다 정확히 이야기하여, 나는 비어 있는 그룹들을 합친 하나의 그룹의 기본이 되는 수를 '1'이라 부릅니다. 우리는 방금 1이라는 숫자를 만들어 낸 것입니다. 그 다음 계속되는 숫자를 만들어 내는 것은 어린아이 장난과 같은 것입니다.

이러한 논리를 이끌어 나가는 데 있어서는 조약돌이나 양배추 등을 이용한 것과 같이 현실성과 단일성, 즉 단위를 세우기 위해 비어 있음을 사용하는 것과 같은 추상성이 동시에 필요합니다. 이와 마찬가지로 사람들이 어느 날 π(파이)라는 수──그 자체는 추상적인 것인──를 만들어 낸 것은, 모래 위에 크고 작은 원들을 그리면서였습니다.

다시 말하여 수학의 표시들은 엄격하게 정의된 작용의 결과들, 개념들을 표현해 낸 것입니다. 그런데 그것들은 '성질(nature)'을 가지고 있지는 않습니다.

이러한 엄격함은 오래 전부터 수학을 정확한 학문의 모델, 다른 모든 학문들도 닮고자 애쓰는 하나의 모델로 만들었습니다.

자연과학에 적용된 '정확'하다는 용어는, 사실이 적절하게 표현되었다는 의미로 들리게 만듭니다. 하지만 사실은 결코 그렇지 않습니다. 예를 들어서 우주과학자가 태양과 지구와의 거리를 측정할 때, 그 결과가 정확할 수는 없습니다. 끊임없이 변하는 이 거리는 정의 내릴 수 없는 것입니다. 단지 대략적인 것만이 있을 뿐입니다.

'정확한 과학'에 대해 이야기할 것이 아니라, '엄격한 과학'에 대해 이야기해야 합니다. '엄격한 과학'이란, 같은 말을 중복시킨 듯이 보입니다. 왜냐하면 엄격하지 않은 것은 과학적인 것이 아니기 때문입니다.

Q 당신이 '정확한'이라는 용어를 거부하신다면, 아마도 '진실된'이라는 용어는 받아들이시는지요.

나는 수학자들이 '진실'이라는 단어를 많이 사용한다고는 생각지 않습니다. 그것이 현실에 부합된다는 의미에서가 아니라면 말입니다. 그들은 단지 논리적으로 적합한 규칙들을 받아들이기를 합의하면서, 이것에서 저것을 추론해 낼 수 있는 방법을 정리하였을 뿐입니다. 이러한 의미에서 그들의 추론은 끝이 없습니다.

그런데 새로운 개념의 도입은 아직 탐구되지 않은 영역을 열어 줄 수 있습니다. 예를 들어 괴델의 정리(定理란 이미 확립된 다른 명제를 통해 입증될 수 있는 명제를 말한다)는, 진실과 거짓 사이에 결정 불능이라는 새로운 영역을 끼워넣었습니다.

Q 당신 생각에 의하면 가장 위대한 수학자는 어떤 사람들이었으며, 또는 어떤 사람들입니까?

위대한 수학자들이란 이미 존재하는 도구를 가장 능란하게 사용할 줄 아는 사람들이 아니라, 새로운 도구를 만들어 낼 줄 아는 사람들입니다. 그렇게 따지자면 개연론적인 논리를

세운 파스칼*이 있고, 집합이론을 세운 갈루아,* 결정론들을
복잡하게 얽으면서 현상들의 예측 불능성을 이야기한 푸앵
카레,* 그리고 결정 불능을 이야기한 괴델* 등이 있습니다.

Q. 수학적 진리는 보편적인 것입니까?

우리는 다른 수학으로 귀착되는 다른 논리의 규칙을 상상
할 수 있습니다. 그러나 수천 년 전부터 우리가 채택한 규칙
들은 우주에서 전개되는 현상들을 아주 잘 묘사하고 있어서,
접근할 수 없는 현실과 그에 접근하기 위해 사용된 기술 사
이에 어떤 일관성을 가지도록 하고 있습니다.

Q. 우리가 '수학에 있어서 뛰어'나지 못하다면, 그것은 우리
가 다른 사람들보다 우둔한 것일까요?

수학이란 가장 이해하기 쉬운 것입니다. 정신병리학적 문
제가 있는 사람을 제외하고, 모든 사람들은 '수학을 잘' 할
수 있습니다. 그러나 몇몇 젊은이들은 자신들은 수학을 잘하
지 못하리라고 단정해 버립니다. 그 이유는 심리학자들이 틀
림없이 밝힐 수 있을 것입니다. 나는 그 주된 책임은 수학이
교육되는 방식에 있다고 생각합니다.

모든 사람들이 흥미를 가지지 않는 것은 자연스러운 일입
니다. 수학은 특히 정신의 훈련입니다. 그것을 훈련시키지 않
는 것은 유감입니다. 그러나 우리는 시(詩)나 철학에 대해서
도 같은 이야기를 할 수 있습니다.

어쨌든 교육에 있어 수학적 능력에 따라 '뛰어난' 자를 선
발하는 것은 매우 유감스러운 일이며, 수치스러운 일입니다.

자연, 문화

자연 속에서 인간이란 무엇인가?
무한에 비해 볼 때는 무(無)이고,
무에 비해 볼 때는 전체이나,
무와 전체 사이의 중간이다.
——파스칼——

Q 자연이라는 단어를 정의 내리는 것부터가 문제입니다. 이 것은 문명화된 세계 밖에 존재하는 것을 말합니까? 자연스럽게 존재하는 것을 말합니까? 또는 인간 이전에 존재하는 것을 말합니까?

'자연'이라는 단어를 정의 내리는 것은, 우리가 그것에 반대되는 것이 무엇인지를 정함으로써만이 가능합니다. 만일 자연이 존재하는 모든 것을 포괄하는 것으로 여겨진다면, 그러한 자연은 우주와 구별되지 않으며, 우리는 곧 수학자들이 '모든 집합들의 집합'을 언급할 때에 만났던 것과 같은 어려움에 부딪치게 됩니다. 이어서 우리는 다음과 같은 두 집단을 대립시킬 것입니다. 한편에서는 인간에 의해 우주에서 생겨난 것으로 여겨지는 것들과, 다른 한편에서는 빅뱅 이래로 힘의 작용에 의해 생겨난 것들입니다. 후자가 그 정의로 볼 때 '자연'에 해당되는 것입니다.

그러나 인간 자신도 이러한 자연에 속합니다. 인간은 자연 적 존재입니다. 우리는 같은 어려움에 봉착됩니다.

오늘날 과학은 우리에게 우주는 보다 복잡한 구조를 향해 끊임없이 나아간다는 사실을 밝혀 주었습니다. 보다 복잡한 구조들은, 보다 중요한 힘을 부여받았습니다. 빅뱅에 따른 끈 적끈적한 액체들이 느리게 활동하던 화학작용은, 보다 풍부 한 핵자(核子)를 지닌 원자들이 도가니와 같은 별의 중심에 서 만들어짐에 따라 한층 더 정교한 화학작용으로 대체되었 습니다. 물질들은 천천히 자신을 다양화시켰습니다. 운 좋게 유리한 특성을 부여받은 우주의 몇몇 장소에서는 이 과정이 가속화되었습니다. 우리 지구가 바로 그러한 경우입니다.

지구를 뒤덮고 있던 원시 대양은 연금술사들의 레토르트 와 같은 것이었습니다. 그 안에서 폭풍우나 천둥·번개 등으 로부터 전해진 힘들은, DNA나 단백질 같은 새로운 반응을 가능케 해주는 분자를 나타나게 해주었습니다. 이 분자들은 서로 모여져서 '살아 있는'이라고 간주되는 구조, 우리가 그 활동에 그토록 매혹되는 구조를 실현시켰습니다. 이어서 이 '살아 있는' 것들은 분화되고 발전되었습니다. 그리고 얼마 전부터, 겨우 몇백만 년 전 이래로 그 복잡성에 있어 극치라 할 수 있는 인간의 뇌가 만들어졌습니다. 빅뱅 이후 인간에 이르기까지 그 흐름은 빈틈없이 이어졌습니다. 인간이란 자 연의 산물입니다. 주변을 둘러싸고 있는 모든 것들처럼 인간 은 '별의 먼지'입니다.

그러나 우리는 자연의 다른 존재들과는 근본적으로 다른 존재가 되었습니다. 우리가 생물학적으로 부여받은 유전형질은 문화에 의해 변형되었습니다.

당신은 너무 급하시군요! 나는 그 문제를 이야기해 나가겠습니다. 복잡성을 향해 나아가는 긴 과정에 있어서, 각각의 연속적인 단계들이 극복되어 나갔습니다. 각 단계에서 이제껏 지니지 못했던 능력들을 하나씩 실현시켰습니다. 스스로를 복제할 수 있다는 것은 DNA의 작용을 가능케 하는 것이며, 자신과는 다른 존재를 만들어 낼 수 있다는 것은 생식의 과정을 가능케 하는 것으로, 이러한 각각의 개혁들은 시간의 창조적 역할을 강조하는 또 다른 우주의 출현에 공헌합니다. 시간이란 단지 우리의 전설에 등장하는 풀 베는 사람이 아닙니다. 그는 내일이라는 보이지 않는 실제를 만들기 위해서, 오늘이라는 현실을 풍요롭게 하는 씨 뿌리는 사람입니다.

인간의 출현은 결정적인 단계였습니다. 인간의 출현은 이러한 지속성의 존재를 의식하도록 하였습니다. 우리를 둘러싸고 있는 모든 것들에 있어 내일은 존재하지 않습니다. 우리 인간들 각각에게 있어 내일이란 매순간의 망상입니다. 우리를 근본적으로 다르게 만드는 것은 내일을 만들어 낸 것으로, 이것은 우리의 풍요한 주신경체계가 고안해 낸 것입니다. 분명히 이 풍요로움은 자연에 의해 주어졌습니다. 그런데 그것은 또한 우리가 그것에서 벗어날 수 있도록 해줍니다.

우리가 이야기하는 이 순간에는 존재하지 않는 내일이라는 것이, 우리들의 지금 이 순간의 결정에 달려 있다는 것을 이해함에 따라, 우리는 미래를 건설해 내야만 하는 건축가가 되기 위해 현재를 잃게 됩니다. 자연의 흐름에 있어 궁극성이 부재함에도 불구하고, 우리는 우리의 매행동 속에 그 궁극성을 끌어들입니다. 이러한 의미에서 볼 때, 화살이 활에서 벗어나듯이 우리는 자연에서 벗어난 것입니다. 에드가 모랭이 이야기하고 있는 것처럼 '인간적 자연(nature humaine)'이라는 개념은, 의미를 상실한 패러다임(paradigm)이라고 나는 생각합니다.

Q 자연을 변형시킨다는 것은, 바로 동물과 인간을 구분할 수 있는 한 척도입니다. 왜냐하면 동물은 자연이 그에게 부여한 것 이상을 넘어설 수 없기 때문입니다. 그렇다면 자연은 인간에게 모델이 될 수 있습니까? 인간은 자연에게 빚을 진 것입니까?

미래를 준비하기 위해 행동하면서 우리는 선택을 하도록 몰아붙여지며, 이 선택의 방향을 결정하기 위해서는 규칙을 받아들이도록 몰아붙여집니다. 이렇게 각각의 인간사회는 도덕성을 정의하게 됩니다. 도덕성을 정의하는 데 도달하기 위해서 각 인간사회는, 예를 들어 인간을 존중해야 한다는 것과 같은 공통으로 받아들여지는 몇몇 원칙들을 참고하게 됩니다. 그러나 이러한 원칙의 채택에 있어 자연이라는 모델은 어떤 도움도 주지 못합니다. 왜냐하면 그것은 방향을 결정짓는 것과 관계되는 것인데, 자연은 결코 선택하지 않기 때문입니다.

어떻게 우리가 그에 따르는 것만으로도 충분할 '자연스러운' 도덕성이라는 것을 상상할 수 있겠습니까? 자연은 두려움 없이 자신의 과정을 전개시켜 나갑니다. 자연은 어떤 원인들이 뒤얽혀 결과에 이르도록 합니다. 그 결과의 도덕적 가치에 대한 어떠한 의문도 없이 말입니다. 성(性)과 관계된 문제가 한 예입니다. 내분비선은 사람들이 성교를 하도록 자극하는 호르몬을 분비합니다. 이것은 인류의 역사가 계속되게 하기 위해서 필요한 행위입니다. 그러나 동물의 행동은 단지 분비물에 의해서만 일어납니다. 우리 인간은 출산에 이르게 하는 이러한 행동이 내일을 구성하는 데 있어 가장 중요한 것 가운데 하나임을 알고 있습니다. 인간은 때로 출산을 가능케 하는 커플 형성에 대해 매우 복잡한 규칙을 상상해 냅니다. 인간은 이러한 행동을 존경이나 사랑과 같은 타인에 대한 자세 속에 끼워넣습니다. 이러한 영역에 있어 그들이 맞부딪치는 문제는, 자연이 제기하는 문제와는 전혀 관계가 없는 것 같습니다.

자연에 대한 우리의 의무에 대해서, 그것은 사실 우리의 후손들에 대한 의무와도 같은 것입니다. 우리는 수세대를 이어지는, 아니면 영원히 하나의 유성에 갇힌 죄인들입니다. 우리는 우리를 이어 나갈 사람들을 위해서 이 지구를 건강한 상태로 남겨두어야 합니다. 지구를 치유될 수 없이 훼손시키거나, 또는 다시는 만들어질 수 없는 자원들을 파괴하는 것은 후손들에 대한 잘못이지, 사람이 아닌 자연에 대한 잘못은 아닙니다. 자연을 존중해야 한다는 것이 아니라, 이 자연을 전달하게 될 사람들을 존중해야 한다는 것입니다. 사람과 자연간의 계약이 아니라, 오늘의 인간과 내일의 인간간의 계약인 것입니다.

Q 레비 스트로스는 전형적인 문화 산물은 바로 언어라고 생각하였습니다. 인간은 상징의 세계 안에 살고 있는 것이지, 물질의 세계 안에 살고 있는 것이 아닙니다. 인간의 상징활동이 진보함에 따라 물질적 현실은 후퇴합니다.

　인간의 특성은, 언제나 보다 복잡함을 향해 나아가는 우주의 진행에 있어서 하나의 추가적 단계를 덧붙였다는 것입니다. 자연은 자연적인 흐름의 도약을 통해, 우리가 알고 있는 한 가장 복잡한 것인 인간의 뇌를 만들어 냈습니다. 이 뇌는 우리가 질문을 제기하고 그 대답을 생각해 내면서, 우리를 둘러싸고 있는 세상을 바라볼 수 있는 힘을 주었습니다. 특히 이 뇌는 모든 양태의 언어로 사람들을 하나로 엮는 망, 즉 커뮤니케이션을 허락하였습니다. 이 커뮤니케이션은 개인들 각자보다 더 복잡한, 그리고 각각의 개인들에게는 있지 않은 힘을 지닌 인류집단을 이루어 내었습니다. 언어가 각 사물에 대응하는 상징을 만든다는 사실이, 나에게는 본질적인 것으로 보이지는 않습니다. 그것은 하나의 목적을 위한 방법일 뿐입니다. 다시 말해 그것은 각각의 개인을 견고한 집합 속의 하나의 요소로 하는 망을 만드는 것일 뿐입니다. 이렇게 개인을 집단 속에 소속시키는 것은, 자연이 개인에게 부여한 것('타고난 것')과 인간사회가 개인에게 부여한 것('획득된 것')이 만나는 지점에 각 개인을 위치시킵니다. 인간 안의 모든 것은 '자연적'이면서 동시에 '인위적'인 것입니다. 열정은 호르몬 분비에 그 근원이 있습니다. 그러나 그것이 발전되는 것은 만남이라는 부식토 속에서입니다.

Q 　그렇다면 공격성은요?

　공격성은 '타인'에게서 오는 어려움에 직면했을 때 생기는 자연스러운 반응입니다. 그러나 우리가 이같은 즉각적인 충동을 어떻게 의식하는가에 따라서, 이 공격성은 증오나 사랑으로 바뀔 수 있습니다. 우리의 행동은, 단순히 자연적인 이유만으로 설명될 수 있는 것은 아무것도 없습니다. 따라서 운명적인 것은 아무것도 없습니다.

Q 불평등도 마찬가지이겠군요?

자연은 우리를 서로 다르게 만들었지만, 불평등하게 만들지는 않았습니다. 그러나 내가 이미 이야기했던 것처럼 '평등'의 반대는 '우등한'이나 '열등한'이 아닙니다. 서로 차이가 나는 것을 계급으로 변화시킨 것은 우리 사회입니다. 가장 분명한 예는 지적 능력에 관한 것입니다. 두뇌는 필연적으로 같지 않습니다. 그것의 활동들은 동일하지가 않습니다. 이 활동은 자연에 의해 갖추어진 전체 신경체계와 이 신경체계의 연결망에 의해 이루어집니다. 어떤 주어진 나이에 있어 도달하는 능력은 이 두 요소들 모두에 달려 있는 것이지, 분명 하나의 요소만으로 이루어지는 것은 아닙니다. '타고난 재능'이라는 용어는, 우리의 지능이란 단순히 우리가 선천적으로 부여받은 것의 결과라는 생각이 통용되도록 하였습니다. 그러므로 그러한 말을 사용하지 않는 것이 좋을 듯합니다.

Q 다른 예를 살펴봅시다. 여자와 남자의 사회적 위치는, 우리가 원하든 원하지 않든간에 그 생물학적 특성에 의해 결정되어지지 않습니까?

자연이 남자와 여자에게 다른 활동을 부여한다는 것은 분명합니다. 단순한 숫자로 측정할 수 있는 매우 단순한 특성을 가지고, 이 차이를 계급으로 나타내고 있습니다. 예를 들어 남자의 평균 신장은 여자보다 큽니다. 여자의 엉덩이 둘레는 남자의 엉덩이 둘레보다 큽니다. 우리는 이와 같은 몇몇 비교들을 할 수 있습니다. 그러나 이것들을 계급으로 종합하는 것은 불가능합니다. 남자와 여자의 역할 분담은 일반적으로 생물학적 사실을 고려합니다. 그러나 그보다는 문화적 임의대로 구분해 놓은 것에서 기인되고 있습니다. 예를 들어 의상에 관계된 활동은 유럽에서는 여성의 것으로 여겨지지만, 아프리카에서는 남성적인 것으로 여겨지고 있습니다.

Q 모든 것은 자연적이면서도 문화적인 것이므로 '자연에 역행하는,' 또는 '자연에 어긋나는' 등과 같은 표현에 의미를 부여할 수 있지 않을까요? 예를 들어 폐경기 여성이 아이를 가졌다면 자연을 거스르는 것입니까?

자연의 흐름은 폐경기 여성으로 하여금 임신을 할 수 없도록 합니다. 그러나 우리의 행동은 이러한 자연의 흐름과, 우리의 개인적 경험 사이의 상호 작용의 결과입니다. 그러므로 우리의 행동은 때때로 자연적 진행에 역행될 수도 있습니다. 따라서 우리의 행동은, 원한다면 '자연에 역행하는'이라고 말할 수도 있습니다. 이 표현에 어떠한 도덕적 판단도 가하지 않는다는 조건하에서 말입니다. 유아사망률을 낮춘 것도 역시 '자연에 역행하는' 행동입니다. 그러나 바로 거기에 인간의 위대한 승리가 있는 것입니다.

Q 그렇다면 역으로 동물들의 모성애에 대해서도 이야기할 수 있습니까?

아주 '자연스럽게' 어머니는 자신의 아이를 보호합니다.

동물들은 때로 반대되는 예를 보이기도 하지만요. 그러나 나
는 이러한 사랑의 본능에 자격을 부여하지는 않습니다. 이것
은 호르몬 분비의 결과로 일어날 수 있는 종(種)의 보존을
위해 필요한 태도입니다. 사랑이기 위해서는 의식이 있어야
합니다. 단순한 본능적 활동에서 벗어남으로써만이 가능한
것입니다.

Q 사람들은 때로 동물들이 느낄 수 있는 행복을 잃어버린 것
에 대해 후회할 수 있습니다! 다시 말해, 죽음을 느낄 수
없었던 상태 말입니다.

　만일 사람들이 죽음을 의식하지 못한다면, 현재에 감사하
는 것이 불가능합니다. 자신이 죽지 않는다는 것을 아는 것
보다 더 슬픈 일은 없을 것입니다. 분명 어떤 다른 동물들도
생각해 낼 수 없는 것인 내일이라는 것을 상상함으로써 우리
는 현재에 가치를 부여하였습니다. 치러야 할 대가는 그 끝
에 대한 고뇌이며, 우리가 더 이상 무시해 버릴 수 없게 된
최후의 사라짐입니다. 나는 그것이 지나친 대가라고는 생각
지 않습니다.

Q '자연의 비밀'이 있습니까?

　우리의 현실에 대한 인식은 매우 부분적인 것입니다. 우리
가 모르고 있는, 우리가 영원히 알지 못할 많은 요소들이 은
닉되어 있습니다. 매일, 멀리 있는 은하수는 우리의 시선이
닿는 지평선에서 벗어나 완전히 사라집니다. 그러나 우리가
접근할 수 없는 이러한 우주의 부분이 '비밀'은 아닙니다.

왜냐하면 이 '비밀'이라는 말은 숨기려는 의지를, 밝히고 싶지 않은 특별한 것에 대한 정보를 간직하려는 욕망을 언급하고 있는 것이기 때문입니다. 모든 것을 알 수 없는 우리의 무능력은, 현실의 한 부분을 감추려는 고의적인 의도에서 생겨난 것은 아닙니다. 이것은 우주의 구조에서 생겨난 결과입니다.

모든 새로운 인식은 우리에게 현실에서 기대하지 못했던 부분을 밝혀 줍니다. 우리는 매일 새로운 조각을 발견하고는 놀라고, 그것들의 전체를 재구성하려 애쓰는 모자이크를 탐험하는 개미와 같습니다. 매번의 발견은 전체를 이해하는 데 도움이 되지만, 그럼에도 불구하고 전체는 이해할 수 없는 것으로 남습니다. 그 모자이크는 무엇을 나타내고 있는 것일까요? 그 대답은 결코 얻어질 수 없을 것입니다.

Q 자연적인 삶으로 되돌아가기를 원한다는 것이 인간에게 어떤 의미가 있습니까?

인간의 모든 역사는 자연의 거짓-운명성에 대한 투쟁이었습니다. 불을 제어하고 유아사망률을 낮춘 것 등은, 우리를 '자연적' 산물이라는 우리의 조건으로부터 멀어지게 하였습니다. 이러한 투쟁 능력은 우리의 존엄성의 근간을 이룹니다. 그러므로 '자연으로 되돌아가자'는 것은 의미가 없습니다. 우리는 인류를 위한 계획을 세워야만 합니다. 그 계획을 세움에 있어서 우리는 자연이 부과하는 구속들을 염두에 두어야 하기는 하지만, 그 자연에서 우리의 선택의 방향을 잡을 교훈을 찾으려 하지는 말아야 합니다.

 자연의 법칙이라는 것이 의미하는 바는 무엇입니까?

　우리가 자연에서 일어나는 현상들을 관찰할 때, 우리는 몇 몇 규칙성을 확인합니다. 그 규칙성이란 변하지 않는 몇몇 비율을 가지고 일제히 변화하는 특성들을 말합니다. 그런데 여기서의 변하지 않는 항구성이란, 흔히 '자연의 법칙'이라 제시된 관계에 의해 표현됩니다. 이같은 예로서, 행성의 항성 주기[공전주기]의 제곱은 그 행성으로부터 태양까지의 평균 거리의 세제곱에 정비례한다는 것입니다. 이것은 케플러의 '법칙' 가운데 하나입니다. 마찬가지로 '노란색' 형질과 '녹색' 형질의 콩을 잡종 교배시켜 생겨나는 것들은, 그 중의 4분의 1은 '녹색' 콩이, 4분의 3은 '노란색' 콩이 됩니다. 이러한 비율은 멘델의 법칙에서 가장 중요한 원칙을 이루는 것입니다.

　이러한 제시는, 이같은 불변성이 창조주의 특정한 결정에서 기인된다는 인상을 줍니다. 마치 사회의 법칙이 입법자에 의해 결정되는 것과 마찬가지로 말입니다. 다양한 분야의 학자들이 관찰을 쌓아 나감에 따라 그 수가 증가합니다. 흔히 과학은 그것을 제시한 사람들의 이름을 붙인 법칙들의 카탈로그처럼 여겨집니다. 그러나 실제로 확인된 규칙은, 일반적으로 보다 근본적인 다른 법칙의 결과입니다. 케플러의 법칙은 뉴턴이 이야기하였던 중력에 관한 법칙으로 연역될 수 있습니다. 케플러의 법칙은 단지 행성에만 관계된 것이고, 뉴턴의 법칙은 무게를 지닌 모든 물체와 관계된 것입니다. 마찬가지로 멘델의 법칙은 두 부모로부터 받은 유전자와 성세포의 실현에 있어서, 각각의 특성은 이중의 유전자 명령에 따른 것이라는 개념의 결과입니다.

　과학이 노력하는 것은, 이 세계를 구성하는 요소들간의 상호 작용을 가장 적은 수로 가장 많은 현상을 설명하려는 것입니다. 20세기의 우리는 이러한 일에 있어 특히 성과를 거두었습니다. 왜냐하면 오늘날 우리는 우주에서 관찰되는 모든 과정은, 단지 네 가지 힘이 일제히 일어나면서 생기는 것이라 받아들이고 있기 때문입니다. 여기서의 네 가지 힘이란, 즉 중력과 전자기 힘, 그리고 두 종류의 핵의 힘을 말합니다. 그러나 이것은 하나의 단계일 뿐입니다. 틀림없이 미래에는 이 숫자가 다시 줄어들 것입니다.

기 원

인간과 세계와의 전쟁에 있어서
그 전쟁을 시작한 것은 세계가 아니다.
——바슐라르——

Q 모든 사회는 현재를 설명하기 위해 주로 우주발생론에 근거하고 있습니다. 우주발생론은 "왜 나는 거기에 있는가?"라는 근원적인 질문에 대한 대답을 가능케 해줍니다. 이러한 기원에 대한 연구가 논리적으로 볼 때 필요한 것입니까?

한 물체의 존재를 입증하는 것은, 그 물체가 존재할 수 없다는 것을 받아들이는 것이기도 합니다. 따라서 하나의 물체가 존재한다는 것은, 그 물체에 존재를 부여한 사건과 기원이 있기 때문이라고 상상하는 것입니다. 우리의 정신은, 공간적인 면에 있어서뿐만 아니라 시간적인 면에 있어서도 그 출발점에 다가가 볼 필요를 느낍니다. 그것이 강의 발원지이건 국가의 탄생에 관한 것이건간에 말입니다. 그러나 이러한 필요성은 완전히 만족스런 결과를 찾을 수는 없습니다. 무엇을 연구한다는 것은 언제나 새로운 질문에서 생겨납니다. 예를 들어 다음과 같은 질문을 제기하는 문화권이 있습니다. 즉 우리의 땅은 어디에 기초를 두고 있는가? 이에 거북의 등에 기대고 있다고 대답합니다. 그러면 다음과 같은 질문이 이어집니다. 그렇다면 이 거북은 어디에 기대고 있는가? 그 대답은 다른 거북에게입니다. 이렇게 '바닥'까지 계속해서 이어집니다. 이 '바닥'이 무엇인지에 대해 질문할 필요는 더 이상 없습니다.

이러한 종류의 추론은, 우리에게 기원을 연구한다는 것은 그랄[Graal. 예수의 최후의 만찬에 쓰였던 성배(聖杯)를 말한다. 이 성배를 찾으려는 원탁의 기사들의 이야기가 12,3세기에 소설로 씌어졌다]을 찾아내려는 탐구처럼 결정적으로 접근할 수 없는 것임을 깨닫게 해줄 것입니다. 이러한 연구는, 우리가 마지막이라고 임의적으로 정하는 지점에서 멈출 것을 받아들임으로써만이 그 끝을 볼 수 있습니다. 보다 대담하고, 보다 철저한 다른 추론이 새로운 단계로 건너뛰게 할 때까지 말입니다. 우리는 이 새로운 단계가 '진짜' 기원에 가까워지는 것인지도 확인할 수 없습니다. 아마도 기원이란 자꾸만 멀어지는 수평선과 같은 것입니다.

Q 하지만 20세기를 지나면서, 천문학자들과 물리학자들은 우주의 기원이라는 근원적인 질문에 대답을 할 수 있게 되었습니다. 그들은 빅뱅을 묘사하고, 그것을 과거 속에 자리잡게 하였습니다. 그렇다면 오늘날 그 대답이 밝혀진 것이라고 이야기할 수 있을까요?

아닙니다. 반대로 빅뱅 모델은 우리에게 최초의 순간이란 접근할 수 없는 것이라는 점을 밝혀 줍니다. 분명 점점 더 정확해지는 묘사는, 우리에게 그 최초의 순간에 보다 더 가까운 시기의 우주의 상태를 보여 줍니다. 처음에는 최초의 몇 분간이 문제였고, 그 다음에는 최초의 몇 초가, 그리고 나서는 몇 나노초(10억분의 1초)가 문제가 되었습니다. 이렇게 묘사된 '최초의' 우주의 나이는 10^{-x}와 같은 단위로 표현됩니다. 그리고 매해 x의 숫자는 조금씩 증가합니다. 출발의 순간, 즉 제로 상태의 나이에 도달하기 위해서는 여기서의 x가 무한과 같아야 합니다. 그렇다면 결코 그 상황에 도달할 수 없을 것입니다.

로그(log)를 사용하게 됨으로써, 우리는 몇몇 상태에 접근하는 것이 불가능하다는 것을 더 잘 이해할 수 있게 되었습니다. 예를 들어 물체의 온도는 -273도 이하로 내려갈 수가 없습니다. 이러한 넘을 수 없는 벽의 존재는 처음에는 터무니없는 스캔들과 같은 것이었습니다. 왜 기술적 진보가 -274도 이하로 내려가도록 하지 못하는 것일까요? -273도에서 거리를 두고 로그로 온도를 측정해 본다면, 그 이야기는 더 이상 현실성 없는 것이 되고 맙니다. 이러한 새로운 측정법은 적어도 보다 큰 무한에 대한 무한을 다양화시킬 수 있게 합니다. 모든 제한은 사라질 것이며, 그와 함께 최저 경계를 넘어서는 것이 결정적으로 불가능하다는 것에 대한 거짓스캔들도 사라질 것입니다.

빅뱅의 경우에 있어서 '빅뱅 이전'의 문제를 생각해 보는 것은, 우리의 생각과는 달리 시간의 흐름을 잴 필요를 강조합니다. 빅뱅 이전의 기간이 고려되어지기 위해서는 이 기간의 지속 시간이 정해져야 하고, 그 기간에서 각 순간들이 이어져야 합니다. 그러나 시간이란 사건들이 일어나야만 이어지는 것입니다. 하지만 우주가 아직 그 존재를 지니지 못했는데, 어떤 사건이 일어날 수 있단 말입니까? 다시 말하여, 기원이 되는 순간을 우리의 과거 속에 위치시키는 것은 가능합니다. 현재의 추정에 따르자면, 그 기원은 1백50억 년 전경에 일어났을 것입니다. 그러나 그 이전의 기간에 위치시키는 것은 가능하지 않습니다. 아무것도 빅뱅을 기다리고 있던 것은 없습니다.

Q 그 이후에 만들어진 것들, 예를 들어 우리의 행성과 같은 것에 있어서는 이같은 어려움이 사라집니다. 이번에는 그 기원을 시간 속에 위치시킬 수 있습니다.

태양과 그 주위의 행성들은 45억 년에서 50억 년 전에 생겨났습니다. 다시 말해, 빅뱅 이후 1백억 년 이후의 일입니다. 별의 몇몇 세대가 이미 흘러간 것입니다. 그 별들은 새로운 원자를 구성하고, 핵들을 조합하면서 새로운 요소들을 만들어 냈습니다. 그러나 이러한 다양화의 과정은 매우 느립니다. 그 시기에 태양계를 이루기 위해 모여진 원자 구름은 가장 단순한 99퍼센트 원자인 수소로 이루어졌습니다. 중력의 힘이 이 구름의 가장 큰 부분을 별로 응집시켰습니다. 그 별에서 원자들은 태양이 그 주위에서 발산하는 에너지를 가져오면서 압축 결합되었습니다. 최초 구름의 회전 움직임에 의해 생겨나는 원심력은 물질의 일부분이 빠져 나가게 하였습니다. 그것이 시표면(視表面)을 형성하였고, 그 요소들이 9개의 행성을 이루며 서로 모인 것입니다.

이 행성들은 모두 같은 근원을 지니고 있습니다 —— 아마도 가장 멀리 떨어져 있는 명왕성을 제외하고는 —— 따라서 그것들은 유사한 구성을 하고 있습니다. 지구는 다른 행성에서 사라져 버린, 아니면 결코 존재하지 않았을 물질, 즉 물을 그 표면에 지니고 있어 독특한 것입니다. 이 매우 단순한 분자(2개의 수소 원자가 하나의 산소 원자와 결합되어 있는)가 뒤이어 나타나게 되는 양분화를 자극하였습니다.

 지금까지 당신은 생명 없는 물질들, 즉 수동적으로 물질의 규칙을 따르고 있는 행성과 은하계만을 묘사하였습니다. 움직일 수 있는 것, 즉 우리가 살아 있다고 말할 수 있는 것에는 어떤 기원을 부여할 수 있겠습니까?

여기에서도 역시 '기원'이라는 말은 기만적이라 할 수 있겠습니다. '기원'이라는 말은 우리의 상상 속의 어떤 잠정적 사건을 암시하며, '생명'의 출현에 대해 다음과 같은 질문을 제기합니다. 어디서? 언제? 어떻게? 실제로 하나의 사건이 있었던 것은 아닙니다. 단지 하나의 경계선으로 구분할 수 없는 긴 과정이 있었을 뿐입니다. 생물학에 대한 부분에서도 이야기하였듯이, 오늘날에도 여전히 비생명체와 생명체의 경계는 임의적인 것입니다.

빙하기에 땅을 뒤덮고 있던 대양은 정말로 연금술사들의 레토르트 같은 것이었습니다. 천둥과 폭풍우가 가져다 준 에너지는 분자들의 결합을 자극하였고, 그것들은 점점 더 복잡한 조합을 이루어 내기 위해 결합되었으며, 따라서 점점 더 이상한 활동이 가능해졌습니다. 이 활동 중에서 가장 결정적인 것은 틀림없이 DNA로 표현되는 생식 능력의 활동일 것입니다. 그러나 첫번째 DNA 분자의 실현에 의한 생명체의 출현 날짜를 정하는 것은 어려운 일입니다. 이 분자는 분명히 스스로를 복제할 줄 알았을 것이며, 그렇게 함으로써 잠정적으로 자신을 파괴할 수 없도록 하였을 것입니다. 그러나 우리는 그것을 살아 있는 것으로 여길 수가 없습니다.

이러한 시각은 '유물론자'적일 수 있습니다. 실제로 이러한 시각은 우리의 감탄을 우주 전체로까지 넓힙니다. 여기에서 작용하고 있는 힘은, 최초의 단순성에서 우리가 오늘날 확인하고 있는 다양성으로의 변화를 자극하는 바로 그것입니다. 인간을 만들어 낼 수 있는 이 우주는 얼마나 놀라운 우주인가요!

살아 있는 것이라 묘사될 만한 최초의 형태들은 몇몇 물질 대사를 유지할 수 있는 세포를 말합니다. 조금씩 그 세포들은 다양화되었고, 다세포 구조를 만들어 내었으며, 후각·시각·청각과 같은 능력을 수행할 수 있는 기관을 자리잡게 하였습니다. 새로운 종(種)들이 나타났고, 각각의 변화는 진화의 새로운 길을 열면서 기대하지 않았던 가능성들을 가져왔습니다.

Q 그리고 어느 아름다운 날, 인간이······.

아닙니다. 정확히 '어느 아름다운 날'은 아닙니다. 우리 인간은 모든 다른 것들처럼 돌연변이가 집적되면서 생겨난 것입니다. 어떤 단계에서 새로운 종이 자리잡았는지를 임의적으로 결정 내릴 수는 없습니다. 우리의 혈통을 10여만 세대 전으로 거슬러 올라가면, 우리는 오늘날의 침팬지 조상과 같은 최초의 조상을 발견하게 될 것입니다. 이 두 혈통이 분리된 것은 6백만 년 전으로 거슬러 올라갑니다. 몇몇 돌연변이가 유전자의 교환작용을 방해하였습니다. 하나의 혈통에 갑자기 생겨난 돌연변이는 다른 혈통에 생겨난 돌연변이와 다릅니다. 마침내 종들은 점점 더 차별화되어 갔습니다.

우리는 발가락으로 나뭇가지를 움켜잡는 능력을 잃었습니다. 우리 종의 남성은 지팡이(baculum)를 잃었습니다. 우리는 몸의 털을 잃었습니다. 그러나 우리는 보다 풍부한 신경 체계인 뇌를 얻게 되었습니다. 이러한 모든 변화는 우리의 조상을 호모 사피엔스의 상태에 가까워지도록 하였습니다. 그러나 그 변화는 점진적인 것이었습니다. 가장 특이한 사건인 의식의 출현은 갑작스러운 빛의 터짐이 아니었습니다. 그것은 어둠 속에서 천천히 밝혀져 나오는 것이었으며, 아직도 끝난 것이 아닙니다.

Q 적어도 정확히 짚어낼 수 있는 하나의 기원, 즉 당신의 기원이 있지 않습니까.

솔직히 말해서 그것은 결코 분명한 것이 아닙니다. 오랫동안 출생이 그 기원으로 여겨졌습니다. 그러나 탄생은 이미 이전에 시작된 역사 속의 하나의 에피소드일 뿐임이 분명합니다. 출생하는 어린아이는 태아의 연장선상에서 나오는 것이고, 그 태아는 수정란의 연장선상에서 나타나는 것이며, 그 수정란은 처음의 난자에서 시작된 세포 증식의 결과입니다. 따라서 그 기원이란, 현재 우리가 알기로는 난자와 정자의 만남에 의해 이루어지는 것입니다.

그러나 이러한 만남 또한 그 자체가 결코 즉각적이지만은 않은 하나의 과정일 뿐입니다. 그리고 특히 이 두 생식세포들은 이미 살아 있는 것입니다. 그들의 만남이 '생명'이 나타나도록 한 것은 아닙니다. 그것은 단지 새로운 '살아 있는' 형태의 출현을 유발한 것입니다. 나의 기원이 언제인지를 정한다고 주장하는 것은, 내가 생겨난 이래로 그 '나'와 동일하고 변함 없는 어떤 '나'를 인정하는 지점일 것입니다. 거만하게도 나는 긴 여정에 있어 출발점에는 관심이 없고── 만일 그 출발점이 존재한다면── 단지 나아갈 방향만을 중요시하는 '내'가 되는 존재이기를 바랍니다.

권력, 국가

사람들은 자신들의 자유를
보호하기 위해 대표자를 정한다!
——루소——

개인의 문제에 관련해서 권력과 국가를 비난하는 것은 흔한 일입니다. 그러나 국가 밖의 개인이란 하나의 추상적 개념이 아닐까요?

혼자 있는 하나의 개인이란 확실히 추상적 개념은 아닙니다. 그 개인은 매우 사실적인 대상입니다. 그를 둘러싸고 있는 모든 다른 존재들과 마찬가지로, 기관(器官)과 분자와 원자와 쿼크로 이루어진 것입니다. 그러나 이러한 개인은 사회 한가운데에서만이 자기 자신의 존재를 의식하는 인격체가 됩니다.

현세계에서 일어나는 현상들을 설명하는 데 있어 근본 논리는, 여러 요소들의 상호 작용은 하나의 물질구조를 나타낸다는 것입니다. 그런데 이렇게 이루어진 물질구조의 성능은, 다양한 요소들을 단순히 합쳐 놓았을 때의 성능과는 다릅니다. 하나의 전체를 이룬다는 것은 새로운, 때로는 예견하지 못했던 능력의 출현을 유발합니다.

이러한 논리는 분명 위에서 말하는 요소들이 바로 우리 인간 각자일 때 이루어지는 것입니다. 커뮤니케이션을 통해서 생길 수 있는 상호 작용의 특성이란, 인류 공동체가 독특한 힘을, 각 개인의 의식을 일깨우고, 각 개인을 인격체로 만드는 힘을 지니고 있다는 것입니다. 사회 바깥에 있는 추상적인 것은 인격체이지 개인이 아닙니다.

Q 그렇다면 사람들 사이의 상호 교류의(감정적인 것, 지성적인 것, 경제적인 것 등에 있어서의 상호 교류의) 규칙은 무엇입니까?

이러한 개인간의 상호 작용은 여러 형태를 취합니다. 예를 들면 물질적인 재산의 교환 같은 경우에서입니다. 이것은 소유의 개념이 미리 정의되어야 한다는 것을 가정합니다. 즉 주는 자와 받는 자를 구분해야 한다는 것입니다.

주는 행위는 감사의 웃음처럼 아주 작은 것일지라도 그 대가를 기대하지 않고는 기쁨을 유발하지 못합니다. 그러나 매우 흔히 주는 행위는 상호적인 행동을 기대함에 따라, 다시 말해 그와 대등한 값어치를 얻으려는 생각에서 유발됩니다. 이 대등한 가치가 쌍방에게 동기가 되기 위해서는 게임의 규칙이 필요합니다. 그것은 모든 이들의 동의에 의해서만이 생겨날 수 있는 것입니다.

Q 원시사회는 국가가 없는 사회였습니다. 왜 우리는 국가를 만들어 낸 것일까요?

소유물의 교환이 제한되어 있던, 인원이 많지 않은 집단에서는 그 교환의 법칙이 쉽게 받아들여집니다. 이 집단의 수가 커지면서, 그리고 다양한 교환이 이루어지게 되면서 이 규칙을 규정하기 위해 어떤 권위가 개입되어졌고, 그 규칙을 강요하였으며, 또한 피할 수 없는 분쟁들을 해결하였습니다. 이처럼 한 국가가 생겨나게 된 것입니다. 국가는 어떤 의지로 갑작스럽게 생겨난 것이 아닙니다. 국가는 맞부딪치는 어려움들을 해결해 나가면서 유발된, 점진적으로 건설된 것입니다.

Q 국가의 효능은 무엇에 의지하고 있는 것입니까? 힘에? 권리에? '사회계약'이라는 개념이 당신에게는 어떤 의미로 들립니까?

처음에는 한 개인의 힘만이, 또는 그의 위협적 능력만이 이에 적합한 규칙을 부과하도록 하였습니다. 그 이후에는 집단이 형성되었고, 그 집단은 권력을 유지하기 위해 그들의 힘을 공동으로 결집시켰습니다.

이 힘의 합법성은 선과 악의 개념을 만들어 놓은 공동체 안에서만 언급될 수 있습니다. 이러한 합법성을 세우는 가장 단순한 방법은, 힘이란 다시 말해 지배적인 위치란 창조주로부터 부여받은 타고난 것이라고 받아들이는 일입니다. 창조주는 그 자신이 선과 악의 정의를 내리는 근본이 됩니다. 이러한 '신적 권리'의 절대성은 당연히 더 이상의 이의의 여지가 있을 수 없는 것입니다.

만일 우리가 이러한 힘의 근원을 인정하지 않는다면, 그 합법성의 근원은 공동체 그 자체일 수밖에 없습니다. 공동체란 모든 이들에게 이익이 되도록 각 개인들을 관계지어 나갑니다. 다시 말해 '사회계약'을 체결하는 것입니다.

Q 이 계약이 체결되고 시민들이 법률을 따라야만 할 때도, 시민들은 여전히 그들의 자유를 간직할 수 있는 것일까요?

자유란 모든 변덕을 행할 수 있는 가능성이 아닙니다. 자유란 모든 이들에게 부과되는 구속들을 정의 내리는 데 참여하는 가능성입니다. 이러한 구속들은 분명 법률에 의해 표현되어집니다. 법률은 수동적으로 따라야만 하는 것이 아니라 존중해야 하는 것입니다. 그리고 필요에 따라서는, 법률이 더 이상 집단의 이익에 부응하는 것으로 보이지 않을 때는, 그것을 변화시키도록 하여야 합니다.

Q 법을 통해서 각 개인들은 개인적인 이해를 넘어서는 것입니까? 다시 말해 도덕성이나 이성에 접근하게 되는 것입니까? 보편성에 접근하는 것입니까?

법률은 전체 개인들에게 하나의 조직된 구조를 구성하도록 합니다. 이러한 구조는 개인들 각각은 지니고 있지 못했던 힘을 지니게 됩니다.

두 가지 요인이 동시에 작용합니다.

• 개인들은 그들이 이루어 나가는 관계에 의해서, 각각의 개인들보다 훨씬 복잡한 공동체를 만듭니다. 따라서 어느 개인도 지니고 있지 못한 풍부한 잠재성을 지니게 됩니다.

• 이러한 구조는 각 개인에게 존재의식이 생겨나게 하고, 스스로를 구성해 나가야 할 필요성과 공동체 활동의 방향을 정해야 할 필요성이 생겨나게 합니다.

개인들은 공동체를 통해 국민이 됩니다. 공동체는 각 개인을 인격체로 만듭니다. 이것이 바로 통합구조의 자기 구성 능력을 잘 보여 주는 예입니다.

민주주의는 모든 개인들의 참여를 유도하는 망조직을 형성함으로써 자기 구성을 실현시킵니다. 독재체제는 자신의 의지에 맞도록 사회를 구성할 단 한 사람, 또는 작은 집단을 기다립니다.

독재체제는 분명 당장에는 보다 효과적으로 보일 수 있습니다. 어떤 문제를 만났을 때, 독재자는 곧바로 반응할 수 있습니다. 그러나 독재체제는 각 개인의 자유의 요구를 받아들일 수 없습니다. 독재의 논리는 인간을 파괴하고, 반대자를 제거하도록 합니다. 독재자는 복종하는 집단 위에서만 군림할 수 있게 됩니다.

우리 사회는 효용성을 성공의 지표로 택함으로써, 음흉하게도 우리의 머릿속에 '좋은 독재자'가 '주위의 매음굴'보다 나을 것이라는 생각이 파고들도록 합니다. 희망이 없는 상태에서 마약에 대한 유혹을 가지는 것도 이와 마찬가지 과정입니다.

Q 마르크스주의는 이같은 사회에서 분리된 —— 소위 정당을 초월한 —— 국가의 개념에 반대하였습니다. 마르크스에게 있어서 국가란 지배계급에 봉사하는 것일 터입니다. 이에 대해 당신은 어떻게 생각하십니까? 당신은 마르크스주의가 죽었다고 생각하십니까?

만일 국가가 한 계급이나 또는 한 집단에 봉사하기 위한 것이라면 더 이상 민주주의란 없는 것이고, 이러한 국가는 쳐부수어야만 합니다.

"마르크스주의는 죽었다"라는 이야기는, "신은 죽었다"라는 이야기만큼이나 의미가 없는 것입니다. 이것들은 의미 없는 슬로건들일 뿐입니다.

마르크스는 그의 풍부한 여러 생각들 가운데 단지 일부의 이론만이 채택되어, 그것에 자신의 이름이 사용되는 것을 지켜보는 불행을 겪었습니다. 아리스토텔레스나 스피노자를 계속해서 읽는 것처럼 마르크스의 사상을 계속해서 읽어보아야 합니다. 그들의 의견에 동의하기 위해서가 아니라, 그들과의 만남을 통해 우리의 비판적 사고를 풍부히 하기 위해서입니다.

Q. 그렇다면 당신은 국가 없는 진정한 공동체는 없을 것이라고 생각하십니까? 모든 형태의 국가를 절대적으로 거부하는 것이 —— 무정부주의 —— 당신에게는 틀림없이 비상식적인 것으로 보이시겠지요?

물론 이상적인 사회는 무정부주의적인 사회입니다. 그러한 사회가 실현되기 위해서는 모든 사람들이 정직하고 관대해야 할 것입니다. 다시 말해 그들이 휴머니티를 완전히 받아들여야 한다는 것입니다. 그렇다면 각 개인들의 타인과의 접촉은 분쟁 없이 매우 자연스럽게 자리잡을 것입니다.

우리는 그것이 언젠가는 가능할 것이라는 희망을 가질 수 있습니다. 이런 행복한 무정부주의가 가능할 수 있는 조건들이, 아직은 완전히 모이지 않았다는 것을 확인하는 것밖에는 다른 도리가 없습니다. 그러나 인류는 아직도 아주 젊습니다. 인류는 단지 몇십만 년만을 살았을 뿐입니다. 그리고 지금은 사춘기의 나이를 지나고 있습니다. 폭력과 경쟁에 근거한 우리 사회는 영원할 수 없습니다. 이러한 사회는 언젠가 존경을 근거로 하는 사회에 그 자리를 내줄 것입니다.

그동안에는, 우리의 불완전한 사회에서는 '대표자'를 정하는 것이 편리합니다. 이러한 기능이 그 대표자를 다른 사람보다 우월한 사람으로 만드는 것은 아닙니다. 대표자란 사람들이 몇 가지 선택을 위임한 사람이고, 그의 결정을 신뢰하기로 정한 사람입니다. 그는 위에서 아래로 권위를 행사해서는 안 되며, 때로는 자신의 의지에서 생겨나는 의무가 부여하는 책임을 떠맡아야 합니다.

그러나 모든 권력은 일시적입니다. 그 권력을 행사하는 사람은 언젠가 그 책임을 져야 함을 알아야만 합니다.

Q 이러한 것은 바로, 정당이 교체됨으로써 권력의 독점을 막는 진정한 민주주의에서 생겨나는 것이지요.

그러합니다. '진정한' 민주주의에서입니다. 진정한 민주주의는 각 개인이 모든 이들과 평등하게 중요한 결정에 참여하기를 요구합니다. 국제연합에 의해 조사된 1백80여 개국 가운데 약 20여 개국만이, 국가 전체의 문제를 관리하는 데 있어 비교적 효과적인 절차를 행하고 있습니다. 그러나 가능한 한 빨리 기술적인 진보에 의해 점점 더 많아지는 윤리적인 문제들에 대해(유산·인공수정·안락사 등), 민주주의적인 결정을 내릴 수 있는 다른 방책들을 생각해야만 합니다.

Q 새로운 방책을 얻기 위해서, 또는 당신이 암시하였던 것처럼 새로운 생각의 지표를 만들어 내기 위해서 투쟁해야 할 것 같은 때가 보다 자주 있습니다. 이것이 의미하는 바는 국가가 자신의 역할을 다하지 못한다는 것일까요?

하나의 국가는 새로운 현실에 적응하는 데 있어 필연적으로 느리고 무겁습니다. 국가가 진보하기 위해서는 시민들이 개입하여야만 합니다. 그러나 쾌락을 위해 투쟁해야 한다는 것은 아닙니다—— 비록 이 쾌락이 때로는 무시할 수 없는 것이기는 해도 말입니다. 이상적인 것은 폭력 없이 필요한 진보를 얻어내는 것이겠지요.

Q 현대 미국의 철학가인 존 롤스의 이론에 대해 어떻게 생각하십니까? 그는 다음과 같은 상황을 설정하였습니다. 즉 사람들은 기본적인 재산 분배의 원칙을 선택해야만 한다—— 사람들은 자신이 미래의 사회에서 차지할 위치를 알지 못한다—— 사람들은 어느 누구에게 유리하게 하는 것이 아니라, 조직을 위해서 모든 이들에게 가장 좋은 것을 선택한다. 이러한 상황에서는 어떠한 개인도 정의롭지 않은 사회를 바랄 순 없다. 그리고 각 개인은 사회적·경제적 불평등은 존재하지 않을 수 없다는 것을 인정해야만 한다. 롤스는 이렇게—— 모든 이를 위한—— 기본 권리와—— 매매를 유도하는—— 불평등을 타협시키려 하였습니다.

사회적·경제적 불평등의 필요성을 인정하지 않는 사람이 존재합니다. 바로 나입니다! 그리고 나는 이것이 나 혼자만의 생각은 아니라고 믿습니다. 자연은 우리를 평등케 하지는 않았습니다. 그러나 사회의 목표는 이러한 불평등을 상쇄하는 것이어야 할 것입니다. 삶의 궁극성이라 할 수 있는 자신을 만들어 나가는 방법에, 모든 사람들이 평등하게 접근할 수 있어야 합니다.

불평등이 활동의 자극이 된다는 것은 좋지 않은 생각입니다. 이것은 각 개인들의 행동에 있어서 유일한 동력원은 타인을 이기려는 욕망이라고 생각하는 것입니다! 이보다 훨씬 역동적인 동력원이 존재합니다. 그것은 바로 인간의 삶이라는 훌륭한 선물을 잃지 않으려는 욕망으로, 철학자들은 이것을 '실존적 고뇌'라 부릅니다. 이러한 고뇌는 어린아이에게도 존재하고, 또한 어린아이들은 그것을 나타낼 줄 압니다. 그러나 그들이 따르게 될 속임수가 그들에게, 이러한 고뇌의 해결은 사회적 성공에서 찾아질 것이라고 믿게 만듭니다. 이 얼마나 비극적인 일입니까!

Q 당신은 토마스 아퀴나스의 다음과 같은 구절, 즉 "분명히 필요한 경우에 있어서는…… 자신의 필요를 위해, 타인의 재산을 사용하는 것은 합법적이다"에 대해 어떻게 생각하십니까?

토마스 아퀴나스의 이 구절은 합법적인 것과 정당한 것의 대립을 요약하고 있습니다. 1940년 6월, 드골 장군은 정부에 불복종하면서 비합법적인 행동을 벌였습니다. 〔제2차 세계대전 당시 프랑스의 페탱 원수가 독일과의 휴전을 모색하고 있던 중, 드골은 영국으로 망명하였다.〕 그러나 그것은 프랑스의 안전을 보장해 준 정당한 것이었습니다. 전혀 다른 차원에서 말하자면, 무단점거는 불법입니다. 왜냐하면 그것은 소유권을 침해하는 것이기 때문입니다. 그러나 그것이 주거의 권리를 존중한다고 볼 때는 정당한 것입니다.

Q 이처럼 합법적인 것과 정당한 것에 차이를 두면서, 당신은 우리가 민주주의보다 '더 나은' 사회구조를 만들어 내야 한다는 것을 암시하고 있습니다. 이상적인 사회는 어떠한 사회입니까?

민주주의란 사람들이 게으르게 안주할 수 있는 국가 형태는 아닙니다. 민주주의란 끊임없이 시민들간의 더 나은 관계를 탐구하는 것입니다. 이상은 거의 도달될 수 없는 것입니다. 만일 이상에 도달하였다 해도, 그것은 단지 임시적인 것에 지나지 않습니다. 왜냐하면 집단의 문제들은 세대가 교체됨에 따라 언제나 새롭게 대두되기 때문입니다.

Q 그렇다면 결론적으로 정치란 무엇입니까? 정치란 쓸모 있는 것입니까? 많은 젊은이들은 정치인들을 풍자화를 통해서만 바라봅니다. 그들은 정치권의 '모든 것은 부패했다!'고 생각합니다. 젊은이들은 더 이상 국가 경영의 합법성을 보지 못합니다. 그들에게 정치란 개인의 재산 축적과 동의어로 들립니다.

모든 시민은 '정치적 인간'입니다. 나는 나의 참여가 잘못된 것이라 밝혀질 수 있다는 것을 알면서도 참여합니다.

진짜 문제는 권력에 대한 탐닉 때문에 권력을 추구하는 사람들에게서 권력을 빼앗아야 한다는 것입니다. 이상적인 정치인은 킹킨나투스(5세기경, 농부이자 정치인으로서의 고대 로마인의 표상. 전쟁 동안 사람들이 그를 집정관으로 추대하여 전쟁을 승리로 이끌었다. 그러나 전쟁의 승리 이후, 그는 명예에 연연하지 않고 농부로서의 삶으로 돌아갔다)입니다. 그는 권력을 거부하였고, 그를 대표자로 추대하기 위해서는 그가 밭을 갈고 있는 들판으로 찾아가야만 했습니다. 우리 민주주의를 위해 필요한 발전 가운데 시급한 것은, 대표자가 되기를 바라지 않는 사람을 대표자로 지명할 수 있는 방법을 정하는 것입니다. 그것은 불가능한 것이 아닙니다. 이것은 프라하에서 바츨라프 하벨(1936-, 체크의 소설가이자 정치인. 비판적 경향의 작품들로 인해 출판이 금지당하고, '프라하의 봄'에 참여한 이후 투옥되기도 하였다. 그는 1989년부터 1992년까지 체크 공화국의 대통령으로 추대되었다)이 대통령이 되었을 때 일어났던 일입니다.

Q 세계의 시민이라는 표현이 당신에게 의미하는 바는 무엇입니까?

1947년 미국인 게리 데이비스가, 모든 국가간의 경계선이 사라지기를 원하는 그의 소망을 표시하기 위해 그 여권을 찢어 버렸을 때, 나도 '세계의 시민'에 발을 들여 놓았습니다. 그 당시 조르주 비도(1899-1983, 프랑스의 정치인. 1946년 제2차 세계대전 후 임시정부의 대통령을 지냈으며, 이후 제4공화국하에서 여러 차례 외무장관을 지냈다)처럼 보수적이라 할 수 있는 장관도 다음과 같이 이야기하고 있습니다. "국경선은 역사의 상처 자국이다." 그런데 이 흉터는 사라지기 위해서 생겨난 것입니다.

Q 1995년 9월 28일, 《해방》지는 자크 비데의 마르크스에 대한 기사를 게재하였습니다. 그 요약은 다음과 같습니다. "자본주의 시장의 논리가 세계의 질서를 지배한다. 좁은 범위의 특권자층이 노동방식과 의사 교환방식을 점유하고 있을 뿐만 아니라, 이 세계 자체를 점유하고 있다. 경제적 제국주의는 광대한 인류 공동체를 분쇄하고 있다. 경제적 제국주의는 실업과 빈곤, 그리고 흔히 굶주림에 관한 문제에 빠져들게 한다. 이윤에 있어서의 '막연한 부'에 대한 욕구가 숲을 먹어치우고 있

다. 대포 상인은 가장 혁명적인 독재권이 보급되도록 하고 있
다. 오늘날 우리는 단 하나의 세계를 구성하고 있다는 것을 알
고 있다. 그러한 세계에서 아메드는 같은 일을 하면서도——
만일 그가 일자리를 찾을 수 있다면——아르튀르보다 50배나
적은 봉급을 받고 있다……." (아메드는 프랑스에서 인종적 차별
을 받고 있는 아랍계통의 이름이고, 아르튀르는 프랑스인의 이름
같은 뉘앙스를 풍긴다.) 이러한 기사에 대해 당신은 어떻게 생
각하십니까?

"세계의 불행은 공산주의와 자본주의의 경쟁보다 더 치열
한 현실에서 생겨난다. 이것은 북쪽의 극도로 산업화된 나라
들과 남쪽의 저개발 국가들을 대립시킨다. 만일 세계의 법칙
이 이러한 갈등을 재빨리 종식시키지 않는다면, 몇 해 안에
동-서의 대립이 남북의 투쟁을 대신할 것이다." 이것은 1957
년 피에르 신부가 이야기한 것입니다.

1996년에 이르러, 우리는 이 이야기가 예언적이었다는 것
을 확인할 수 있습니다. 이 지구의 '농경인'들은 인간의 극적
사건을 깨달아야만 합니다. 그 사건이란 즉 그들이 '정치적
인간'이 되어가는, 다시 말해 유일하게 정당한 전쟁인 빈곤
에 대항하는 전쟁에 참여하는 인간이 되어간다는 것입니다.

지능지수

똑똑한 자의 불행은, 자신이
똑똑하다고 스스로 이야기하지 않을 만큼
똑똑하지 않다는 점이다.
——보리스 비앙——

Q 지능에 대한 개념보다 더 많은 논쟁을 불러일으킨 개념은 없습니다. 우리가 이것을 정의 내려야 할까요. 또는 이 개념을 잊어야 할까요? 그리스인들은 이를 지칭하기 위한 단어는 만들어 내지 않았습니다.

동어반복에 겁먹지 말도록 합시다. 그리고 지능이란 우리의 중추신경체계의 기능에서 생겨난 활동의 결과라는 것을 받아들이도록 합시다. 이 활동은 매우 다양한 성격을 지니고 있습니다. 이 활동은 상상력뿐만 아니라 기억력과도 관계되는 것이며, 직관뿐만 아니라 추론 능력과도, 질문을 제기하는 능력뿐만 아니라 대답을 찾아내는 능력과도, 자제력뿐만 아니라 감정과도 관계되는 것입니다. 문화권에 따라서는 이러한 지적 능력의 어떤 면이 특별히 가치를 인정받습니다. 마치 우리 사회에서는 신속성을 중시하는 것처럼 말입니다. 그러나 이러한 선택은 분명 임의적인 것입니다. 지능에 대한 이야기를 하기 이전에 다음과 같은 사실, 즉 지능이란 하나의 전체로 정의될 수 없다는 것을 머릿속에 넣어두도록 합시다.

Q 그렇다면 몇몇 사람들이 주장하는 것처럼 테스트를 통해서, 언제나 보다 보완되어지는 테스트라는 방법을 통해서 지능을 측정할 수 있다는 생각을 고수할 수 있을까요?

이론상으로 그 전체를 측정한다는 것은 불가능합니다. 우리는 단지 그 단위가 정해진 특징들을 측정하는 것뿐입니다. 여러 다양한 요소들을 단계적인 등급으로 표시하면서 말입니다. 왜냐하면 모든 측정의 목표는 다음과 같은 질문, 즉 이러한 여러 요소 가운데 어느것이 다른 것보다 더 우월한가라는 질문에 답하기 위한 것이기 때문입니다. 이것은 이야기하고자 하는 한 특성을 위해서만 의미가 있는 것입니다. 하나의 조약돌이 다른 조약돌보다 더 우수한 것은 아닙니다. 더 무겁거나, 더 크거나, 더 딱딱하거나 하기는 하지만 전체적으로 뛰어나지는 않습니다. 우리는 다양한 척도로 측정하면서, 그리고 그 평균을 산출함으로써 확실히 전체적 특징을 정의내릴 수 있습니다. 그러나 그 결과는 임의적일 수밖에 없습니다. 우리는 1차원적인 것만을 잴 수 있습니다.

지능을 측정하려는 연구는, 각 개인을 그들의 지적 능력을 나타내는 등급으로 분류하려는 너무나도 비합리적인 요구에서 연유합니다. 이러한 척도를 가장 먼저 사용한 예는, 1917년경 미국 군대에 의해 충분한 시간적 여유를 지니지 못하고 이루어졌었다는 사실을 잊지 맙시다. 미군은 유럽에서 일어나고 있는 전쟁에 파병하기 위해 모집된 신병들을 여러 군대에 배속시켜야만 했습니다. 그리하여 20세기초 프랑스인 비네(1857-1911. 프랑스 심리학자로서, 1905년 지능지수의 기초를 세웠다)가 고안해 낸 것과 비슷한 테스트를 이용하였고, 그 이후에는 캘리포니아 심리학자들이 고안해 낸 테스트를 이용하였습니다. 그 심리학자들은 어린아이들을 연구하면서, 어떤 한 정신 연령에 있어서 다양한 테스트의 결과 전체를 종합하고, 그 다음은 지능, 즉 '지능지수'를 얻기 위해 이 정신 연령을 신체 연령으로 나눈다는 이상한 생각을 가지고 있었습니다. 또한 신병들로부터 얻어낸 결과들의 평균을 산출함으로써 군지휘자들은 IQ라는 숫자를 얻었습니다. 그리고 나서 그들은 각 신병들을 그들의 활동에 적합한 군대에 배속하였습니다.

이러저러한 지적 소질을 특징짓는 테스트가 어떻게 큰 효용이 되겠습니까. 아무것도 그것이 인정될 수 있는 것으로 정당화해 주지는 않습니다. 종합된 숫자에 절대적 의미를 부여하려는 것은 논리적 실수입니다. 그 숫자는 종합된 것으로 여겨지지만, 그것이 측정하고 있는 것이 무엇인지 이야기할 수 있는 사람은 아무도 없습니다.

□ 그럼에도 불구하고 인구 전체에 대한 IQ 테스트가 행해졌을 때, 그 분포는 가우스의 유명한 곡선인 '종 모양의 곡선'과 매우 가깝게 나타났습니다. 이러한 정확성은, 그 숫자가 실제적 특징을 측정하고 있다는 증거가 아닐까요?

정반대입니다. 이러한 결과는 그것이 아무것도 측정하고 있지 못하다는 가정을 잘 지적해 주는 것입니다. 이것은 가장 널리 알려진 정리(定理)인 리아프노프의 정리가 밝혀 주고 있습니다. 그는 다음과 같이 확언하고 있습니다. 각 개인에게서 서로 관계가 없는 여러 가지 특성들, 즉 키와 재산,

살고 있는 아파트의 층, 혈액 1입방밀리미터당 적혈구의 수 등을 측정하시오. 찾아낸 숫자의 평균을 계산하시오. 보다 많은 특성들을 가지고 계산할수록, 여기서 얻어진 평균은 그 의미가 적어질 것입니다. 그러나 그럴수록 그것은 종 모양의 곡선에 보다 가까운 분포를 나타냅니다.

이 '가우스'식 분포는 수학적 특성의 단순한 일례입니다. 이것은 IQ 신봉자들에게 어떤 근거도 제공해 주지 못합니다.

IQ가 140이 넘는 사람의 비율은 어느곳에서든지 2퍼센트 선에 해당한다는 사실을 확인한 이후, 몇몇 미국 심리학자들은 이렇게 뛰어나다고 여겨지는 사람들에게만 제한된 클럽인 멘사(Mensa)를 조직하였습니다. 이곳은 뛰어난 사람들만의 집합소입니까?

여기서 확인된 비율은 단지 IQ로 계산된 것의 결과일 뿐입니다. 서구 백인종들을 대상으로 한 조사에 있어서, 여러 다양한 테스트에 의해 얻어진 결과와 그 결과의 평균은 IQ의 평균이 100이 되도록 하였고, 3분의 2가 IQ 85와 115 사이에 들어가도록 설정되었습니다. 그 결과로 가우스 곡선을 고려해 볼 때, 인구의 2퍼센트는 140이 넘는다는 결론이 나오는 것입니다. 이것은 단지 이러한 측정방법의 필연적인 결과일 뿐입니다.

멘사의 일원들이 IQ가 높다는 것은 사실입니다. 그렇다고 그들이 '뛰어난 인간들'일까요? 이 클럽에 가입하려 애쓴다는 사실 하나만으로도 그들이 성격적으로 나약하다는 것을 알 수 있습니다. 그들은 그들의 활동을 과시하려 합니다. 그들은 이러한 활동의 유치한 성격에 대한 의식조차 없습니다.

만일 내가 동업자를 찾았어야만 한다면, 나는 멘사의 일원들은 신임하지 않았을 것입니다.

Q 최근 많이 읽히고 있는, 2명의 미국인에 의해 씌어진 《종모양 곡선》이라는 책이 있습니다. 이 책에서 저자는 흑인들의 평균 IQ가 백인들보다 약 15 정도 낮다고 이야기하고 있습니다. 그리고 이것은 교육을 통해 극복할 수 없는, 근본적인 유전적 열등성에 기인하는 것이라고 결론 내리고 있습니다. 이러한 이야기에 대해 어떻게 생각하십니까?

이와 유사한 이야기를 되풀이하는 책들이 정규적으로 나왔었습니다. 이것은 미국 사회에서의 흑인들의 열등한 운명을 정당화시키기에 유용한 것이겠지요. 불평등의 주된 근원은 자연일 것입니다. 15의 차이에 대해서는 이야기하지 맙시다. 문제는 그것의 이유를 알아내는 것입니다. 이것은 성격 형성에 있어 선천적 부분과 획득된 '부분'을 이야기하면서 흔히 제기되는 문제입니다. 우리는 이것을 다른 장에서 다루었습니다. 이러한 개념은 유전형질과 후천적 경험이 서로 합해질 때만이 의미가 있다는 것을 생각합시다. 이러한 모델은 지적 활동에는 결코 적용할 수 없는 것입니다.

이러한 불평등을 정당화시키려는 시도는, 프랑스에서는 흑인과 백인간의 비교가 아니라 다양한 사회계층을 비교하면서 이루어졌습니다. 평균 IQ가 삶의 수준이 향상되면서 높아지는 것은 가능합니다. 상관관계가 있다고 해서, 이것이 인과관계가 있는 것이라고 확언하는 것은 실수입니다.

이와 같은 실수는 학생들의 학업을 지도하는 데 IQ를 사용하는 사람들에 의해 저질러지는 잘못입니다. 그들의 논리는 정확한 것처럼 보입니다. "우리가 경험을 통해 아는 바로는, IQ가 90 이하인 아이들은 거의 대부분 대학입학 시험에 도달하기도 전에 실패한다. 차라리 그들을 교육체제로부터 떼어 놓는 것이 낫다. 그들은 그들의 시간을 잃는 것이며, 불필요하게 사회에 값비싼 대가를 치르는 것이다." 겉보기에는 논리적인 것처럼 보이지만, 이러한 추론은 인과관계만을 지나치게 믿고 있는 것입니다. 단지 상관관계만 있는데도 말입니다. 같은 이유라면 IQ가 낮은 사람들에 대한 교육도 학업적인 실패를 유발할 것은 당연합니다. 합리적인 태도란, 이것을 운명으로 받아들이는 것이 아니라 이러한 원인들을 공격하는 것입니다.

왜냐하면 이러한 이유들은 유전학적 원인에서 생겨나는 것이 아니기 때문입니다. 그 원인은 근본적으로 사회적인 것들이며, 따라서 변화될 수 있는 것입니다.

Q. 특정한 한 특징에 대한 유전학적 형질을 평가하기 위해서는 쌍둥이를 비교하는 것이 좋지 않습니까? 쌍둥이 중 한 아이는 자신의 가족들과 함께 성장하고, 다른 아이는 따로 떨어져서 성장한 경우 말입니다.

이러한 비교를 위해서는 진짜 쌍둥이여야만 합니다. 다시 말해 일란성 쌍둥이여야 한다는 것입니다. 일란성 쌍둥이는 전체 쌍둥이 가운데 약 3분의 1만을 차지하고 있습니다. 이러한 비교는 실제로 '타고난' 자연적인 것들에, 또는 '획득된' 경험적인 것들에 공통점을 부여할 수 있도록 해줍니다. 그러나 이 문제에 있어서의 어려움은, 통계학적으로 의미 있는 결과를 얻기에 충분한 그리고 두 집단, 즉 따로 성장한 경우와 함께 성장한 경우의 비교를 확실히 할 수 있기에 충분한 예들을 찾기가 힘들다는 것입니다.

　이러한 어려움으로 인해, 이 연구 분야는 과학자들에 의해 저질러진 중대한 속임수들로 점철되었습니다. 어린아이들의 행동과 지능에 대한 연구로 매우 유명한 영국의 심리학자 키릴 버트 경은, 떨어져 성장한 일란성 쌍둥이들의 표본에서 얻어낸 수많은 결과들을 발표하였습니다. 그는 그의 연구가 진행됨에 따라 더 많은 예들을 찾게 되었습니다. 그의 마지막 논문들은 53쌍의 쌍둥이의 경우에 대해 보여 주고 있습니다. 그는 그 분석을 통해, 유전적으로 부여받은 지적 수준에 대해 거의 절대적인 우위를 부여하고 있습니다. 그의 분석을 다시 살펴볼 수 있게 된 것은 1970년 그가 죽은 후의 일입니다. 사람들은 그의 연구가 거의 조작된 것임을 확인하였습니다. 쌍둥이들은 존재하지 않았습니다. 키릴 버트는 허구적인 관찰의 결과들로 숫자판을 채웠던 것입니다. 그는 그의 상상의 결과로, 따로 성장한 일란성 쌍둥이의 IQ는 0.86의 상관지수를 가진다고 하였습니다. 그리고 쌍둥이가 아닌 형제자매가 따로 성장한 경우는 0.53의 상관지수를 가진다고 하였습니다. 이러한 지수의 차이는 지능의 발전에 있어 유전학적 형질이 최우선적으로 작용한다는 증거를 가져오는 것이었으며, 천부적으로 재능을 타고난다는 이론에 '과학적' 기초를 제공하는 것이었습니다. 그러나 버트가 처음에 사용한 자료들을 다시 분석해 본 연구가들에 의해 그 속임수가 밝혀짐으로써, 그 허황된 논리는 무너졌습니다.

Q. 마지막으로 IQ에 의해 생각될 수 있는 지적 활동의 특성은 무엇입니까?

주된 것은 속도입니다. IQ를 측정하는 대부분의 시험들은 시간을 측정하면서 진행됩니다. '시험을 받는 사람'은 거기에 무엇보다도 빨리 대답해야 한다는 느낌을 갖게 됩니다. 그렇게 되면 그는 높은 IQ를 얻게 되는 것입니다. 그러나 우리가 우리들 고유의 지적 도구를 건설함에 있어서, 속도는 우리가 원인을 묻고 생각하는 것보다 덜 필수적인 것입니다. 확실히 우리 사회에서는 재빠른 사고를 하는 것이 필요합니다. 그러나 다른 많은 문화권에 있어 그것은 거의 흥미없는 성질입니다. 계절의 리듬에 따라 살던 과거의 농부는 빠른 결정을 내릴 일이 거의 없었습니다. 농부는 오래도록 익혀야만 했습니다. 그는 시간적 여유를 가졌습니다. 그러나 끊임없이 과도하게 밀려드는 리듬 앞에서, 그 리듬을 주체하지 못하는 오늘의 도시인보다 그 농부가 현명하지 못한 것은 아닙니다.

종 교

사랑의 종교를 세워야 할 때입니다.
──아라공──

Q 종교란 모든 문명들에 있어서 하나의 구성 요소처럼 보입니다. 당신이 보시기에, 종교는 인류만큼 그 역사를 거슬러 올라가는 것입니까?

'인간'의 특성이 죽음에 대해 질문하는 데 있다는 것은 이제 상식적인 일입니다. 인간은 죽음이라는 제의적 사건을 둘러싼 것들에 의문을 제기합니다. 태아 같은 자세로 있는 유골이 발굴된다는 것은, 주위 사람들이 이 사람의 죽음을 새로운 탄생으로 희망했다는 것을 의미합니다. 그러므로 죽음 이후에 대한 의문이 있었던 것입니다. 그리고 아마도 몇몇 대답이 주어졌을 것입니다. 나는 분명 상상 속에서 이루어진 그 대답을 찾아내려는 노력이 최초의 '종교적' 활동이었다고 생각합니다.

Q 그러한 종교가 갈망했던 것은 무엇이었습니까? 그것은 존재의 신비에 대한 대답이었습니까?

첫번째 신비는 타인의 죽음입니다. 미래를 생각할 수 있는 우리 인간은 이러한 운명도 우리의 것이라 결론 내립니다. 우리가 그것을 이해한 이래로, 우리 삶의 모든 사건들은 이러한 배경막 앞에서 펼쳐집니다. 그 끝에 죽음이 있는 것입니다. 그것을 어떻게 감당하겠습니까? 가장 편리한 해결책은 새로운 세계를 상상하면서 이러한 증거를 부정하는 것입니다. 그 새로운 세계는 우리의 감각이 접근할 수 없는 세계이며, 우리의 소망에 따라 부분적으로 이룩된 세계입니다. 처음의 소망은 죽음에서 벗어나는 것이었습니다. 거기에서 영원에 대한 소망이 생겨나는 것입니다. 모든 종교는 죽음에 대한 불가사의한 신비와 맞닥뜨리고 있습니다.

Q 이러한 종교의 개념은 '성스러운 것'을 생각케 하지요.

나는 '성스러운 것'의 개념을 종교 현상과 결부시키고 싶지는 않습니다. 나에게는 절대적으로 존경할 만한 것이 성스러운 것입니다. 첫째로는 타인의 인격이고, 둘째로는 타인의 신체이며, 셋째로는 타인이 성스럽다고 간주하는 대상입니다.
이러한 이유로 볼 때 사형은 불경스러운 것이고, 강간도 불경스러운 것이며, 어떤 종교이건간에 일정한 수의 신자들이 따르고 있는 종교라면 그 종교의 제물을 모욕하는 것도 불경스러운 일입니다.

Q 당신은 우주의 수수께끼에 대해 어떻게 느끼십니까? 겁이 납니까?

'무한한 공간의 침묵'이 나를 겁나게 하지는 않습니다. 그것은 나를 매혹시킵니다. 실제로 이 공간들은 결코 침묵하는 것이 아닙니다. 그 공간들은 우리에게 말을 걸고 있습니다. 그 공간은 우리에게 광자(光子, photon)와 중력자(重力子, graviton)를 보냅니다—— 적어도 우리는 그렇다고 생각합니다. 이 광자와 중력자 들은 우주에 대한 많은 것을 우리에게 이야기해 주고 있습니다. 16만 년 전에 이미 폭발한 1989년 2월의 초신성(超新星, supernova)에 대하여 생각해 봅시다. 그 별은 우리에게 우주에서 일어나는 일들의 과정에 대한 정보를 알아내도록 해주었습니다.

우주는 그 자체가 수수께끼는 아닙니다. 우주는 우리가 다가가고 있는 현실입니다. 우리는 매우 다행스럽게도, 우리가 그것에 대해 알고 있는 지식이 언제나 부분적이라는 것을 알고 있습니다.

Q 공포와 고뇌만이 종교의 '성공'을 설명할 수 있는 것일까요?

확실히 인간에게는 고뇌가 있습니다. 종교의 역할은 이 고뇌를 희망으로 바꾸어야 하는 것입니다. 그 희망은 상상의 낙원일 수 있습니다. 그 희망은 지상의 낙원일 수는 없으나, 보다 잘 조직된 인간의 삶일 수는 있습니다.

Q 당신은 피조물이라는, 또는 창조주(다른 창조주 가운데 한 창조주)라는 느낌이 있으십니까?

나는 분명 피조물입니다. 우주 안의 어떤 힘에 의해 형성된 피조물입니다. 그러나 이같은 다른 모든 피조물들 가운데서, 나는 유일하게 나의 사랑하는 인간 동지들과 함께 세계와 나 자신에 대해 질문을 제기합니다. 이러한 활동은 나를 공동의 창조주로 만듭니다. 이러한 공동의 창조에 있어서 나의 자유의 공간은 물론 제한되어 있습니다. 그러나 하나의 삶을 온전히 차지하기에는 충분한 것입니다. (나는 이러한 느낌을 《자유의 유산》 마지막에서 표현하였습니다. 그 이야기는 다음과 같이 감히 《창세기》를 다시 쓰는 것이었습니다. 즉 에덴 동산의 인간이 감히 신에게 불복종하였을 때, 신은 처음으로 웃었다라고 말입니다.)

Q 이것은 '신성함'의 개념을 생각해 내도록 하지요.

'신성함(divin)'은 유일신(Dieu)을, 또는 여러 신(dieux)들을 생각나게 할 수 있습니다. 말이 비슷하기는 하지만, 그 의미는 크게 다릅니다. 유감스럽게도, 소문자를 대문자로 바꾸는 것만으로 이러한 차이를 나타내기에 충분치는 않습니다.

그것이 그리스어이건 힌두어이건간에, 신들은 인간의 상상의 산물일 뿐입니다. 우리를 둘러싸고 있는 사건들에 직면해서 우리가 제기하는 질문들에 대해, 신들은 쉽게 대답할 수 있도록 해줍니다. 우리는 관찰된 사실들에 대해 보다 깊이 생각함으로써, 좀더 만족스러운 설명을 하는 것이 가능해집니다. 폭풍우 앞에서, 우리는 그것이 넵투누스가 어떤 여신과 논쟁을 벌여 화를 낸 결과라고 생각할 수 있습니다. 우리는 또한 폭풍우란, 다른 곳에서 생겨난 변화에 의한 기압 저하의 결과라고 생각할 수도 있습니다. 첫번째 태도는 옛날 이야기에 근거를 두고 있는 것입니다. 그러나 그 태도는 실제 현상을 이해하는 데 도움이 되지는 못합니다. 두번째 태도는 적어도 내일의 날씨를 예측해 볼 수 있도록 해줍니다. 그리스인들은 특별히 만들어진 신들의 존재로 모든 것을 설명하려는 경향으로 해서, 실제 세계의 메커니즘을 이해하는 데는 아무런 진전을 보지 못했습니다. 이러한 맥락에서 볼 때, 모든 현상에 있어 거룩해진다는 것은 우리가 이해하기를 거부한다는 것이 됩니다.

그러나 '유일신'은 현실 세계에 대한 설명과는 완전히 다른 필요성을 지닙니다. 이것은 초월에 대한 요구와 관련되는 것입니다. 이것은 우리의 이해 능력은 불완전하다는 것을 확인하고, 우리의 무한에 대한 열망 앞에서의 우리의 유한성을 깨달음으로써 생겨나는 것입니다. 신이라는 이 말은 우리와 어느 정도 유사한 사람을 지시하는 것이 아닙니다. 그 말은 우주의 비밀을 설명하는 것이 아니며, 우주의 한 부분, 즉 인류를 설명하려는 것입니다. 따라서 '신성함'이란 우리의 경이로움의 중심에 있는 것입니다. 왜냐하면 우리를 경이롭게 하기 위해서는 우주의 객체인 동시에 질문을 던지는 주체이어야 하기 때문입니다.

Q 그리스 신들에 대해 이야기하면서 당신은 신화의 영역을 건드렸습니다. 종교와 신화를 구분짓는 것은 무엇입니까?

신화는 상상적인 것처럼 제시함으로써, 설명할 수 없는 사건들을 설명하기를 제안합니다. 종교는 이러한 설명이 현실에 부응하는 것처럼 나타냅니다. 흔히 종교는 이것을 증명하기 위해서 계시라는 방법을 이용합니다. 다시 말해, 우주의 외부적인 어떤 힘이 예언자처럼 능력을 지닌 사람에게 그 사실을 이야기해 준 것으로 이야기하고 있습니다.

Q. 그렇다면 당신이 주장하는 종교의 긍정적인 면은 어떤 것들입니까? (인간이 다른 사람들과 더불어 삶을 살아나가고, 사회적 관계를 엮어 나가는 데 공헌하는) 제의인가요, (정의·절제·친절 등의) 윤리인가요, (현명함·성찰·절제 같은) 철학인가요, 희망인가요, 자비인가요?

자신은 무신론자이면서, 개인을 사회에 통합시키기 위해서는 종교가 필요하다고 믿은 오귀스트 콩트의 입장을 당신은 어떻게 생각하십니까?

오귀스트 콩트처럼 우리는 '종교'에 'religare'라는 어원을 부여하고, 여기에서 인간을 서로 연결시키는(relier) 방법을 생각해 볼 수 있습니다. 사실 우리들 각각은 삶을 영위하는 동안 자신의 정체성(identité)을 세워야만 합니다. 종교는 이 일에 있어서, 적어도 초기에는 우리에게 도움이 될 수 있습니다. 그러나 종교는 또한 각 개인들에게 미리 만들어진 대답을 제공함으로써, 또한 만일 사람들이 그것을 좋은 것으로 받아들이지 않는다면 나쁜 벌을 내린다고 위협하면서, 각 개인에게서 질문을 제기할 자유를 빼앗아 버릴 수 있습니다.

역사를 통해서 볼 때, 종교는 흔히 교육적인 역할을 지녀 왔습니다. 종교는 도덕적 진보에 기여하였습니다. 그러나 단 하나만의 진실을 지니려는 그들의 주장은 흔히 가장 잔혹한 전쟁의 근원이 되었습니다. 사람들이 서로 관계를 맺는 것은 좋은 일입니다. 그러나 사람들을 서로 적대적인 그룹으로 관계지어 나가지 않는다는 조건에서 말입니다.

또 다른 어원, 즉 relegere, '다시 읽는다(relire)'라는 어원이 제안될 수 있습니다. 종교는 다시 읽는 것을 행하는 장입니다. 성스러운 것으로 여겨지는 텍스트의 다시 읽기, 또는 우주를 다시 읽는 것을 말합니다. 이러한 활동은 정확히 이야기해서 교육입니다. 다시 말해 각 개인들이 세계와 자신에 대한 비전을 재검토하기 위하여, 그 자신으로부터 빠져 나오도록 하는 과정입니다.

Q. 당신은 존재의 신비함 앞에서 '종교적 감정'을 느끼신 적이 있습니까? 성스러운 장소에서? 또는 고통스러운 체험을 겪은 후에?

이런 애매한 질문에 대해, 나의 대답도 다른 사람들처럼 '네'입니다. 그러나 이러한 감정은 흔히 기대하지 않은 때에 일어납니다. 어떤 시선, 지하 예배당의 침묵, 극적인 사건에서 받는 쇼크, 향기 또는 '소야곡(小夜曲)'의 어떤 구절 등은, 우리 존재가 더 이상 '시바의 춤〔시바는 힌두교 주요신 가운데 하나로, 모순된 듯한 특징들을 통합하고 있는 신이다. 시바는 다양한 형태로 나타나는데, 그 중 하나로 우주의 무용가 나타라자의 모습으로 나타나기도 한다〕,' 우주의 조화로운 움직임의 단순한 참여자만은 아니도록 합니다.

Q. 유대-그리스도교적 전통의 용어를 다시 따르자면 '창조'가 있습니다. 당신은 이 용어를 설명하지 않고 지나가시지는 않겠지요. 이 용어에 대해 어떻게 생각해야 할까요?

우리가 바라보는 모든 것들은 필연적으로 시초가, 근원이 있습니다. 우주에 대해 이야기하면서 우리는 우주도 창조된 것으로, 거기에도 시초가 있었던 것으로 결론지었습니다. 그러나 우리는 하나하나의 요소에서 사실인 것이, 전체에서도 사실인 것으로 확장시키는 논리적 실수를 범하고 있는 것입니다. 실제로 우주 내부에 있는 모든 것들은, 이미 존재하는 요소들의 결합에 의해 '창조'된 것입니다. 그러나 우주 그 자체는 이론상으로 존재하는 모든 것들을 총괄하는 것으로, 다른 논리에 따라 생각되어져야 합니다.

우주는 팽창하고 있다는 우리의 현재 생각은, 진화가 이루어지기 시작한 최초의 폭발인 빅뱅으로 거슬러 올라갑니다. 그러나 그 폭발은 단지 이 우주를 구성하는 구체적 요소들만을 생겨나게 한 것이 아닙니다. 그것은 시간의 개념도 생겨나게 하였습니다. 시간의 개념은 그 요소들이 없었다면 정의될 수 없었을 것입니다. '빅뱅 이전'은 없습니다. '빅뱅 이전'이란, 무(無)에서 구체적 세계로의 진행을 있음직하지 않은 것으로 만드는 것입니다. 이러한 어려움을 해결하기 위해서는, 빅뱅 이래로 흘러온 시간을 로가리듬(logarithm)을 이용하여 그 시간의 척도를 변경시켜 보는 것으로 충분합니다. 기원이란 이처럼 무한으로 거슬러 올라갑니다. 이것은 '그 이전'에 대한, 즉 창조의 순간에 대한 의문을 무의미한 것으로 만듭니다. 결과적으로 창조주에 대한 의문을 없애는 것이지요.

Q 루크레티우스(고대 로마의 시인)는, 이미 (B.C. 약 55년경에) 신들을 만들어 내는 것은 인류의 재앙이라고 생각하였습니다. 그는 "이것은 우리에게는 상처가 되는 것이며, 우리 후손에게는 눈물이 되는 것이다!"라고 이야기하였습니다. 놀랍습니다. 그렇지 않습니까?

신들을 만들어 내는 것은(다시 한 번 '신들'이라는 말과 '유일신'이라는 말을 구분합시다) 이성을 포기하는 데서 생겨납니다. 보다 정확히 이야기해서, 이성이 모든 것에 대한 대답을 줄 수 없다는 고통스러움——적어도 몇몇에게는 고통스러운——을 감내할 수 없음에서 기인합니다. 이같은 생각은 다른 모든 생각들과 마찬가지로, 끔찍한 종교전쟁처럼 매우 나쁜 재앙들을 유발시켰습니다. 그러나 나쁜 것은 이러한 생각 자체가 아니라 그것의 사용입니다.

Q 프로이트는, 종교란 유년기에서 그 근원을 찾을 수 있는 '환상(illusion)'이라고 평가하였습니다. 종교는 매혹당하려는 요구에(아버지〉하나님 아버지), 그리고 위로받으려는 요구에 부응하는 것입니다. 그는 《미래》에서 다음과 같은 환상에 대해 쓰고 있습니다. "유년기의 단계는 그것을 넘어서기 위해 있는 것이 아닌가? 인간은 영원히 유년으로 남아 있을 수 없다. 인간은 적의에 찬 세계에서 모험을 해야만 한다." 이에 대해 당신은 어떻게 생각하십니까?

종교는 실제로 수많은 유아적 흔적들을 지니고 있습니다. 그리고 보다 일반적으로 이야기하자면 신인동형론(神人同形論)을 지니고 있습니다. 유일신을 그려낼 수 없는 무능력으로 인해 우리는 신에게 인간적 속성을 입힘으로써, 예를 들어 신을 남성으로, 또는 아버지로 여김으로써 우화적인 표현 속으로 피난합니다. 종교는 많은 사람들에게 보다 더 잘 보이기 위해, 과거의 여러 신들에게 사용되었던 말들을 유일신을 표현하는 데 사용함으로써 부조리 속에서 꼼짝 못하게 되었습니다.

Q. 이러한 방향으로 생각을 이끌어 나가다 보면, 마르크스에
도달하게 됩니다. 마르크스에게 있어서 종교는 '민중의 아
편'이었습니다. 종교는 민중을 위로하고, 약한 자들에게 희망을
가지도록 하며, 비참함을 가리워 줍니다. 그러나 그것 자체를
없애지는 못합니다. 당신도 이러한 의견과 비슷하신지요?

　마르크스 시대에 유럽에서의 종교가 '민중의 아편'이었다
는 것은 객관적 사실입니다. 세상의 비참함을 받아들이면서
낙원에 다다를 수 있다고 이야기하는 것은, 피착취자들의 반
란을 피하기 위한 진짜 아편과 같은 것이었습니다. 가톨릭은
복음서의 이야기를 우회시키면서 계속해서 이러한 타협을
이끌어 내고 있습니다.

Q. 프로이트와 마르크스에 이어서 세번째로 '의심'을 품은 철
학자 니체는 종교는 삶의 부정이며, 삶에 수반되는 것들인
분노와 죄의식·포기·희생·금욕·고행·수치심 등과 절대적
으로 반대 의미를 지니는 것이라 생각하였습니다. 그는 두 가
지 삶의 방법을 대조시키고 있습니다. 원한을 가지고 있는 사
람은 적의를 지니고, 반사적이며, 동물적이고, 또한 수치심을
지니며, 노예적입니다. 그런데 도덕성에 대한 새로운 의미는,
니체에 따르면 금욕주의적 오역(誤譯)을 재검토하는 것입니다.
인간은 다시 창조하고 긍정하는 사람이 되어야만 하며, 유형성
(有形性)을 회복하여야 하고, 수치심을 느끼게 하는 일들을 비
난해야 하며, 부정(否定)하지 말아야 하고, 안락함에 빠지지 말
아야 하며, 자신을 초월해야 합니다. 이에 대해 어떻게 생각하
십니까?

　나의 유전학자로서의 성찰은, 당신이 니체에 대해 이야기

하는 것과 같은 방향에 있습니다. 즉 인간의 특성은 자신의 운명에 참여하고, 미래를 생각하며, 양갈래의 선택이 가능한 곳을 식별해 내고, 따라서 자신이 스스로 결정한 존재가 되기를 원하며, 또 그렇게 될 능력이 있다는 것입니다.

종교들이 복종의 메시지를 전파함에 따라, 종교는 인간의 가능성에 역행하였습니다. 그러나 우리는 "신은 죽었다"고 외칠 수 없습니다. 이것은 나에게는 의미 없는 승리의 외침으로 보입니다. 죽은 것은, 또는 죽여야 하는 것은 전지전능한 신에 대한 개념입니다. 그의 마음에 들기 위해서는, 또는 어떤 보상을 받기 위해서는 복종하기만 하면 되는 전지전능한 신에 대한 개념 말입니다. 인간의 위엄성은 자연에서 부과되는 구속들을 거부하는 데 있습니다. 이렇게 거부함으로써 우리는 공동의 창조주가 되고, '유일신'이라는 말이 표현하려는 것에 가까워지는 것입니다.

신학자들이 해방신학을 발전시킬 때, 그들은 결코 신을 죽이지 않는, 그러면서도 우주를 다시 읽는다는 진정한 목표에 다가가려는 그러한 움직임에 참여한 것 같습니다.

Q. 드루워만 —— 목사이자 정신분석학자 —— 은 《신의 공무원》이라는 파문을 던지는 책을 집필하였는데, 그 책은 니체적인 시각에서 이야기되고 있습니다. 예를 들어 그는 "단지 성숙한 존재만이 선(善)을 행할 수 있다"고 하였습니다.

드루워만이 말하는 '공무원'이란 바티칸의 공무원을 말하는 것이지, 신의 공무원을 말하는 것은 아닙니다. '복음서의 공무원'은 상상할 수 없습니다. 오늘날 가톨릭에 있어서의 문제는, 우선시되는 문제가 무엇인지, 복음서의 이야기인지 아니면 교황의 이야기인지를 결정하는 것입니다.

 교황의 이야기를 복음서의 이야기로 여기는 것이 광신(狂信)의 시작 아닐까요?

　광신적이라는 것은 진실을 가지고 있다고 확신하는 것입니다. 광신이란 그러한 확실성 속에 결정적으로 갇혀 있는 것입니다. 따라서 더 이상 의견을 교환할 수 없는 것입니다. 자신의 인간성의 근본적인 것을 잃는 것입니다. 그것은 더 이상 조작될 수 있는 대상이 아닙니다. 바로 거기에 종교의 근본적인 죄가 있습니다. 더 이상 질문을 제기할 수 없는 신봉자가 되는 것입니다. 과학적 태도는 이에 정확히 반대됩니다.

 믿음을 거부함에 따라서입니까?

　'믿음'의 필요성을 이해할 필요는 없습니다. 실존적 고뇌에 대한 대답은 믿음에서 찾아질 수 있는 것이 아니라, 동의하는 데서 찾아지는 것입니다. 개인적으로 나는 2천 년 전 예수라는 사람에 의해 제안된 사회계획에 적극 동의합니다. 그 사람이 '신의 아들'이었던 아니었던 그것은 나에게 그리 중요한 것으로 여겨지지 않습니다. 나는 이러한 신념을 지닌 사람들의 태도를 존중합니다. 그러나 나는 내가 무엇 때문에 그들과 의견을 같이해야 하는지는 모르겠습니다.

　과학적 방법은 그 말을 믿도록 하는 데 사용되지는 않습니다. 과학은 현실에 대해 잠정적으로 설명 가능한 모델을 제안하는 것으로 만족합니다. 그리고 과학은 새로운 정보가 반론을 제기하면 바로 그것을 바꿀 준비가 되어 있습니다. 왜

종교는 그렇게 할 수 없는 것일까요?

Q 왜냐하면 아마도 종교가 진정한 종교가 되기를 포기했기 때문이 아닐까요……. 그리고 도스토예프스키가 이야기한 것처럼 '만일 신이 존재하지 않는다면, 모든 것이 허락될 것'입니다. 믿음이 사라졌을 때의 위험은 이러한 것이 아닐까요? 갑자기 믿음이 사라져 버린 사회에서는 알콜 중독·마약·매춘 등이 오히려 증가하지 않을까요?

도스토예프스키의 이러한 말은 참으로 놀라운 것입니다. 모든 것은 허락되지 않습니다. 왜냐하면 '인간'은 존재하고, 인간은 자신의 미래에 대한 책임이 있기 때문입니다. 신은 인간의 역사 전개에 끼어들어서는 안 됩니다. 그것은 자유를 없애 버릴 것입니다. 결과적으로 인류라는 이 이상한 종(種)의 존재 이유를 없애는 것이겠지요. 당신이 언급했던 폐습들(마약·매춘)은 신이 없는 사회의 특성은 아닙니다. 종교들은 이러한 모든 사회적 모순에 잘 적응합니다.

Q 다시 설명해 주시겠습니까?

하나의 종교는 공동체의 발전에 기여하는 사회적 구조입니다. 종교는 그 발전을 자유화의 방향이나, 또는 그 반대로 억압의 방법으로 진행시킬 수 있습니다. 로마 가톨릭 교회의 역사는, 교회도 역시 시기에 따라 그 태도를 바꿀 수 있음을 보여 줍니다. 그리고 오늘날 고백하건대, 그들의 대립을 정당화하기 위해 —— 진짜 이유는 지배의 욕망이면서 —— 그들 사이에 어느 정도 암묵리에 종교가 사용되고 있는 것은 아닌지 두렵습니다. 종교는 엄숙하게, 그들의 이름으로 행해지는 모든 전쟁이란 진정 신을 모독하는 행위임을 선언해야 할 것입니다.

Q 나는 종교들이 상대방을 관용을 가지고 받아들이지 못하는 것을 해결하기 위한 한 방법으로, 학교에서 중요한 몇몇 종교의 텍스트들을 가르치는 것이 좋지 않을까 생각해 봅니다.

종교의 역사는 인간의 역사의 일부입니다. 이러한 명목에서 보자면, 그것을 가르친다는 것은 분명 필요한 일입니다. 여러 종교에서 성스러운 것으로 여겨지는 텍스트들은 대부분 인류문화의 공동유산에 속하는 걸작들입니다. 모든 사람들이 다른 종교가 지니고 있는 것을 보다 잘 아는 것은 좋은 일일 것입니다. 만일 성서와 복음서·코란이 모든 사람들에게 보다 더 잘 알려졌더라면, 지중해 국민들의 운명은 확실히 달라졌을 것입니다. 이러한 개방의 노력은 지중해 공동체의 우선적인 일 가운데 하나이어야 할 것입니다.

한 가지 주의해야 할 점은, 열렬하게 선전하는 것은 피해야 한다는 것입니다. 이것은 설득시키는 것이 아니라, 정보를 제공하는 것이어야 합니다.

Q 다른 말로 해서, 당신은 종교 텍스트 교육을 지지하시는 군요. 그러나 종교색이 없는 사회라는 제한된 범주에서이지요.

하나의 사회가 다른 종교를 존중해야 한다는 전제하에 다양한 믿음을 허락한다면, 그 사회는 종교와는 무관한 것입니다. 이러한 비종교성은 공동체 생활의 기본입니다. 사람들은 도시 입구에 다음과 같이 써넣어야 할 것입니다. "타인을 존중하지 않는 자는 이곳에 들어오지 말지어다."

Q. 당신은 '믿지' 않으십니다. 그러나 당신은 종교적 믿음을 존중합니다. 예를 들어 당신은 그리스도교적 윤리의 맥락에 있는 형제애와 타인에 대한 존중을 강조합니다. 나는 당신을 그리스도교의 '길동무'라 부르겠습니다. 내가 그 말의 가치를 떨어뜨리는 것이 아니라면 말입니다.

믿는 사람은, 만일 그리스도교도라면 예수가 하나님의 아들이라는 것을 명백한 진실로 여깁니다. 그리고 이슬람교도라면, 코란이 마호메트가 유일신 알라로부터 받은 계시를 집록한 것이라는 바를 진실로 여깁니다. 이러한 이야기들은 분명 증명되어야 하는 것들은 아닙니다. 개인적으로 나는 내가 왜 이것들을 진실로 받아들여야 하는지 알지 못하겠습니다. 그러므로 나는 '믿는 사람'이 아닙니다. 그렇다고 해서 나는 그것들이 거짓이라고 주장할 수 없습니다. 나는 결코 '무신론자'는 아닙니다. 나는 다른 사람들처럼 불가지론자(不可知論者. 사물의 본질이나 실재의 참된 모습을 인식할 수 없다 하여 경험을 초월하는 문제를 배격하는 이론을 말한다)입니다. 다시 말해, 신이라는 단어로 지칭하기에 적합한 것이 무엇인지를 이야기할 수 없음을 알고 있다는 것입니다.

내가 함께 나누고 있지는 못하지만, 나는 그 믿음을 주장하는 사람들을 한없이 존중합니다. 왜냐하면 그것은 그 사람의 가장 내적인 면을, 개인적인 면을 나타내는 것이기 때문입니다. 그들에게 의심을 품도록 하는 것은 내가 아닙니다. 반대로 나는 그들이 행동하기 위해 자신들의 믿음에서 끌어

낸 중요성과, 내가 나 자신의 신념에서 끌어낸 중요성을 비교해 봅니다. 그런데 이것은 거의 대부분 일치합니다. 이처럼 복음서는 '이웃'에 대한 태도를 제안하며, 내가 보기에 그것은 모든 맑은 정신의 소유자들이 취해야만 할 것으로 여겨집니다. 예수가 신의 아들이건 아니건, 나는 그 종교가 제안하는 것에 동의합니다. 이러한 동의가 믿음의 산물이건 아니건, 그것은 중요하지 않습니다.

Q 믿음은 피로하고 실망스러운 때에도 한 번 시작한 일을 계속하도록 하는 동력원이 아닌가요?

확실히 종교적 믿음은 이러한 역할을 할 수 있습니다. 그러나 종교가 유일한 동력원은 아닙니다. 인류 공동체에 속해 있다는 느낌은 —— 그 공동체의 운명은 각 개인에게 달려 있는 것인데 —— 개인적 책임감을 의식하도록 합니다. 우리가 '의식의 공백'을 뛰어넘기에 필요한 근원을 우리 안에서 찾을 수 있는 것은, 바로 이러한 책임감이라는 이름하에서입니다.

Q 종교는 아름다움과 선함에 관심을 기울이도록 하지 않습니까?

사실 역사를 통해서 볼 때, 도덕은 종교에 의해 부과되었습니다. 대부분의 예술 걸작들은 종교적 주제에서 영감을 받았습니다. 그러나 우리는 이것을 원인과 결과의 관계로 생각할 수는 없습니다. 우리가 운명 앞에서 느끼는 번뇌와 공동체 삶의 형태를 세워야 할 필요성들이, 바로 우리가 신들을 상상하도록 하는 것이고, 유일신을 생각하도록 하는 것이며, 윤리학을 세우도록 하는 것이고, 자연물보다 더 아름다운 것을 만들어 내도록 부추기는 것입니다. 아름다움과 선함과 종교는, 종교가 미와 선의 근원이기 때문에 서로 연결되어 있는 것이 아니라, 이 셋이 같은 근원을 가지고 있기 때문에 연결되어 있는 것입니다. 그 근원이란 죽음에 대한 의식이며, 그리고 우리 우주의 공동의 창조자가 되어야 한다는 필요성입니다.

Q. 자신의 종교를 따르고 있는 개방적이고 진지한 젊은이들에게 무슨 이야기를 하시겠습니까?

젊은이들이여, 당신들은 당신 자신의 삶의 형성에 있어서 결정적인 선택을 하여야만 하는 시기에 처해 있으며, 흔히 잘못 만들어진 질문들에 답하도록 강요되는 시기에 처해 있습니다. 교회처럼 일치단결된 공동체에 속하는 것은 당신에게 소중한 도움을 줄 수 있으며, 당신이 방향잡아 나아가고, 성찰하며, 곤경을 피해 나아가는 방법을 제시해 줄 수 있습니다. 그러나 동시에 종교는 당신의 지평을 좁힐 위험도 지니고 있습니다.

이러한 구속적인 면의 장단점을 이해하기 위해서, 우리는 우리의 먼 조상이었던 연체동물 이래로 생명체가 따랐던 두 가지 길을 생각해 볼 수 있습니다. 환경에 잘 적응하기 위해서 동물들은 골격을 세워야만 했습니다. 몇몇 종(種)들은 조직 내부에 뼈를 만들었고, 다른 동물들은 조직 전체를 둘러싸는 딱딱한 껍질을 만들었습니다. 후자의 경우는 분명 효율적이었습니다. 왜냐하면 더 확실히 보호되는 듯이 보였기 때문입니다. 전자의 경우는 생체기관들이 드러날 수 있었는데 말입니다. 그러나 이렇듯 딱딱한 껍질은 변형시키거나 적응하는 것이 불가능하였습니다. 결국 가장 창조적인 진화를 한 것은 가장 보호받지 못한 것으로 여겨지는 종이었습니다.

만일 종교가 당신에게 당신 고유의 선택의 여지를 남겨둔 채 뼈대만을 제공하는 것이라면, 그 종교는 고마운 것입니다. 그 종교는 당신의 도약에 도움이 되는 것입니다. 만일 종교가 당신을 확실성 속에 가두어 버린다면, 그 종교는 당신을 구속할 위험이 있습니다. 하나의 종파만을 받아들이는 희생자가 되지 않도록 주의해야 합니다.

Sagesse(ou philosophie)

지혜, 또는 철학

하나의 사상이 형성되는 것은,
언제나 그 사상이 침잠해 버릴 위험이 있는
관계 속에서이다.
—들뢰즈, 가타리—

Q 한 텔레비전 방송에서(1995년 10월 25일의 '정오의 서클'), 로르 아들러는 블라디미르 잔클레비치(1903-1985, 프랑스의 철학자)가 철학에 대해 이야기하였던 다음과 같은 말을 다시 한 번 언급하였습니다. 즉 "사람들은 그것을 알지 못한 채 행하고 있다"는 것입니다. 이것이 함축하는 바는 모든 사람들이 철학을 한다는 것입니다. 그러나 무대에 있던 모든 철학자들은 이에 동의하지 않았습니다.

모든 정의는 임의적입니다. 특히 그것이 인간의 활동을 분류하고, 그것들 사이에 경계선을 그으면서 정의 내리려 할 때는 그렇습니다. 게다가 지적 활동과 관계될 때는 더욱 임의적이라 할 수 있습니다. 과학 영역에 있어서, 연구 분야의 차이는 그들의 연구 대상에 따라 정의됩니다. 즉 지리학 · 인구통계학 · 천문학 등으로 나누어지는 것입니다. 그래도 역시 공통 영역에 대한 많은 논쟁들이 생겨납니다. 만일 우리가 사전을 따른다면, 철학을 한다는 것은 이성에 의존한다는 것입니다. 이러한 정의에 의하면, 대부분의 지적 활동은 본디 철학적이 됩니다. 잔클레비치가 근거로 삼고 있는 것은 바로 이러한 점에서입니다. 이것은 다시 철학이란 너무나도 넓은 영역을 포괄하고 있어, 그 경계를 정할 수 없다는 것을 받아들이도록 합니다. 왜 아니겠습니까? 어쨌든 그 질문이 나에게는 별 의미 없는 것으로 보입니다. 중요한 것은, 각 개인이 하나의 의견이나 주장을 세울 수 있도록 하는 논리력의 향상을 고무하는 것입니다. 이것이 철학을 하는 것이건 아니건간에 무의미한 논쟁일 수는 없습니다.

반대로 내가 보기에 중요한 것은, 이러한 정신의 훈련이 몇몇 특별한 사람들에게만 국한되어서는 안 된다는 점입니다. 철학을 철학가라 자처하는 사람에게만 남겨두는 것은, 직업적 요리사가 아닌 사람들에게 요리하는 것을 금지하는 것만큼이나 우스운 일일 것입니다.

실제로 모든 사람들에게 매우 유익한 도움이 되는 성찰들을 이끌어 낸 몇몇 학자들에게는 '철학가'라는 칭호가 기꺼이 부여되었습니다. 그러나 그들 자신이 그것을 요구하였던 것은 아닙니다. 아직 이루어지지 않았던 분석이나 개념 들을 제안하는 '철학의 창조자'와, 이와의 만남을 통해 자신들의 지혜를 풍요롭게 하는 '철학의 소비자'를 구분하는 것이 좋을 듯합니다. 교육의 목표는, 다양한 철학학파의 이론을 가르침으로써 유식한 체하는 태도로 궤변을 부리도록 하기보다는, 개인적 성찰을 위한 분위기를 자극하는 것이어야 하겠습니다.

모든 사람들에게 있어서 이성은 귀중한 도구입니다. 이성의 덕택으로 우리는 잘못 형성된 즉각적인 의문(왜 태양은 지구 주위를 도는가?)에서, 대답이 가능한 의문(어떻게 태양 주위에서의 지구의 움직임을 설명할 수 있겠는가?)으로 넘어갈 수가 있습니다. 약간의 상상력으로 맛을 낸 이러한 이성은 대답을 찾을 수 있도록 허락합니다. 만일 그 대답들이 결정적 진실이라면, 철학은 실제로 사라집니다. 그러나 거의 대부분, 그 대답들은 새로운 의문에 이르도록 합니다. 그 대답들은 철학의 활동 영역을 넓히는 데 기여합니다.

Q 오늘날의 철학에 대한 심취현상을 어떻게 설명하시겠습니까? '위기' 의식에서 생겨나는 것인가요?

　우리 사회는 결코 '위기'를 겪지 않습니다. 단지 급격한 변화가 있을 뿐입니다. 우리 사회가 과거와 비슷한 상태로 되돌아가는 것은 있을 수 없는 일입니다. 우리를 안심시키기 위해서 정치인들은 위기를 하나의 에피소드처럼 이야기합니다. 실제로 우리가 겪는 변화는 결정적입니다. 현시기는 정말로 '혁명적인' 시기입니다. 우리 각 개인들은 이것을 혼란스럽게 느끼고 있습니다. 그리고 각 개인들은 매달릴 수 있는 받침대를 찾고 있습니다. 어떤 사람들에게는 유감스럽게도 이러한 받침대가 절대적인 진실을 주장하는 종교의 한 분파입니다. 또 다른 사람들에게 그 받침대는, 자신의 인간으로서의 운명을 받아들이면서 장기간에 걸쳐 이루어 낼 계획을 세우는 것, 즉 실현 가능한 유토피아를 찾으려는 것입니다.

　우리가 이렇듯 급격한 변화를 의식하고 있다면, 우리는 오늘날 언제나 제기되는 의문, 즉 나의 삶의 목적은 무엇인가라는 의문을 피할 수 없을 것입니다. 그 대답을 엮어내기 전에, 이성을 보다 잘 사용할 줄 아는 사람들에게 문의해 보는 것은 위로가 되는 일입니다.

Q 이러한 점에서 볼 때, 철학가와 학자는 동등합니다. 학자들도 역시 개념들을 만들어 내지 않습니까?

20세기는 심도 있게 펼쳐진 '르네상스'의 시기였습니다. 우주를 묘사할 수 있었던 거의 모든 개념들(공간·물질·시간·결정론)은 다시 정의되었습니다. 이것은 인간관계를 묘사하는 것들(삶·자유·계층)까지도 다시 생각케 해줍니다. 이러한 새로운 개념의 완성은, 흔히 학문을 전공하는 연구가들에 의해 이루어졌습니다. 그러나 동시에 철학에서도 행해졌습니다. 예를 들어 아인슈타인이 이야기하였던 시간과 공간의 독립성은 다음과 같은 사실, 즉 빛은 사람들이 재는 척도가 무엇이던간에 같은 속도로 퍼진다는 사실을 확인함으로써 재검토될 필요성을 지니게 되었습니다. 하지만 이러한 문제에 있어서 결정적인 실험을 하였던 마이컬슨과 몰리는, 그들의 실험에만 머물렀을 뿐 더 이상 발전시키지 않았습니다. 그러나 아인슈타인은 하나의 설명을 제안하면서 보다 멀리 나아갈 줄 알았습니다. 그는 철학으로 나아간 것입니다. 그러나 이러한 구분은 하찮은 것에 지나지 않습니다.

Q 어떻게 이 모든 다양한 개념들을 우리의 이해 범위 안에 둘 수 있습니까? (두어야만 합니까?)

처음에 이러한 개념의 변화는 어렵게 받아들여졌습니다. 그리고 우리의 사고 안에 받아들여지기 위해서는 상당한 노력을 필요로 하였습니다. 그러나 새로운 개념이 아직 사고가 굳어 버리지 않은 젊은이들에게 제안될 때는, 그들의 현실 세계관 속에서 쉽게 통합되어집니다. 그러므로 가능한 한 빨리 그것들을 교육 속으로 끌어들이는 것이 필요합니다. 개념의 혁명에 뒤진다는 것은, 전쟁에 뒤지는 것보다 더 극적인 것입니다.

Q '철학적'이라 일컫는 태도는, 우선은 '아니다라고 부정하는' 것입니까? 다시 말해 믿음을, 편견을, 의견을 불신하는 것입니까?

　모든 질문의 재검토는 '아니다' 라는 부정에서 시작합니다. 모든 사람들에게 받아들여지는 의견까지도, 근거가 없는 것이라고 감히 상상해 보아야 합니다. 이렇게 부정해 보는 것은, 흔히 받아들여지는 의견들이 실제로 좋은 것임을 확인해 줄 수 있습니다. 이것은 분명 어느 정도 의심이 가는 수학적 추측이, 어느 날 증명되었을 때의 경우입니다. 이렇게 증명된 것은 정리(定理)가 됩니다. (페르마의 유명한 정리를 예로 들 수 있습니다.) 또는 이전 것과 반대되는 새로운 공식을 만들어 내는 데 이를 수도 있습니다. (이러한 예로는 역시 페르마의 '첫번째 것들'로 여겨지는, 그러나 실제로는 그러하지 않은 숫자들에 대한 주장이 있습니다.)

　실제로 이러한 '부정'은 반대가 아니라, 의문을 제기하는 것으로 여겨져야 합니다. 중요한 점은, 받아들여진 의견 가운데 증명에 의해서가 아니라 단지 믿음에만 의거하고 있는 것들은 물리쳐야 한다는 것입니다.

Q 이러한 것은 볼테르의 마음에 드는 이야기가 되겠군요. 볼테르는 다음과 같이 쓴 바 있습니다. "사람들이 현명해질

수록, 그들은 자유로울 것이다." 이것이 평범한 사람들에게 어떻게 사실이 될 수 있겠습니까? 이것이 어떻게 단지 '좋은 학생들'뿐만 아니라, 일반 학생들에게까지 적용될 수 있겠습니까? 사상의 귀족주의를 옹호하는 몇몇 사람들은, 공업기술학교의 최종학년 학생들에게 철학을 가르치는 것을 그만두어야 한다고 생각하였습니다!

한 개인이 전체 인류와 별개로 떨어져 있다면 어떻게 되겠습니까? 모든 것은 이러한 질문에 대한 대답에 달려 있습니다.

만일 각 개인이 자신에게 부과된 역할을 담당하고 있는 사회 안에서, 단지 생산자-소비자가 되는 것만으로 충분하다면, 자유의 개념은 그 의미를 잃을 것입니다. 각 개인에게는 이 역할을 위해 필요한 정보를 제공하는 것으로 충분합니다. 이로써 그의 시야는 무지의 눈가리개로 가리워질 것입니다. 그는 아무 생각 없이 일만을 계속하는 것입니다. 이것은 올더스 헉슬리(1894-1963, 영국의 시인이자 저널리스트)가 묘사하고 있는, 존재하는 것만으로 만족하는 '입실론(epsilon, 그리스 자모의 다섯번째 글자. 입실론은 수학에서 제로를 향해 나아가는 무한히 작은 수의 상징이다)'의 이상입니다. 이것은 또한 가능한 가장 맹목적인 규율에 그들의 힘의 근거를 두고 있는 군대의 이상이기도 합니다.

그러나 다른 대답에 더 끌리게 될 수도 있습니다. 인류에 속한다는 것은 질문과 대답, 번민, 그리고 우리를 앞섰던 사람들에 의해 조금씩 축적된 계획들을 지니고 있다는 것입니다. 이러한 능력은 우리에게는 매우 소중한 보물창고와도 같은 것입니다. 이것은 각 개인들이 '타인의 시선하에서 스스로가 아름답다는 것을 알도록' 하는 구조를 향해 나아가고 있는, 인류 공동체의 발전과정에 참여하는 것입니다. 모든 공동체의 목표는 타인에 의해서 자기 자신의 구성을 용이하게 하는 것입니다. 이러한 목표는 무엇보다도 교육체계의 목표입니다. 모든 학생들은 인생의 과업을 이루어 나가는 데 있어 도움이 될 지식과 성찰에 대한 권리가 있습니다. 인생의 과업이란, 바로 우리가 되고자 선택한 사람이 되어 나가는 것입니다.

그들이 '나쁜 학생들' 또는 '육체노동에 적합한' 사람이라고 분류되었다는 구실로, 철학처럼 근본적인 지적 훈련에 접근하지 못하도록 하는 것은 인류를 계층으로 분류하는 것이며, 다시 말해 야만성을 받아들이는 것입니다.

Q. '젊은이들을 타락시킨' 책임을 져야 한다고 소크라테스를 사형에 처한 그러한 야만성 말입니까!

'젊은이들을 타락시킨다는 것'은, 소크라테스에 의하자면 사실은 젊은이들에게 이미 만들어진 사회에 들어가지 말고, 하나의 사회를 세우라고 가르치는 것입니다. 이것은 '이미 만들어진 사회'가 매우 소수에게만 자리를 제공하는 오늘날에 특히 그러합니다. 그 사회가 받아들여질 수 없다는 것은 분명합니다. 이것은 타락시키는 것이 아니라, 젊은이들에게 그러한 사실을 이야기할 수 있도록 밝혀 주는 것입니다.

내가 보기에 소크라테스는 비난받을 만합니다. 그는 부당한 판결을 따르지 말았어야 했으며, 독약을 마시지 말았어야 했습니다. 그는 이웃 도시로 피신할 수도 있었을 것이며, 그의 명석한 작업을 계속할 수도 있었을 것입니다. 그것은 자신의 운명을 피하는 것이 아니라, 자신의 운명을 완성해 나가는 일이었을 것입니다.

Q 소크라테스는 역사 속에 현명한 철학자의 모델로 남아 있습니다. 철학을 한다는 것은, 살고 죽는 것을 배우는 것입니다. 스퐁빌 백작은 다음과 같이 이야기하고 있습니다. "사람들은 시간을 보내기 위해서 철학을 하지는 않는다. 사람들은 자신의 육체와 영혼을 구원하기 위해서 철학을 한다." 같은 사고의 맥락에서 잔클레비치는, 철학이 없다면 "이 세계에 영혼이 없을 것이다. 벙어리 상태처럼 될 것이다"라고 이야기하고 있습니다.

우리가 받아들이는 철학의 개념을 가지고 볼 때, 철학을 한다는 것은 삶을 사는 것입니다. 왜냐하면 인간 존재로서 삶을 산다는 것은, 단지 우리의 각 기관들의 신진대사를 원활히 하는 것이 아니라, 우리가 하나의 인격체가 되기 위해 가지고 있는 의식을 이용하는 것이기 때문입니다.

우리 인류가 없었다면, 우리 지구가 '삶'의 탄생의 증인이었을 것입니다. 그러나 이러한 삶에서는 경탄할 만한 것이 거의 없었을 것입니다. 그 삶은 언제나 보다 복잡함을 향해 나아가는 과정의 결과일 뿐입니다. 인간들은 이 과정을, 내일을 상상함으로써 새로운 방향으로 지속시켜 나갔습니다.

Q 숙고해야 하는가, 또는 행동해야 하는가? 우리는 이 가운데서 선택을 해야 할까요?

분명 선택해서는 안 됩니다. 행동에 성찰을 연결시키거나, 또는 성찰에 행동을 연결시켜야 합니다. 성찰은 우리에게 하나의 목표를 정하도록 하고, 행동은 우리에게 그 목표에 가까워지도록, 때로는 그 목표에 도달하도록 해줍니다. 상황에 따라서 이 둘 중의 하나를 강화시킬 필요는 있습니다. 그러나 지속적으로 이 둘 중의 하나가 없이 지낼 수는 없습니다. 마치 우리가 이 둘 중 어느 하나에만 미리 운명지어진 것처럼, 어떤 사람들에게 있어서는 행동의 면만을 강조하고 다른 사람들에게 있어서는 성찰의 면만을 강조하는 것은 매우 위험한 일입니다. 우리가 행동의 필요성을 느낄수록, 우리는 더욱더 성찰을 하도록 노력해야 합니다. 우리가 성찰의 안락함에 유혹당할수록, 우리는 더욱더 행동에 뛰어들어야만 합니다.

Q 칸트에 따르자면, 철학의 네 가지 의문은 다음과 같은 것들이었습니다. 내가 무엇을 알 수 있을까? 내가 무엇을 해야만 하는가? 내가 희망할 수 있는 것은 무엇인가? 인간이란 무엇인가?

알베르 자카르 씨, 당신에게 있어서 오늘날 철학의 의문들은 무엇입니까?

칸트의 의문들 가운데 단 하나만이 나에게는 유효해 보입니다. 즉 내가 무엇을 해야만 하는가라는 의문입니다. 왜냐하면 오늘날 우리는 선뿐만 아니라 악에 있어서도, 거의 모든 것을 할 수 있기 때문입니다. 그러나 누가 선과 악을 구분할 수 있겠습니까? 적어도 다가오는 21세기를 위해 시급한 일은 인류 공동체의 목표를 정하는 것입니다. 이것은 보다 감각 있고 학식 있다고 여겨지는 몇몇 사람들만의 작업이 아닙니다. 이것은 모든 이들의 작업입니다. 내가 앞에서 '윤리의 민주주의'라 부른 것을 자리잡게 해야 할 필요성이 있는 것입니다.

Q 버트런드 러셀*은 1912년 《철학의 문제들》에서 다음과 같이 쓰고 있습니다. "철학적 성찰은 (……) 우리를 단지 이 세상의 다른 사람들과 전쟁관계에 있는 도시의 성벽 속 시민이 아니라, 우주의 시민이 되도록 한다." 당신은 이와 같은 의견에 별다른 이의 없이 동의하십니까?

러셀의 그 책에서, 나는 그가 인간의 신비에 매혹되어 있음을 이해합니다. 인간은 우주에 의해 만들어진 유일한 존재이며, 우주를 자신의 외부로 여길 수 있는 유일한 존재입니다. 오늘날의 과학은 천체물리학과 미립자물리학을 합함으로써, 우리에게 우주란 모든 것이 상호 의존되어 있는 유일한 도시임을 보여 주었습니다. 우리는 이러한 상호 의존에 참여하고 있습니다. 우리는 이러한 시민권을 없앨 수 없습니다. 이와 같은 도시인 우주는 이론상으로 존재하는 모든 것을 포함하고 있는 것으로, 인간과 적대적일 수 없습니다. 왜냐하면 '세계의 나머지'는 없기 때문입니다.

우리는 우주의 시민입니다. 그러나 우리의 상상력은 우리를 이렇듯 거대한 도시 안에 위치시키는 데 문제가 있습니다. 우리의 시선을 제한시키는 것이 효과적입니다. 지구처럼 우리가 살고 있는 지역으로, 유럽이나 지중해처럼 우리가 속해 있는 마을로, 프랑스처럼 우리의 집으로, 우리 지역처럼 우리 방으로 제한시키는 것이 효과적입니다. 우리가 속해 있음을 느끼는 것은, 그 각각의 장소에서 우리가 다른 사람들과 공존할 수 있는 계획을 세우도록 해줍니다.

기 술

중성자 연쇄사슬 반응에
명철성의 연쇄사슬 반응을 대응시켜라.
──아인슈타인 ──

Q 기술은 오늘날 매우 중요한 자리를 차지하고 있어, 흔히 과학과 혼동되기도 합니다. 그리고 아리스토텔레스를 위시하여 많은 철학자들은 과학보다도 기술에 보다 중요성을 부여하였으며, 또한 기술은 인류와 뗄 수 없는 것이라 하였습니다. 당신도 이러한 의견에 동의하십니까?

'기술적'이라는 것은 도구를 사용하는 것입니다. 다시 말해 우리를 둘러싸고 있는 현실의 어떤 요소들을 변형시키는 방법입니다. 사람만이 이러한 도구에 도움을 구하는 유일한 동물은 아닙니다. 어떤 새들은 구멍 속의 애벌레를 찾기 위해 잔가지를 이용합니다. 영장류는 멀리 떨어져 있는 과일을 쳐내기 위해 나뭇가지를 이용합니다. 그러나 이들 중 어떤 동물도 사용할 수 있는 다양한 도구들을 미리 준비해 두지는 않습니다. 예를 들어 침팬지는 구부러진 나뭇가지를 이용해 과일을 따낸 이후, 그 나뭇가지를 던져 버리고는 이내 잊어버립니다. 그 나뭇가지를 나중에 다시 사용할 수 있으리라는 걸 상상하지 못하는 것 같습니다. 실제로 침팬지는 내일을 생각할 수 없습니다.

　도구를 사용하고 기술을 발전시키는 인간의 능력은, 인간이 미래를 고려할 수 있는 능력과 직접적으로 연결되어 있습니다. 이것이 바로 인간에 대해 내릴 수 있는 정의 가운데 하나입니다. 즉 다른 동물들이 과거와 현재만을 아는 데 비해서, 인간이란 내일이 있다는 것을 아는 종(種)이라는 것입니다.

 인간은 어떻게 시작되었습니까? 그리고 언제부터이지요? 호모 파베르는 누구입니까?

　호모 파베르[工作人]는 수백만 년 전에 나타난 것으로 여겨집니다. 이 호모 파베르는 죽은 동물의 고기를 자르고, 또한 그 뼈를 잘라 골수를 꺼내먹기 위해 날카로운 조약돌을 사용하였습니다. 사람들이 조약돌을 발견하는 것으로 만족하지 않고, 보다 날카로운 모서리를 얻기 위해서 서로 부딪칠 때에 그것은 진정한 '기술'이 됩니다. 이러한 활동은 미래를 향해 나아가고 있음을 보여 줍니다. 그때의 활동은 미래의 필요에 의해 정당화됩니다. 호모 파베르가 되기 시작한 것은, 조약돌이 처음으로 다듬어지기 시작하면서부터입니다.

　한참이 지난 후에, 40만 년 또는 50만 년 전경에 사람들은 불을 사용하게 되었고, 모든 동물들이 그렇게도 두려워하는 불을 자신의 동맹군으로 만들었습니다. 이렇게 불을 다루게 됨으로써, 사람들은 조금씩 진정한 산업을 발전시킬 수 있었습니다. 이 모든 기술의 목표는 분명합니다. 즉 그것은 효율성입니다. 이것은 자연이 제공할 수 없는 유용한 재산을 얻는 것과 관계되는 것입니다. 이처럼 불과 관련된 기술들은, 날것으로 먹을 수 없는 고기들을 구워먹을 수 있도록 만들었습니다. 또한 불로 위협함으로써 포식동물로부터도 피할 수 있게 되었습니다. 보다 후에 불은 인간에게 열과 보호만을 제공한 것이 아니라, 광물을 금속으로 만들 수 있는 가능성까지 부여하였습니다. 프로메테우스*의 꿈이 조금씩 실현된 것입니다.

Q 당신은 인간을 해방시켰다고 말하고 싶으십니까?

주위 대부분의 포식동물보다도 훨씬 힘이 약했던 인간은, 이러한 기술적 발전의 덕택으로 자연으로부터 부여받지 못한 힘을 스스로에게 부여하게 되었습니다. 인간은 환경의 구속에 따르기보다는, 그 환경을 변화시킬 수 있었습니다. 얼음 속에서도 이글루를 만들어 냄으로써 따뜻하고 축축한 열대 분위기를 자아냈습니다. 인간은 이렇게 자연의 구속을 쫓아냈습니다. 인간은 진정으로 자유로워진 것입니다.

오늘날 이렇게 환경을 변화시킨다는 것은, 인간이 우주의 그 부분에 있어 공동의 창조주로 여겨질 수 있게 되었다는 것입니다. 예를 들어 우리가 우리의 적들인 바이러스나 천연두 등을 제거하였음을 생각해 봅시다. 그렇습니다. 기술은 자유롭게 해주는 것입니다. 기술은 우리로 하여금 우리 자신을 책임지게 하는 것입니다.

Q 그렇습니다. 그러나 그 반대의 경우도 역시 사실입니다. 기술은 인간을 예속시킵니다.

기계의 리듬이 부과하는 대로 반복적인 행동을 해야만 하는 노동자는, 실제로 그리고 당연히 기술이 그를 예속시키는 것입니다. 그러나 그를 노예로 만드는 것은 기술이 아닙니다. 이것은 인간을 경멸하는 사회에 의해서 이루어진 그 사용법에서 기인하는 것입니다.

Q 기술적 진보는 역행할 수 있는 것입니까?

눈 깜짝할 사이에 시작되어지고 많은 사람들이 배우게 되면, 그것은 기술정보 속에 포함되어 버립니다. 그러므로 기술적 진보는 역행할 수 없는 것입니다. 그렇다고 그것이 운명적인 것은 아닙니다. 하나의 기술에서 다른 기술로의 진행은 인간적 의지에서 기인하는 것이지, 운명에 복종해서 생겨나는 것은 아닙니다. 사람들이 말하듯이 중국 사람들은 화약을 만들었지만, 단순한 불꽃인 대포를 만들지는 않았습니다.

Q 기술의 발전이 도덕적 발전에 기여하지는 않을까요?

기술의 발전은 인간을 구속으로부터 자유롭게 하면서, 점점 더 인간에게 자유로운 시간을 마련해 주었음에 틀림없습니다. 그리하여 인간은 그렇게 얻은 시간을 교류하고, 개인적인 연구를 하고, 공동체 삶의 규칙을 존중하는 데 할애하였습니다. 이는 '도덕적 발전'에 유용할 수도 있는 것입니다. 그러나 그것은 자동적인 결과는 아닙니다. 현재의 서구 사회들은 기술의 발전을 경제적 성공에 사용하였습니다. 하나의 선택이었습니다. 그 결과는 뚜렷이 도덕적 후퇴입니다.

Q 도덕적 후퇴의 표시 가운데 하나로 획일화를 들 수 있지 않을까요? 삶과 개인과 사회방식들의 획일화 말입니다.

20세기 기술적 진보의 결과 가운데 하나는 정보의 즉각적 전파, 생산물의 빠른 전파입니다. 모든 사람들은 같은 사건들에 대한 정보를 얻고, 똑같이 만들어진 물건들에 다가갑니다. 그렇지만 이 사건들이 언제나 가장 중요한 것도 아니며, 그 물건들이 가장 유용한 것도 아닙니다. 커뮤니케이션과 상업의 상호망은 이렇듯 획일화라는 거대 기업을 만들어 내는 주역이 되었습니다. 그 결과는 필연적인 것이 아닙니다. 이것은 지배적 사회, 즉 경쟁을 기초로 한 경제적 메커니즘의 서구 사회를 수용한 결과입니다. 이러한 기술적 수단을 다양성을 유지하는 데 이용하기 위해서는 상상력을 발휘하는 것이 가장 시급합니다.

다시 한 번 이야기하여야겠습니다. 즉 모든 풍요를 '상품화하는 것'은, 오늘날의 인류에게는 과일 속의 벌레와 같은 것입니다. 다행스럽게도 그 반작용이, 특히 젊은이들 사이에서 일어나고 있습니다. 그들은 직업적 성공보다는, 행복에 대해 기꺼이 이야기하고 있습니다.

Q 당신 의견에 따르자면, 가장 절박하고 가장 큰 위험은 무엇입니까? 환경 파괴? 매스미디어(텔레비전·컴퓨터·미니텔 등)? 유전자 '조작?' 우생학? 인공임신?

당신이 언급한 모든 위험들은 참으로 심각한 것들입니다. 어떤 것이 더 절박하다고 말하는 것은 불가능합니다. 핵분쟁은 내일이라도 터질 수 있고, 며칠 안에 인류 전체를 사라지게 할 수도 있습니다. 환경을 존중하지 않는다면, 이 지구는 수 세기 또는 수십 세기 안에 살 수 없는 곳이 되어 버리고 말 것입니다. 그리고 직접적으로 접촉하지 않는 여러 커뮤니케이션 수단을 다양화시키는 것은, 사람과 접촉하려는 생각을 없애 버릴 수 있습니다. 유전적 조작은 '규격화된' 인류, 자신의 진정한 동력을 잃어버린, 즉 인간의 다양성을 잃어버린 인류를 만들어 냅니다.

이러한 위험 앞에서, 인류의 미래를 위한 목표를 정하는 것이 그 어느 때보다도 필요합니다. 이러한 결정은 인류 모두에 의해 이루어져야만 할 것입니다. 여기에 '윤리의 민주주의'의 필요성이 있는 것입니다.

우리는 최근 몇십 년간, 기술에 대한 우리의 태도에 있어서 급격한 변화를 겪었습니다. 철학자 프랜시스 베이컨(17세기)에게 있어서 기술의 목표는 가능한 모든 것을 실현하는 것이었습니다. 반대로 알베르트 아인슈타인은 "하지 않는 것이 차라리 나은 일들이 있다"라고 하였습니다. 이것은 어느 날 저녁 히로시마에서 터져 나온 외침이었습니다. 이는 기술적 진보를 더 이상 진보의 구성 요소로 생각하지 않는 것입니다. 무엇보다도 우리가 어떻게 사용할지를 선택해야만 합니다.

Q 가장 눈부신 최근의 진보 가운데 하나는 컴퓨터의 발견입니다. 사람들은 흔히 컴퓨터가 '똑똑하다'고 말합니다. 이에 대해 어떻게 생각하십니까?

이 질문에 대답하기 위해서는, 똑똑하다는 정의에 대한 의견이 일치해야만 합니다. 내가 보기에 그것은 단지 이해하고, 기억하고, 논리적으로 추론하는 능력만은 아닙니다. 그것은 또한 감정을 느끼고, 희망 또는 고뇌를 느끼며, 미래를 상상하고, 자기 자신을 알아내는 능력입니다. 이것은 그 어떤 로보트도 할 수 없는 것입니다. 사람은 컴퓨터에게 "나는 당신을 사랑한다"고 말하도록 가르칠 수는 있습니다. 그러나 사람이 컴퓨터에게 사랑하는 것을 가르칠 수는 없습니다.

Q 우리는 기술에 막대한 자리를 내어주는, 그러나 기술을 천시하는 역설적인 사회 속에 살고 있습니다. 당신 의견에 따르자면, 진정한 기술적 문화는 존재하는 것입니까?

　나는 지적인 노동과 육체노동의 어리석은 구별을 싫어합니다. 사람이 생각한다는 것은 자신의 몸 전체를 가지고서입니다. 뇌로 인하여 사람은 자신의 손을 잘 쓸 수가 있는 것입니다. 개인적인 사고에 접근하기 위해서는 많은 방법이 가능합니다. 인간 조건을 성찰하기 위해서 어떤 사람들은 몽테뉴의 《수상록》에 빠져들 수도 있고, 다른 사람들은 산 속을 오래 산책할 수도 있으며, 또 다른 사람들은 돌림판이나 프레이즈 위에서 금속판을 변형시키는 수도 있습니다. 나는 '기술적 문화'라는 용어를 별로 좋아하지 않습니다. 우리의 먼 선조들의 문화 요람기는, 도구를 만들어 내는 것이었음을 생각하도록 합시다.

Q 그렇다면 당신은 아리스토텔레스와 의견을 같이하시겠군요. 아리스토텔레스는 "인간이 지혜로운 것은 손을 가지고 있기 때문이 아니라, 인간이 가장 지혜롭기 때문에 손을 지닌 것이다"라고 이야기하였습니다.

　나는 아리스토텔레스의 그러한 이야기를 알지 못합니다.

그러나 나는 앞부분에서 비슷한 대답을 한 적이 있습니다. 우리의 손은 그 손을 지배하는 지혜가 있기 때문에 일을 할 수가 있는 것입니다.

Q 몇몇 사람들은 노예제도를 폐지하게 된 것은, 도덕적 성찰에 의해서가 아니라 기술적 발전에 의한 것이라고 이야기합니다. 즉 동력의 힘이 '흑인'을 대신하였다는 것이지요.

노예란 많은 일들을 해내야 하는 문제를 가장 쉽게 해결할 수 있는 한 방법입니다. 과거의 문명은 노예 없이 지낼 수가 없었을 것입니다. 노예 없이 그들은 피라미드를 세울 수 없었을 것입니다. 그것은 반드시 인류의 재앙은 아니었을 것입니다. 노예제도를 없애게 된 것은, 자연이 제공하는 에너지를 다루게 됨으로써 용이해졌습니다. 그러나 '흑인들'을 해방시키는 데는 인간에 대한 어떤 개념을 기초로 한, 어떤 의지가 역시 필요하였습니다.

Q 요약해서 말하자면, 만일 내가 당신의 이야기를 잘 이해하고 있는 것이라면, 당신은 과학에서 기술을 분리시키기를 거부하는 것처럼 문화에서 기술을 분리시키는 것을 거부하시는군요.

우리 주위에서 일어나는 현상을 이해하는 것은 기술적 진보에 있어서 필요한 일입니다. 기술적 진보는 이러한 이해를 발전시키는 실험을 가능케 합니다. 과학과 기술은 서로 어깨를 나란히 합니다. 그것들은 서로에게 종속된 것이 아닙니다. 서로의 도움으로 진보하는 것입니다. 과거에는 한 연구가가 개념을 생각해 내고, 이 개념의 유효성을 밝힐 수 있는 실험을 할 수 있었습니다. 예를 들어 파스칼은 자연현상에서 기압을 생각해 내고, 생-자크 탑과 퓌-드-돔이라는 둥근 지붕 꼭대기에서 자신의 실험도구들을 가지고 상승실험을 하였습니다. 오늘날에는 문제의 복잡성과 실험도구의 복잡성으로 인해, 대부분의 연구들이 각각의 전문가들로 구성된 팀에 의해 이루어집니다. 그러나 기계를 조종할 줄 아는 사람과 새로운 실험을 제안하는 사람을 구분하는 것은 기만적인 일입니다.

Q 그러면 기술과 예술의 관계에 대해서는 어떻게 생각하십니까?

화가와 조각가는 매우 전문화된 기술자들입니다. 미켈란젤로는 기술자처럼 여겨졌습니다. 레오나르도 다 빈치는 라 조콘다(모나리자)의 초상화만큼이나 새로운 기계의 발명에도 열정을 기울였습니다. 이러한 활동은 창조하려고 노력할 때, 특히 미의 감정이 끼어들 때 예술이 됩니다.

우리는 어떤 예술작품이 무용하다고 말할 수는 없습니다. 물론 예술작품은 인체의 물리적 필요에 부응하는 것을 가져다 주지는 못합니다. 그러나 예술작품은 그것을 만든 이와, 그것을 감상하는 사람 사이의 커뮤니케이션 수단이 됩니다. 예술작품은 가장 특별한 인류의 요구, 즉 공동체 삶을 사는 데에 부응하는 것입니다.

이론과 경험

난관에 봉착하면서만이
과학적 인식의 문제를 제기하게 된다.
——바슐라르——

Q. 우리가 추상과 구상을 대립시키는 것처럼, 이론과 경험을 대립시켜야만 할까요? 이러한 대립은 검증되어져야만 할까요?

이론과 경험이란 우리를 둘러싸고 있고, 우리가 그 일원으로 있는 이 세계를 이해하려는 우리의 욕망—— 아마도 그것이 인간의 본성 아닐까요——에서 기인되는 똑같은 사고과정의 교차되는 두 면입니다. 출발점은 다음과 같은 사실의 확인에서, 즉 예를 들어 빛이 나는 공 모양의 것이 하늘로 올라갔다가 떨어지는 사건이 규칙적으로 일어난다는 사실에서 시작됩니다. 그리고 나서 다음과 같은 의문이 생겨납니다. 즉 오늘 보았던 이 공 모양의 것은 어제와 같은 것인가 하는 것입니다. 그 대답은 임의적인 것입니다. 우리는 그것이 매번 새롭다는 것을 받아들일 수 있고, 그것은 다음과 같은 부조리하지 않은 이론에 이르게 합니다. 즉 아마도 신(神)과 같이 알지 못하는 어떤 힘이 밤 사이에 이 공 모양의 것을 만들어 매일 아침 하늘에 던진다는 것입니다. 그 대답은 매우 만족스럽기 때문에 의문은 거기에서 멈춥니다. 우리는 또한 다른 이론을 받아들일 수 있습니다. 즉 이 공 모양의 것은 언제나 거기에 있다는 것입니다. 이 경우에는 새로운 의문, 즉 그렇다면 밤 동안에 그것은 어디에 숨어 있는가라는 의문의 답을 찾아야만 합니다. 왜 아침마다 그것은 되돌아오는 것일까요? 왜 그것의 운행은 1년을 통해서 변하는 것일까요? 가장 잘 받아들여지는 이론은 가장 많은 질문에 대답할 수 있는, 그러므로 가장 많은 경험에 의해 설명되는 이론입니다.

이러한 사실들은 이론이 발전함에 따라 다르게 분석 지각됩니다. 왜냐하면 우리는 눈으로 세상을 바라다보는 것이 아니라, 개념을 가지고 세상을 바라다보기 때문입니다. 이것이 바로 근본적인 점입니다. 우리의 눈은 어느 정도 에너지를 가진 광자[1]를 받아들입니다. 이것을 통해 태양의 개념을 만들어 내는 것은 바로 우리의 뇌입니다. 그리고 그 외양이 매우 다름에도 불구하고, 태양을 다른 것들 가운데 하나의 별로 받아들이는 것도 우리의 뇌입니다. 사실 그 자체만으로만 이루어지는 관찰은 없습니다. 우리의 감각과 성찰, 경험과 이론간의 관계에서 이루어지는 확인만이 있을 뿐입니다.

---

1) 광자(光子, photon)란 빛의 특별한 quanton(양자물리학에서 다루어지는 물질로 미립자반응, 또는 파동반응을 나타낸다)으로, 전자기의 상호 작용을 전달한다.
2) 데카르트, 《형이상학적 성찰 *Méditations métaphysiques*》(두 번째 성찰).

Q 그렇다면 당신은 경험론과는 반대로 데카르트[2]의 이론에 동의하시겠군요. 그는 그의 유명한 밀랍 조각 분석을 통해 다음과 같이 이야기하고 있습니다. 즉 내가 보고 느끼는 밀랍이 녹아서 색깔도 형체도 처음의 냄새도 없는 물질로 변하였을 때, 그것이 밀랍이라는 것을, 처음의 것과 같은 밀랍이라는 것을 알 수 있기 위해서는, 내가 그것을 '생각하고' 그것을 '보는' 것만으로는 충분치 않다는 것입니다. 왜 경험만으로는 충분치 않을까요?

녹은 밀랍이 굳은 밀랍과 '같은' 것이 아니라는 바는 분명합니다. 그런데 이를 같은 밀랍이라고 단언하면서 당신이 말하려는 것은 무엇입니까? 이 둘의 구성 성분은 같습니다. 변화한 것은 이 구성 성분간의 전체적인 상호 작용입니다. 이러한 구성 성분과 상호 작용의 개념들은 우리가 이론을 위해 준비하는, 예를 들어 분자이론을 위해 준비하는 개념들입니다. 응고 또는 융해된 밀랍처럼 서로 다른 것을 모두 '밀랍'이라고 부르는 것은, 그것들의 차이를 무시하려는 정신적 활동에서 기인하는 것이며, 그리고 우리의 추상화시키는 능력을 통해 우리가 그것들의 공통적인 점에 우위를 부여하는 데서 기인합니다.

폴 클로델의 용어에 의하자면, 인식(connaissance)이란 '동시에-탄생하는 것(co-naissance)'입니다. 그것은 탄생입니다. 이것은 이 세상에서의 나의 탄생 —— 그 세상이란, 내가 그 세상을 이해해 나아감에 따라서 그 안에 끼어 들어가게 되는 데 —— 이며 동시에 접근할 수 없는 현실의 은유적인 세계, 즉 오늘날의 우리의 표현에 따르자면 하나의 모델이 내 안에서 탄생하는 것입니다. 이러한 두 종류의 탄생은, 우리의 감각에 의해 얻어진 사실에서 출발하여 이성의 작업을 통해 도달되는 것입니다.

우리가 개념을 만들어 내는 것은 바로 이러한 과정을 통해서입니다. 우리의 이러한 생각의 결과와 우주가 스스로 우리에게 주는 정보를 비교해 보면, 우리는 그 사이에서 이상한 일치를 확인할 수 있습니다. "항상 기적이 있지는 않았다는 것이 바로 기적이다"·"우주는 이해할 수 있다는 것이 바로 이해할 수 없는 점이다"라고 푸앵카레와 아인슈타인은 말하였습니다. 그렇습니다. 우리의 논리와 자연현상간의 일치는 거의 완벽한 것처럼 보입니다. 그러나 그것은 아마도 임의적인 것이고, 동어반복의 결과일 뿐입니다.

Q. 이성은 자기 자신이 만들어 내는 것밖에는 볼 수가 없지 않습니까? 현실은 존재하지 않는 것 아닙니까?

이성이란 이론을 세우기 위해서 감각들이 가져오는 것들을 독점합니다. 이론이란, 다시 말해 겉보기에는 아무런 관계가 없는 사실들을 통합해서 설명하는 것입니다. 사과의 추락은 하나의 사실입니다. 태양 주위에서의 지구의 움직임은 하나의 이론으로, 그것을 증명하기 위한 것들을 모음으로써 하나의 사실이 되었습니다. 이성은 사과뿐만 아니라 행성에도 유효한 설명, 즉 일반 중력을 제안하기 위해 이 모든 것들을 독점하였습니다. 어느 날 보충적 사실(수성 궤도의 거대축의 움직임)이 일반적인 이론에 어긋나는 날이 옵니다. 이렇게 실제에 반대되는 것이 새로운 일반이론, 즉 '상대성이론'의 근원입니다.

Q 무엇이 과학적 사실과 '자연적' 사실을 구분합니까? 코페르니쿠스가 이야기하기 이전에도 지구는 태양의 주위를 돌았습니다. 사람들이 그것을 알아내기 이전에도 이러한 사실은 존재하였던 것 아닙니까?

하나의 사실은 그것이 인간의 의식 속에 들어가지 않았을 때에만 '자연적인 것'으로 남습니다. 그것이 인간 사고의 대상이 되는 순간부터, 그것이 만일 몇몇 규칙들에 부응한다면 '과학적'이라 불릴 수 있는 조작의 대상이 됩니다.

Q 어떠한 규칙들 말씀이십니까?

하나의 개념은, 만일 그것이 이전에 정의된 개념들과 연결되고 정확히 정의될 수 있다면 과학적인 것이 됩니다. 예를 들어 '힘'이란 질량, 또는 가속도의 개념과 연결된 과학적 개념입니다. 반대로 지혜, 또는 아름다움의 개념은 과학적인 것이 아닙니다.

하나의 가정은 개념들간의 관계를 제안하는 것입니다. 그 가정은 하나의 이론을 세우는 데 기여합니다. 그 이론이 사실들과 맞아떨어진다면, 그 이론은 과학적이 되는 것입니다.

Q 다시 말하여 이론이 사실들을 예견할 수 있다면 말입니까? 자연이 규칙을 따른다고 가정하는 것입니까?

우리는 수학적 공식으로 표현된 다양한 매개변수간의 관계를 '법칙'이라 일컫는 습관이 있습니다. 가장 고전적인 예는 뉴턴*의 법칙으로서, 뉴턴은 두 물체간에 나타나는 끌어당기는 힘을 그것들의 질량과 거리에 연결시켰습니다. 마찬가지로 멘델의 법칙은, 한 커플의 후손들에게서 나타나는 다양한 유전자형[3]의 빈도를 정의하였습니다. 그리고 하디-바인베르크의 법칙은, 유전자형의 빈도와 전체 인구의 유전자 빈도간의 관계를 나타내는 것입니다.

이러한 '법칙'이라는 용어는 법률적 태도에 의거하고 있으며, 사물들이 자연의 결정에 따르고 있다는 인상을 줍니다. 법칙을 명확히 해주는 수학적 형식은 재판에 의해 내려진 결정처럼, 어떻게 달리 해결될 수 없는 것처럼 여겨집니다. 실제로 이 법칙들은 현실을 묘사하기 위해 채택된 개념들의 필연적이고 논리적인 결과일 뿐입니다.

예를 들어 멘델이 기여한 바는 대학입시 수험생들이 배워야만 하는, 그 유명한 비율에 있는 것이 아닙니다. 그의 공헌은 각 형질의 이중의 유전적 조정장치라는 개념 속에서 찾아지는 것이며, 생식세포[4]가 생산되는 때에 유전자는 무작위적으로 분배된다는 개념 속에서 찾아지는 것입니다. 여기에서 언급된 비율들은 몇몇 가정들의 결과입니다.

법칙을 참고함에 있어서 가장 큰 위험은, 실제 세계를 현상들의 무질서한 집합으로 여기는 것입니다. 그 현상들 각각은 기능을 나타내는 작은 표시를 지니고 있습니다. 과학은

---

3) 유전자형(genotype)이란, 한 개인이 지니고 있는 유전적 물질의 총체로서 유전 형식을 나타내는 것이며, 이는 수정시에 결정되는 것이다.

4) 생식세포란 남성인지 여성인지를 결정하는 세포로서, 그 세포의 핵은 각 쌍에서 단 하나의 염색체만을 포함한다. 그리고 이것은 반대되는 성의 생식세포에 합쳐질 수 있지만, 혼자서는 증식될 수 없다.

이러한 표시를 열심히 해독하는 것일 뿐입니다.

우주의 심오한 통일성은 다락방 속의 낡은 물건들만큼이나 다양한 고물 뒤에 숨어 있습니다. 얼마나 많은 학생들이 우주에서 일어나는 모든 사건들 전체가 근본적인 네 가지 상호작용 안으로 귀착될 수 있다는 것을 이해할 수 있을까요? 밝혀진 모든 법칙들은 복잡하게 뒤얽힌 작용들의 결과일 뿐입니다.

마지막으로 '법칙'이라는 단어는, 사회과학에서는 흔히 마치 개념적 빈곤을 가리기 위한 누더기 겉옷처럼 사용되었습니다. 이 단어는 환상일 수밖에 없는 과학처럼 보이게 합니다. 외국인을 거부하는 것은 '관대함의 한계의 법칙'에 의해 정당화되었습니다.

'법칙'이라는 단어는 법률가들만이 사용하고, 과학에서는 그 단어의 사용을 피하는 것이 좋은 언어사용법일 것입니다.

Q 이것은 결과적으로 결정론을 재검토하도록 합니까?

결정론이란, 우주의 사건들은 언제나 같은 원인에서 같은 결과가 생겨난다는 가정을 말합니다. 이러한 가정 없이 과학은 거의 불가능합니다.

그러나 어려운 점은 이런 '원인들'을 충분하게 정확히 묘사할 수 있느냐는 것입니다. 몇몇 과정들에 있어서는, 처음의 조건들에 너무 민감하다 보면 장기 예측을 하지 못하게 됩니다. 뉴턴의 인력에 따르고 있는 삼체운동에 대한 푸앵카레의 정리가 바로 이러한 예입니다. 더구나 문제가 되고 있는 그 원인들은, 그 자체의 성격 때문에 주어진 순간의 우주상태에 대해 정확하게 묘사할 수 없게 됩니다. 파동현상의 경우가 바로 그러한 예입니다. 그러므로 결정론적 시각을 개연적 시각으로 대체시킬 수밖에 없습니다.

Q 이를 위해서는 경험을 통해 확인해 보는 것이 필수적입니다. 그렇다면 과학은 현실과 어떤 관계를 지닙니까?

자연이 우리에게 자연스럽게 제시하는 현상들을 관찰한 총체인 경험(expérience)과, 우리가 원하고 조정한 조건들을 따르게 할 때의 현실 세계의 반응을 관찰하는 실험(expérimentation)을 구분해야만 합니다.

모든 경우에 있어서, 이러한 관찰에 의거하지 않는 이론은 현실과 조화된다고 주장할 수 없습니다. 그것은 믿음의 대상이지 이성의 대상이 아닙니다.

Q 당신은 과학적 진실을 다음과 같이, 즉 경험에 의해 확인된 이성적 이론이라고 정의하시겠습니까?

'진실'이라는 단어는 특히 수학자들에 의해, 자신들의 이야기가 현실 세계와 부합된다는 것을 확인하기 위해 사용된 것이 아니라, 자신들의 추론과정에는 어떠한 실수도 들어 있지 않다는 것을 확인하기 위해서 사용되었습니다. '진실'은 '거짓'의 보충적인 것처럼 보입니다. 우리는 괴델 이래로 이 두 용어, 즉 '진실'과 '거짓' 사이에 끼여 있는 세번째 범주가 '결정 불가능'이라는 것을 알고 있습니다.

Q 증명이란 무엇입니까?

하나의 이론이 '증명'되는 것은, 그 이론에서 생겨나는 추론이 경험들 또는 실험들과 일치할 때입니다. 그러나 이러한 증명이 의미 있는 것은, 아직 더 남아 있는 다른 관찰들을 해야 한다는 조건하에서입니다.

Q. 당신 의견에 따르자면, 20세기의 가장 뛰어난 학자는 누구입니까? 가장 큰 발견은 무엇입니까? 진정 '혁명적인 것'은 무엇입니까?

가장 위대한 사람들은 개념을 새롭게 한 사람들 —— 아인슈타인*·푸앵카레·보어*·하이젠베르크·크릭*과 웟슨*·프리고지네* 등—— 그리고 인류의 명석함을 더욱 발전시킨 사람들 —— 오펜하이머*·로스탕*·바슐라르* 등—— 입니다.

진정한 혁명은 물질의 성질에 관한 재검토(양자물리학), 시간의 성질에 관한 재검토(좁은 범위의 상대성, 그 다음은 일반 상대성), 엔트로피에 관한 재검토(산만한 구조), 생명에 대한 재검토(복잡성) 등입니다.

Q. 철학자로서 당신은 어떤 '믿음'을 권장하십니까?

내가 이야기할 수 있는 유일하게 확실한 것은 다음과 같은 것입니다. 즉 '내가 믿는' 것은, 우주란 실제로 하나의 실체라는 것입니다. 비록 그 실체가 증명될 수는 없다 하더라도 말입니다.

그 나머지로는, 내가 생각하기에 '믿는다'는 단어는 포기하여야 할 것입니다.

 인식의 진보를 방해하는 믿음·의견·사상 등은 어떤 것들입니까?

　종교와 과학의 대립은 종교의 역할에 대한 잘못된 생각에서 기인하는 것입니다. 종교는 그 어떤 진실을 우리에게 믿도록 만들어야 하는 것이 아니라, 인간사회를 발전시킬 수 있는 계획을 우리에게 제안해야 할 것입니다. 과학은 우리들의 현실 이해에 대한 요구를 만족시켜야 하며, 채택된 계획이 잘 진행되도록 도와야 할 것입니다. 방향을 잡는 운전대가 앞으로 나아가도록 하는 모터와 어긋나지 않는 것처럼, 종교와 과학은 서로 투쟁상태에 있는 것이 아닙니다.

노동

인생에 있어서 가장 중요한 것은
직업의 선택이다.
——파스칼——

Q 노동이라는 용어는 매우 다양한 의미로 끊임없이 사용되어 왔습니다. 그 중에서 당신은 어떤 의미를 택하시겠습니까?

우선 그 단어의 정의에서부터 시작해야겠습니다. '노동'이라는 단어는 매우 애매합니다. 노동이라는 단어는 기쁨과 권위를 줄 수 있는 선택된 행동을 지칭하기도 하며, 또한 육체뿐만 아니라 정신까지 소진시키는 강압된 행동을 지칭하는 데도 사용됩니다. 한 단어를 두고서 우리는 완전히 반대되는 상황을 뒤섞어 놓고 있습니다. 그 단어가 들어 있는 문장들은 진짜 덫이 될 수 있습니다. 어원적으로 노동은 '고문(tripalium)'입니다. 신학자들에게 있어서 노동은 신의 저주입니다. 경제학자들에게 있어서 노동은 최고의 선으로 각 개인은 자기의 몫을 가져야만 하며, 가난한 실업자는 유감스럽게도 가지지 못하는 것입니다. 이러한 일치되지 않은 의미들 앞에서, 그 단어에 부여된 의미를 선택하는 것이 필요합니다.

내가 보기에 '노동'이라는 단어에서 연상되는 모든 것들을 포함시키는 것이 좋은 방법일 듯합니다. tripalium이라는 단어는, 동물이나 사람을 고문하기 위해 앉혀 놓는 삼각 의자를 말합니다. 고문이라는 말을 쓰지 않더라도 '노동'은, 만일 우리가 이러한 정의를 받아들인다면 고통의 원천이며(직역하면 노동중인 여자란, 산고의 진통중인 여자를 말합니다), 또한 지나친 피로의 근원입니다. 노동은 육체적으로, 또는 정신적으로 사람을 소진시키는 것입니다. 공동체 조직의 목표는 가능한 한 이 노동을 줄이는 것입니다.

이렇게 노동을 줄일 수 있는 효과적인 방법 중의 하나는 노예에 의존하는 것입니다. 노예란 진정한 인류의 일원은 아니라는 전제하에서 말입니다. 많은 사회들은 논리의 엄격함을 지녀야 하는 이러한 허상에 의존하였습니다. 이러한 극단에까지 가지는 않더라도, 인류는 여러 범주로 분류될 수 있다고 생각하는 사회들이 있습니다. 그들은 '선천적 형질'에 의해 다른 운명을 지니게 된다고 생각하는 것입니다. 예를 들어 과거 유럽에서는 귀족을 푸른색 피로, 평민을 붉은색 피로 구분하기도 하였습니다. 평민은 일을 '하기 위해' 태어났다는 것이고, 귀족은 일을 하면 그들의 위치를 더럽히게 된다는 것이었습니다.

사람들이 이러한 이중성을 인정하지 않게 된 이래로, 그리고 인류 전체의 평등성을 받아들이게 된 이래로 이와 같은 허황된 생각은 사라졌습니다. 그리고 이와 함께 전체 인구로 볼 때, 단지 일부의 사람에게만 이러한 노동-고통을 면제해 주는 가능성도 사라졌습니다. 모든 사람들에게서 이것을 면제해야만 합니다.

생존하기 위해서는 재산과 양식과 주거와 난방이 지속적으로 공급되어야 합니다. 이것을 얻기 위해서는 자신의 시간 가운데 일부를 여러 활동에, 매우 힘들며 '노동'으로 여겨질 수도 있는 활동에 할당해야만 합니다. 그러나 근본적으로 이 활동들은, 신석기 시대 이전의 사람들에게는 필요한 물질들을 얻기 위한 근원이었을 뿐만 아니라, 그것이 유발하는 교환과 연관된 공동체적인 만족의 근원을 이루는 것이었습니다. 사냥과 채집을 하던 사람들에게는, 4인 가족의 가장이었을 경우 7일 중 이틀만 먹을 것을 찾으러다니면 그것으로 충분하였습니다. 나머지 시간은 자유로웠습니다. 그러므로 노동의 개념은 상상할 수 없었습니다.

농업과 목축이 생겨나면서 모든 것이 변하였습니다. 들판을 가꾸어야만 하였고, 수확물들을 저장하고 보호해야만 하였습니다……. 이러한 데서 새로운 활동의 개념이 생겨났으며, 그것은 매우 힘든 것이었고, 또한 전쟁처럼 목숨을 건 위험을 내포하는 것이기도 하였습니다. 이것을 정당화시키기 위해서 인간은 이 노동이 전지전능한 힘에 의해 부과된 운명적인 것이라고, 즉 저주라고 상상하기에 이르렀습니다.

노동은 저주도 의무도 아닙니다. 인간의 의무는 인격의 형성에 참여하는 것입니다. 이를 위해서는 물론 생명을 보존해야 하고, 우리의 신진대사를 계속해서 유지시킬 수 있는 양식과 에너지·안전 등이 확보되어야만 합니다. 만일 이러한 것들이 노동 없이도 얻어질 수 있는 것이라면, 노동은 실제로 의무가 됩니다. 그러나 만일 운 좋게도 이러한 것들이 자연에 의해 주어진다면, 또는 많은 부분들이 기계에 의해 이루어질 수 있다면, 우리는 인간이 왜 일을 해야만 하는지 알지 못할 것입니다.

일을 한다는 것이 인류에 속할 수 있는 근본 요소로 여기는 것은, 나에게는 좋지 않은 것으로 보입니다. 우리는 어느 정도 의식적으로 노동-고통과 정신적 부담을 더는 행동을 혼동하였습니다. 관대함·헌신 등은 노동의 용기보다 고상한 태도입니다.

Q 당신은 노동이 사회의 도덕성을 보장해 주는 것처럼 찬미하시지는 않는군요. 나는 특히 비시 정권(제2차 세계대전 때 프랑스 남부에 있는 비시를 수도로 한 프랑스의 친독일 정권)을 회고하며 찬미하는 자들을 생각하게 됩니다.

실제로 노동을 찬미하는 것은, 전체주의 정부를 위해서는 질서를 유지하기에 좋은 방법입니다. 시민들은 노동을 하는 동안은 기본적인 문제들에 대해 스스로 의문을 가져 보거나, 또는 정부에 질문을 제기해 볼 여유를 지니지 못하며, 또한 질문해 볼 가능성조차 가지지 못합니다. 사람들은 한가로움이란 모든 악의 어머니라고 이야기합니다. 그러나 과도한 노동은 모든 복종의 아버지입니다.

노동의, 거의 종교적이라 할 수 있는 이러한 역할을 부정하는 것은 게으름에 대한 변명이 아닙니다. 노동을 하지 않는다는 것이 활동을 하지 않는다는 것은 아닙니다. 그것은 교류하고, 만나고, 혼자서 또는 여럿이서 생각을 나누고, 읽고, 듣고, 창조하기 위해서 시간을 이용하는 것입니다. 이러한 의미에서 볼 때, 가르치는 사람은 결코 '노동하는 것'이 아닙니다. 배우는 사람도 마찬가지입니다. 그러나 그 활동은 그들을 매우 피곤하게 할 수 있습니다. 이것은 양립될 수 없는 것이 아닙니다.

　필요한 물건을 만들어 내면서 노동의 양을 줄이는 것은, 우리의 창조적 상상력의 커다란 성공 가운데 하나처럼 여겨질 수 있습니다. 이러한 노동량의 감소가 실업의 근원이 된다는 것은, 우리의 사회구조가 기본적으로 실패하였다는 신호입니다. 실업에 대한 진정한 처방은 사람들을 위한 일들이 있는 것이 아니라, 각 개인들에게 사회 안에서의 자리를 마련해 주어야 한다는 것입니다.

Q 프로이트는 다음과 같이 이야기하고 있습니다. 즉 문명이란 "권력과 강제권의 수단을 어떻게 사용할지를 이해하고 있는 소수집단에 의해서, 완강하게 반항하고 있는 대다수에게 부과된 그 어떤 것"이라 하였습니다. 당신도 이러한 프로이트의 의견에 동의하십니까?

　이상적으로 이야기하자면, 문명이란 열광적인 대다수에 의해 회의적인 소수에게 부과되어져야 합니다. 이를 위해서는 부과하는 사람들의 목표가 권력이어서는 안 됩니다. 우리는 이 점에 있어서 경쟁, 즉 지배와 권력을 위한 투쟁이 우리 문화에 있어 그 얼마나 음험하고 치명적인 독약과도 같은 것인지를 생각해야 합니다.

Q 실제로 힘 있는 자들과 부유한 자들[1]은, 언제나 다른 사람들의 노동력을 사용하고 있습니다.

　노예제도보다 더 효율적인 것은 아무것도 없습니다. 이것은 적어도 노예가 아닌 사람들에게는 모든 이익이 달려 있는 보물창고와도 같은 것입니다. 소수를 위하여 이렇듯 많은 사람들을 착취하는 것은 인류 역사상 불가피한 과정이었고, 그것은 또한 실현되었습니다. 그러나 오늘날에 있어서는 그러한 노예화의 흔적들을 찾아보아야만 합니다. 이는 서구의 기업들에 의해 지방색이 사라져 가는 제3국가에서 일하는 어린 아이들의 운명을 생각해 보는 것으로도 충분합니다.

Q 노동이 생산적인 활동이라면, 우리가 그것의 권리를 회복시킬 수 있을까요?

회복시켜야 하는 것은 노동이 아니라, 인간에게 필요하고 유용한 것을 생산해 내는 활동입니다. 이러한 생산적 활동은 매우 다양한 형태를 취할 수 있고, 여기에서 교환의 필요성이 생겨납니다. 그 교환활동은 공통의 척도로 잴 수 없는 활동에서도 이루어집니다. 즉 한 사람은 피자를 공급하고, 다른 한 사람은 빵집 아이를 교육합니다. 한 사람은 구두를 수선하고, 다른 한 사람은 구두 수선공 아이를 치료합니다.

경제학자들에 의해 범하여진 사악한 실수는 다음과 같은 질문을 제기하는 것입니다. 즉 피자 몇 개가 이 어린아이를 가르칠 만한 '값어치'를 지니는가, 또는 몇 개의 새로운 구두

---

1) 니체는 《여명》에서 다음과 같이 이야기하고 있다. "사실상, 오늘날 사람들은 노동 —— 이 말은 언제나 아침부터 저녁까지 하는 힘든 노동을 가리킨다 —— 이란 가장 좋은 경찰 기능과 같다고 느낀다. 경찰 기능이란 각 개인들을 굴레로 얽어매고, 이성과 욕망·취향·독립심이 발전하는 것을 강력히 구속하려는 것이다."

밑창이 이 어린아이를 치료하는 것과 같은 값어치를 지니는
가 하는 것입니다. 이에 대답한다는 것은 이러한 모든 생산물
들에, 즉 하나는 물질적이고 다른 하나는 비물질적인 이 모든
것들이 공통의 척도를 가질 수 있다고 가정하는 것입니다. 이
를 받아들인다는 것은, 내가 보기에는 야만성으로 되돌아가는
것입니다.

만일 내가 당신이 생각하고 있는 노동을 잘 이해하고 있는
것이라면, 당신은 그 노동의 반대를 여가나 한가함으로 여
기고 있지는 않으시군요.

'여가' 나 '한가함' 이라는 단어는, 때로는 경멸적인 의미를
내포합니다. '자유로운' 시간에 대해 이야기하는 것이 더 나
을 터입니다. 즉 자신이 선택하는 활동에 참여하기 위한 각
개인들의 취향을 말합니다. 이러한 시간의 개인적 관리는 매
우 어린 학생들에게도 가르쳐지고 제안되어져야 합니다. 그
러한 실험이 이루어졌습니다. (영국의 서머힐 학생들과 몬트
리올의 조너선 학교 학생들에게) 이러한 실험이 보여 주는 것
은, 자신의 학업관리에 스스로 책임지도록 지도한 학생들이
주어진 시간표 틀 속에서 공부하는 학생들보다 적어도 빠른
진척을 보인다는 것입니다.

우리의 의식이 깨어 있는 삶에 있어서 중심 문제는, 자연
이 우리에게 부여한 시간을 잘 다루는 것 아니겠습니까? 1백
년이라는 삶은 단지 30억 초밖에 되지 않는다는 것을 잊지
맙시다. 무의미한 일들에 시간을 잃지 말아야 할 충분한 이
유가 아니겠습니까.

Q 학교에 적용시킨 당신의 노동 개념은 어떤 결과에 다다릅니까? 이러한 생각을 바탕으로 한다면, 우리는 여전히 학생들이 충분히 일하지 않는다고 비난할 수 있습니까?

나는 단지 학생들이 그들의 시간을 하찮은 일로 낭비할 때에만 비난할 것입니다. 그들의 공부에 대한 목표는 시험을 준비하기 위함도 아니며, '현실적 삶'으로 들어가기 위한 것도 아닙니다. 사실상 그들은 이미 현실적인 삶 안에 있는 것입니다. 학생들은 그들의 인성이 가장 빠른 리듬으로 구성되는 시기에 있습니다. 그들의 지능은 아직도 많은 흥미있는 영역들을 받아들일 수 있습니다. 그들에게 있어서 중요한 것은, 너무 이르게 또는 너무 늦지 않게 이러한 영역을 탐구하는 것입니다.

그렇습니다. 그들의 미래가 문제인 것입니다. 그들의 직업적 미래가 아닌 그들의 개인적 미래 말입니다. 유일하게 가치있는 고뇌는 다음과 같은 것입니다. 즉 삶이 부여한 이렇듯 이상한 선물을 가지고 내가 무엇을 할 것인가라는 것입니다.

철학가들은 몇 세기 전부터 이 문제를 숙고하였지만 대답을 찾을 수 없었습니다. 우리가 오늘날의 젊은이들에게 그 대답을 하도록 강요할 수는 없는 일입니다.

그러나 그들은 재구성되는 사회에 들어갈 기회가 있습니다. 그들은 학교에서 배운 방법들을 적용해야만 하는 것이 아니라 60억, 또는 70억의 사람들과 함께 사는 새로운 방법을 고안해 내야 하는 것입니다. 내일 앞에서 어떻게 '의욕을 잃을 수' 있겠습니까.

Q 젊은이들은 현재의 상황을 염려합니다. 일도 아니고, 수입도 아니며, 사회에서의 '위치'도 아닙니다. 어떻게 우리는 그들이 비관주의나 절망에 빠지지 않도록 도울 수 있겠습니까?

삶이란 (더 이상) 주사위가 던져지는 대로 한 칸 한 칸 움직이는 놀이가 아닙니다. 그 칸들은 아직 결정되지 않았습니다. 주사위는 하얀색 면만을 가지고 있습니다. 결정하는 것은 주사위가 아니라 개개인의 인간들입니다. 산다는 것은, 모든 사람이 의미 있는 인간이 되는 공동체의 모험에 참여하는 것입니다.

유토피아

부도덕한 날들의 시인은 좋은 날들을 준비
하러 옵니다. 시인은 유토피아의 사람입니다.
즉 발은 여기에 두고, 눈은 저 먼 곳에
두고 있는 것입니다.
——빅토르 위고——

Q. 유토피아라는 용어는, 1516년 토머스 모어(1477-1535, 영국의 정치가이자 인문주의자)에 의해 그리스어의 '아니다 (ou)'와 '장소(topos)'를 조합하여 창출해 낸 합성어로서 어느 곳에도 없는 곳, 아무 데도 없는 곳을 말합니다. 《유토피아》라는 제목이 붙여진 그의 저작은 국가의 좋은 조직들을 그리고 있습니다. 철학에서의 유토피아는 사실 이상적 사회를 그린 것입니다. 이미 플라톤의 《국가》에서 사람들은 유토피아적인 사고의 한 형태를 찾았습니다. 이러한 이론적인 유토피아들이 당신이 보기에는 유용하고 필요한 것으로 여겨지십니까?

우리가 여러 차례 확인하였던 것처럼, 우리 인류의 특성은 내일이 존재한다는 것을 아는 것이며, 따라서 그 미래가 어떻게 될지, 어떻게 될 수 있을지를 상상하고자 노력한다는 것입니다. 예견한다는 것, 카산드라(트로이의 왕 프리아모스의 딸로 트로이의 함락을 예언하였으나, 아무도 그녀의 예언을 믿지 않았다)처럼 한다는 것은 숙명에 빠져드는 것입니다. 즉

마치 내일이란 이미 씌어진 대로 이루어진다고, 그저 기다리
기만 하면 된다고 생각하는 것입니다. 계획을 세운다는 것,
우리의 소망에 적합한 미래를 그린다는 것은, 이와는 반대로
오늘에서 내일로 지나감에 있어서 우리가 사건 흐름의 방향
을 잡을 수 있으리라고 생각하는 것입니다. 유토피아가 없는
사회는 소극적인 사회, 아직까지 진정 인간적이지 못한 사회
입니다. 모든 인류 공동체는 자신들의 목표를 공표해야만 하
고, 그 목표에 가까워질 수 있는 방법을 채택하기 시작하여
야 합니다.

유토피아는 멀리 떨어져 있는 별로서, 사람들은 그 별을
향해 나아가기 위하여 방향을 결정합니다. 이것은 그저 기다
려야 한다고 주장하는 것이 아닙니다. 그 빛의 매혹에 충실
해야 된다는 것입니다. 그 빛이 안개 속에서 겨우 분간할 수
있을 정도일 때도 말입니다.

어떤 사람들에게 있어서 이상향은 반발적인 것입니다. 이
상향은 현실의 거부이며, '섬들' 속으로 피난하는 것입니
다. 이상향은 사회를 변형시킬 수 있는 활동을 억제시킵니다.

만일 우리가 유토피아를 꿈꾸는 것만으로 만족한다면, 또
는 마치 사물들의 힘이 필연적으로 사람들에게 유토피아를
가져다 줄 것처럼 이야기한다면 그러한 위험성은 사실이 됩
니다. 만일 그 유토피아에 다가갈 수 있는 즉각적인 행동이
동반되지 않는다면, 유토피아는 약해지며 변화를 위한 힘을
잃어버립니다. 수동적이기를 요구하던 유토피아적 태도의 극
단적 예는 19세기 교회의 태도로서, 그 당시 교회는 무참히
착취당하는 노동자 계급에게 인내하라고 가르쳤습니다. 이

땅에서 받는 고통은, 그들이 죽은 후에 천국의 문을 열어 주게 할 것이라고 하면서 말입니다. 이러한 '유토피아'는 실제로 반발적인 것입니다.

반대로 인간에 의한 인간의 착취가 사라지는 사회를 꿈꾸는 사람들의 이야기는 역동적인 것입니다. 왜냐하면 그 이야기는 이러한 이상적 상태에 다가갈 수 있는 길을 제안하고 있기 때문입니다. 유토피아에 대한 묘사가 변화의 한 요소일 수 있기 위해서는, 그 유토피아가 적어도 언젠가는 실현될 수 있는 것처럼 그려져야 합니다. 더 이상 전쟁을 하지 않는 국가들로 구성된 하나의 유럽이 1945년에는 유토피아였습니다. 그러한 유럽을 실현시키기를 원했던 사람들은, 대중들에게 전쟁이란 분쟁의 거짓해결책이라는 것을 보여 줄 수 있었습니다. 그렇게 불필요한 고통 앞에서 의기소침해하는 국민들의 도움으로, 그들은 유럽 연합을 자리잡게 할 수 있었습니다. 이러한 예는 오늘날 지중해 문화 공동체의 이상향을 위해 힘쓰는 사람들에게는 격려가 되는 것입니다.

마르크스는 '유토피아적 사회주의'에서 평등하고, 조화롭고, 우애 있는 사회에 대한 푸리에(1772-1837, 프랑스의 사회이론가)와 생 시몽(1760-1825, 프랑스의 사회개혁가)의 계획을 다루고 있습니다. 그렇지만 이것은 결코 이상적인 사회가 아니지 않습니까?

많은 용어들이 그러하듯이 명사에서 형용사로 넘어갈 때는 의미의 변화를 가져옵니다. 유토피아는 실현될 수 있는, 그러나 아직 실현되지 않은 계획으로 여겨질 수 있습니다. 하지만 '유토피아적'이라는 것은 공상적인 것, 상상적인 것, 불가

능한 것을 의미합니다. 마르크스가 유토피아적인 것으로 생
각했던 것은, 푸리에와 생 시몽에 의해 제안된 사회주의 형
태였을 뿐 그들이 추구했던 형제애를 이룩하려는 목표는 아
닙니다.

Q 모든 유토피아는 낙원을 땅 위에 내려오도록 하는 것 아닙
니까? 인간에게 해가 되는 일들을 줄이려 노력할 것이 아
니라, 인간에게 행복을 가져오는 것들을 찾는 편이 더 합리적이
지 않겠습니까?

　나를 혼란스럽게 하는 것은 행복이라는 단어입니다. 이 단
어는 정치적 영역이나 공동체 영역에서는 너무 많이 사용하
지 않는 편이 차라리 나을 듯합니다. 그 단어의 의미는 풍족
함, 즉 얻어질 수 없는 것인 끝이 없는 시간을 내포하고 있
습니다. 죽음은 필연적으로 모험의 끝입니다. 자연이 우리에
게 부과하는 구속들 가운데 죽음과 같은 몇몇 것들은 치명적
입니다. 그것들은 언제나 각 개인들의 삶의 여정의 요소들입
니다. 그러나 이것들 앞에서 우리는 투쟁할 수 있고, 때로 승
리를 거두기도 합니다.

　어린아이들의 병에 대한 투쟁은 거의 완벽한 승리의 가장
좋은 예입니다. 1세 이전에 2명 중 1명의 아기가 목숨을 잃었
던 것에 비해, 오늘날 선진국에서는 1백50명당 1명꼴의 사망
률을 보이고 있습니다. 매해 1백만 명씩을 죽음으로 몰아갔던
천연두 같은 병은 물론 확실하게 뿌리뽑혔습니다. 우리는 고통
을 약화시키는 효과적인 방법들을 고안해 냈습니다. 그러나
그 혜택을 받는 인류의 범위는 매우 제한되어 있습니다.

　'행복'은 많은 사건들에 좌우됩니다. 모든 이들에게 행복을

약속하는 것은 어마어마한 거짓말일 것입니다. 적어도 우리가 모든 이들에게 약속할 수 있는 것은, '불행'에 대항해 투쟁할 수 있는 방법들을 제공할 수 있다는 것이 아닐까요. 질병 앞에서의 평등, 이것이 진정 실현 가능한 유토피아입니다.

니체에게 있어서 철학자는 내일의 사람입니다. '오늘의 이상'을 거부하는 자이며, 유토피아를 가꾸는 자입니다. 실제로 철학자는 있는 그대로의 것들을 거부합니다. 그는 의심하고, 만들어 내고, '시도합니다.' 철학자는 위험을 감수하고, 머리를 혼란시키는 질문을 제기합니다. 당신도 어느 정도는 철학가가 아니신가요?

이러한 정의를 가지고 볼 때 각 사람들은 어느 정도는, 또는 꽤 많이 철학가라 할 수 있습니다. 사람에게 있어서 존재한다는 것(être)이란 무엇이 된다는 것(devenir)이며, 그것은 필연적으로 미래에 대해 질문하게 합니다. 그런데 이러한 미래는 아직 어떠한 존재도 없습니다. 그것은 만들어 나가는 것입니다. 나 자신에 의해서 말입니다.

조금 더 이야기해 봅시다. 내일이란 현재의 상태에 대한 불만족으로 다른 것을 상상하도록 하는 것입니다. 만일 이 상상의 세계에 나만이 관련된 것이라면, 그것은 유토피아와 관계된 것이 아니라 개인적 꿈과 관계된 것입니다. 예컨대 많은 금액의 복권에 당첨된다면 우리의 삶이 어떻게 될지를 생각하는 것은 유토피아가 아닙니다. 그것은 단지 미래의 가능성 가운데 가장 있음직하지 않은 것 중의 하나를 생각해 보는 것입니다. 유토피아란 필연적으로 인류 공동체를 내포합니다. 그 목표는 정확히 이 공동체의 일원들이 서로 엮어 나가는 관계들입니다.

사실 이 관계들은 지배와 배타심과 경멸을 기초로 하여 만들어질 수 있습니다. 히틀러의 천년제국도 역시 유토피아였습니다. 한 집단의 절대적 지배권과 '아리아인'의 신화와 다른 모든 사람들의 억압을 기초로 한 유토피아였습니다. 이러한 극단까지 가지 않더라도 우리는 질서와 조직, 규율과 군대조직 같은 편성을 중시하는 유토피아를 상상할 수 있습니다. 이것은 무엇보다도 자신들의 안락함과 평안·안전을 걱정하는 사람들이 꿈꾸는 것입니다. 이런 사람들은 불행히도 많이 있습니다.

그러나 다행스럽게도 그들은 감히 그들의 선택을 공포하지 못하고, 가장 대담한, 일반적으로 가장 관대한 이상주의자들에게 말을 하도록 내버려둡니다.

Q. 당신은 당신의 저작 속에서 우리들 삶의 양식의 피할 수 없는 변화에 대해, '필요 불가결한 유토피아'에 대해 말씀하셨습니다. 이것은 당신에게 있어서 결국은 사그라져 버린 꿈 아닙니까? 왜냐하면 당신이 생각했던 변화는 실현 불가능하기 때문입니다.

오늘날 유토피아를 추구하는 것은 명철함의 결과입니다. 20세기말인 현시점에 있어서, 우리는 이 작은 행성 위에서의 인간들의 삶의 모든 조건들이 변하였다는 것을 확인하였습니다. 인류의 수는 1백 년 전 이래로 4배나 증가하였으며, 곧 배는 더 증가할 것입니다. 이러한 인구의 대륙별 분포는 오늘날의 분포와 완전히 다를 것입니다. 라틴아메리카 인구는 2배, 아프리카 인구는 거의 3배에 달할 것입니다. 그들이 환경을 변화시키는 힘은, 지구의 물리적 특성을 돌이킬 수 없이 변화시키는 상태에까지 도달하였습니다.

우리가 지구에서 재생산될 수 없는 자원들의 소비를 끊임없이 증가하는 것은, 우리를 집단적인 자살로 몰아갈 것이 분명합니다. 현재의 속도로 나간다면, 우리는 지구가 몇억 년에 걸쳐 쌓아 놓은 석유를 한 세기 이전에 다 써버릴 것이 확실합니다. 그렇습니다. "끝난 세상의 시간이 시작된다." 나는 1945년 이래로 폴 발레리가 한 이 말을 생각하였습니다. 이러한 증거보다 더 찾아내야 하고, 더불어 살 수 있는 새로운 방법을 정의 내리도록 시도해야 합니다.

18세기는 철학이 우세하던 세기였습니다. 19세기는 산업이 맹위를 떨친 세기였고, 20세기는 경제 우위의 세기입니다. 이제부터는 21세기가 무엇일지를 선택해야만 합니다. 야만성이 승리할 것인지, 아니면 '인간성'이 승리할지를 선택해야만 합니다.

진 리

만일 단 하나만의 진리가 있다면,
사람들은 같은 주제를 가지고
1백여 점의 그림을 그릴 필요가 없을 것이다.
―― 피카소――

Q 진리만큼이나 애매한 단어도 없을 것입니다. 사람들은 진정한 것, 진실된 이야기, 진짜 진주…… 등에 대해 이야기합니다. 그리고 흔히 사람들은 현실과 진리를 혼동합니다. 이러한 혼란을 밝히는 데 약간의 도움을 주시지 않겠습니까.

하나의 '사물'이란, 우리가 속해 있는 현실 세계의 요소들 가운데 하나입니다. 우리가 이것에 접근할 수 있는 것은 언제나 부정확하고 의심스럽기까지 한 우리의 감각이라는 중재를 통해서이며, 우리의 지적 활동이 우리에게 허락하는 추론을 통해서입니다. 그것은 그 전체로 볼 때는 접근 불가능한 것입니다. 우리가 그것에 대해 알고 있는 것은 필연적으로 불완전한 것입니다. 만일 그것들이 그 사물을 확인할 수 있는 성격에 부응한다면, 우리는 그것들을 '진리'라고 이야기할 수 있습니다.

'지구가 둥글다'는 것은, 인공위성에서 바라본 모습을 통해 우리가 진리라고 여길 수 있도록 확인된 이야기입니다.

그러나 그것은 우리의 감각에 의한 것도, 단지 논리적 추론에 의한 것도 아닙니다. 오늘날 위성에서 찍힌 사진들은 우리에게 실제로 이러한 둥근 형태를 보여 줍니다.

'지구가 태양의 주위를 돈다'는 것은, 오랫동안 단순한 논리적 추론으로 남을 것입니다. 이와 같은 이야기는, 그것이 우리가 할 수 있는 관찰들 중 다른 어떤 것과도 반대되지 않는다는 의미에서 진실입니다. 이것은 우리가 행성의 움직임을 설명하기 위해, 우리의 지식을 통해 구성한 모델의 일부입니다. 이것은 그 모델 안에서는 진실입니다.

역으로 다음과 같이 단언하는 이야기도 있습니다. 즉 '여기 진짜 진주가 있다'는 문장은, 진짜(vrai)라는 형용사를 완전히 다른 의미에서 사용하고 있습니다. 사람들은 여기서 진주를 임의적으로 두 범주로 분류하고 있습니다. 그 진주가 생겨난 방식에 따라 진짜와 가짜로 분류하는 것입니다. 이러한 이야기는 의미가 없습니다. 그리고 '진주'라는 범주 안에서의 구분이라는 것을 염두에 두고서만 진짜인지 가짜인지를 이야기할 수 있는 것입니다.

현실이란 우리가 우리 주위의 것들에 대해 내리고 있는 하나의 가정입니다. 이러한 가정은 편리하기는 하나 필요한 것은 아닙니다. 언제나 내가 생각하는 현실만이 유일한 것이라는 유아론〔실재하는 것은 자아뿐이며, 타자는 자아의 관념 또는 자아에 대한 현상에 지나지 않는다는 이론〕적 태도에서 멈추어 버릴 가능성이 있습니다.

만일 내가 현실 세계가 존재한다는 것을 받아들인다면, 나는 바로 이 현실에 의해 나타나는 성격에 부응하는 속성들에 관하여 단언할 수 있습니다.

그러나 이러한 진리는, 나의 불완전하고 부정확한 감각에
의해서 나 자신은 희생될 수 있다는 환상에 따르는 것입니
다. 내가 발전시킬 수 있는 논리를 생각할 때에는 완전히 다
른 성질의 진리가 끼어듭니다. 이러한 경우에 감각은 끼어들
지 않습니다. 이것은 이미 선험적으로 제기되어 있는 덧셈
규칙의 적용과 같은 경우입니다. '2+2=4'는, 내가 수학의
규칙을 적용할 때에는 진리인 것입니다.

 동굴의 비유를 통해, 플라톤은 감각의 환상이라는 문제를
이야기하였습니다. 이 유명한 이야기를 당신은 어떻게 생
각하십니까?

동굴의 비유[1]는 감각의 속임수를 언급하고 있는 것입니다.
플라톤 이래로 우리는 감각을 확장시킬 수 있게 되었고, 어
떠한 동물도 접근하지 못했던 것들, 즉 멀리 있는 은하계나
또는 바이러스 등을 '볼 수' 있게 되었습니다. 우리의 현재
에 대한 재현은 완전히 변하였습니다. 우리가 사물들을 분류
하는 범주는 뒤죽박죽이 되었습니다. 예를 들어 '살아 있는
존재'라는 범주는, 요즈음은 외적인 행동보다는 DNA 분자

---

1) 플라톤, 《국가》(제7권). 이것은 다음과 같은 비유로, 즉 해석하
고 해독해야 한다는 것이다. 한낮의 빛도 동굴 속에는 희미하게만
스며 들어온다. 우리는 사물의 외양에만 사로잡혀 있는 죄수들인
것이다. 즉 우리는 습관적으로 눈속임하는 영상만을 취한다. 다시
말해 현실에 있어 물질적이고 가시적인 세계만을 택하는 것이다.
인식이란 정신적 전환이며, 관념적 세계를 향한 등반이다. 이렇게
함으로써 정신은 그를 가두고 있는 감각적 세계, 육체적 세계에서
돌아서는 것이다.

의 존재를 말하는 것이 되었습니다. 우리는 우리를 얽어매고 있는 사슬에서, 우리를 벗어나게 하는 방법을 알고 있습니다.

그렇다고 해서 우리가 바라다보기만 하면서 현실을 상상할 수만은 없습니다. 하이젠베르크는 우리 의식의 넘어설 수 없는 한계를 표현하면서, 동굴의 신화를 다시 썼습니다. 우리는 '사물들'을 인식하려는 연구에서, 이 '사물들'에 접근할 수 있는 방법에 대한 연구로 넘어가야 합니다.

그는 이보다 더 나아가 우리에게 사물들의 존재보다 더 근본적인 현실, 즉 그 사물들이 변하는 과정을 그려 보여 주었습니다. 그는 우리에게 이 과정이 엄격하게 결정된 것을 따르는 것이 아니라, 많은 불확정성이 개입된다는 것을 보여 주었습니다. t 순간의 상태는 t+1 순간의 상태를 결정지어 주지는 않습니다. 우리는 우리의 동굴 속에 묶어 놓은 것들, 우주의 잘 숨겨진 비밀을 밝힐 수 있게 되었습니다. 동시에 탄생한다는 게임은 규칙을 바꾸어 놓았습니다. 우리는 더 이상 자신의 모습만을 반영하려는 우주에 태어나려 하지 않습니다. 우리는 우리가 모을 수 있는 단편적인 정보들을 통해서, 우리 안에서 우주의 모델이 생겨나도록 합니다.

Q 실재입니까, 보여지는 것입니까? 진리는 어디에 있습니까? 모델인가요, 또는 복사인가요? 감각적 현실인가요, 또는 현실에 대한 (논리적·합리적) 담화인가요? 한편에서는 존재이고, 다른 한편에서는 언어인 이중의 계획입니까?

내가 나의 실재(être)를 전하는 것은, 보여지는 것(paraître)에 의해서만이 이루어질 수 있습니다. 그러나 묘사할 수 있는 감각의 도움으로, 나는 정보를 전할 수 있는 또 다른 성

격의 전달망인 언어라는 체제를 덧붙일 수 있습니다. 웃음이
나 얼굴을 찡그리는 것으로 나는 호의나 화나는 것을 표시할
수 있을 뿐만 아니라, 또한 단어들로써 그 감정의 이유와 내
용을 표현할 수 있습니다.

이 언어 역시 감각과 마찬가지로 속임을 당할 수 있다는
문제가 남습니다. 특히 언어는 근본적으로 애매한 것입니다.
문장의 내용, 그 문장이 전하려는 정보는 필연적으로 대화자
에 의해 해석됩니다. 나는 기껏해야 그것에 다가가도록 노력
할 수 있고, 그것들을 여러 각도로 고찰하고 부분적인 사고
들을 다시 검토하도록 노력할 수 있습니다.

Q 그러나 무엇이 이러한 진리를 보장합니까? 그 증거는 무엇
입니까? 신인가요? 인간의 이성인가요?

다음의 두 경우를 구분해야만 합니다. 처음부터 게임의 규
칙이 정해져 있는 닫힌 전체 안에서 전개되는 추론의 경우,
즉 수학의 경우와 외부 세계처럼 열린, 경계를 정할 수 없는
전체에 속한 것에 관계된 확언의 경우입니다.

첫번째 경우에 있어서는, 받아들여진 규칙들을 존중함으로
써 그 공식의 진실성이 보장됩니다. 이러한 확인은 때로는
즉각적이며, 때로는 전문가들에 의해서 행해지는 긴 시간을
요하는 작업일 수 있습니다. 예를 들어 페르마*의 한 유명한
정리(定理)는, 그 논리과정에 있어서 하나의 실수를 확인하기
위해 몇 달에 걸친 수학자들의 작업을 필요로 하였습니다.
그 정리는 다시 세워졌고, 마침내 정확한 것이 되었습니다.
만일 그것이 정확하다면, 우리는 페르마의 정리가 '진리'를
표현하는 것이라 말할 수 있습니다. 그것을 보증하는 것은

인간의 이성입니다.

두번째 경우에 있어서, 양자물리학의 경우는 진리를 말하려 들지 않고 근사치에만 만족해야 한다고 우리에게 가르치고 있습니다. 지금 이 순간 이 미립자를 어디에서 찾을 수 있을까요? 라는 질문이 있습니다. 우리가 '진리'를 규정하기 전에는, 어떠한 대답도 주어질 수 없습니다. 이러한 진리가 접근할 수 없는 것이기 때문만이 아니라, 그 질문이 의미가 없는 것이기 때문입니다. 위에서 언급하였던 미립자는 파동 같은 것을 가지고 있고, 공간 전체에서 찾아볼 수 있는 것입니다. 더구나 우리는 이 공간 안에서 그 존재 가능성의 빈도를 평가할 수 있습니다.

'진리'라는 용어는, 결국 여기에서 아무런 의미가 없습니다. 우주가 그 자신에 대해 우리에게 보내기를 원하는 정보와, 우리들이 확언하고 있는 것 사이의 일치를 확인하는 것으로 충분합니다.

역으로 만일 우리가 신(神)을 끌어들인다면 모든 것은 명확해집니다. 신에 의한 계시에 부합되는 것은 진리이기 때문입니다. 더구나 이 말을 직접적으로 들어야만 합니다.

Q 그렇다면 당신은 진리에 대한 전통적인 정의에 반대하지 않으시는군요. 그 정의란 현실이 정신과 합치된다는 것입니다.

현실이 존재한다는 것은 편리한 가정입니다. 그러나 이러한 현실은 부분적으로만 도달될 수 있습니다. 그리고 그 한계는 명확한 것처럼 보입니다. 내가 보기에는 존재하는 모든 것을 '현실'이라 지칭하고, 그 전체 중에 우리가 실질적으로 접근할 수 있는 요소들로 이루어진 부분을 '알려진 현실'이라 지칭하며, 인류가 그 연구를 마치는 날 밝혀질 수 있을 요소들로 이루어진 부분을 '접근할 수 있는 현실'이라 지칭하는 것이 좋은 방법일 듯합니다.

현실의 '자연 그대로의 진리'는, 근본적으로 임의적인 것인 우리의 개념 안에서는 있을 수 없는 것입니다.

Q 그렇다면 상대적이고 복수적인 진리의 개념을 대체할 수 있는, 유일하고 절대적인 진리의 개념을 포기해야만 하는 것 아닙니까?

아마도 유일하고 절대적인 진리가 있을 것입니다. 그러나 그것은 나에게는 중요하지 않습니다. 왜냐하면 나는 그것을 알려는 것을 단념해야만 하기 때문입니다. 중요한 것은 우리의 이야기에 내재된 진리입니다. 나는 결정적으로 너무나도 많은 환상을 가지고 있는 '진리'라는 용어를 포기하고, '논리적 일관성(cohérence)'이라는 단어를 쓰기를 선호합니다. 왜냐하면 마지막 분석에 있어서는, 논리적 일관성이라는 기준 이외에는 다른 것이 없기 때문입니다. 그것들은 추론과정의 다양한 단계를 밝혀 주는 논리에 의해 주어지거나, 또는 하나의 가정과 실험에 의해 얻어진 정보를 대조해 보는 경험에 의해서 우리에게 주어집니다.

Q 그렇다면 객관성(objectivité)이란 무엇입니까?

'객관적'이라는 것은, 정해진 논리적 일관성의 기준에 따르기를 받아들이는 것입니다.

Q 그렇다면 진리의 반대는 무엇입니까?

진리의 반대는, 이 앞에서 언급되었던 (일관성) 기준들에 어긋나는 모든 이야기들입니다.

Q 그렇지만 실수란 진리의 정복에 있어서 필요한 단계 아닙니까? 우리는 그것을 바슐라르*에게서 읽을 수 있습니다.

여기에서도 역시 그것이 추론에 관계된 것인지, 현실의 인식에 관계된 것인지에 따라 두 대답이 있을 수 있습니다.

수학에 있어서, 실수는 진리를 향한 하나의 단계는 아닙니다. 반대로 진리처럼 보이지만 사람들이 아직도 증명할 수 없는 이야기들에 있어서는, 실수의 단계는 유용한 것입니다. 최근에 밝혀진 페르마의 정리가 바로 그러한 경우이며, 또는 골드바흐[1690-1764, 독일의 수학자]의 가설(모든 짝수는 처음의 두 수의 합계로 분해될 수 있다)이 바로 그러한 경우입니다.

반대로 현실에 다가가려 할 때에는, 가정을 하는 것이 필요합니다. 이러한 가정들은 잘못된 날들을 폭로하고, 현실에 대한 질문을 제기하도록 허락합니다. 연구자는 탐정과 같은 위치에 있다고 하겠습니다. '진리'를 말하도록 하며, 언제나 고문하는 것도 거부하지 않습니다.

Q 진리의 정복에 있어서 '방해'가 되는 것은 무엇입니까? 의견인가요? 인식의 부족입니까? 미신적 행위인가요, 또는 믿음인가요?

첫번째 장애는 선입관입니다. 우리는 흔히 우리가 볼 준비가 되어 있는 것만을 볼 줄 압니다. 연구가의 근본적인 자질은, 자신이 잘못을 저지른 것을 받아들일 수 있는 능력입니다.

이러한 선입관들은 그것들이 무의식적인 것만큼이나 해로운 것입니다. 그 선입관들은 우리가 다시는 문제삼지 않는 증명들에 속하는 것입니다. 이러한 의미에서 '의견'이란 실제로 하나의 장애입니다. 그것은 '최초의 진리'들의 묶음, 다시 말해 비평 없이 받아들여진 이야기들입니다. "최초의 진리들의 비가 내린다. 우리들의 붉은 앞치마를 열자"라고 누가 이야기하였습니까?

어쨌든 진리를 지니고 있다고 주장하는 사람들은, 그 진리를 향해 나아가기를 포기한 사람들입니다. 진리는 소유되지 않습니다. 그것은 찾아집니다. 다행스럽게도 말입니다. 행복은 샘에서 물을 마실 때 있는 것이 아니라, 샘에 다가갈 때 있는 것입니다.

종교는 계시된 이야기에 의존함으로써, 이 길에 있어 장애가 되는 것입니다. 계시의 개념은, 우리가 그 큰 피해를 알고 있는 교조주의(사실적 검증 없이 사물을 설명하고, 또는 신봉하려는 맹목적 태도)로 직접 이끕니다.

Q 도덕적 영역에 있어서 진리를 밝히는 것은 하나의 의무입니까?

중요한 것은 나의 이야기가 진리이어야 한다는 것이 아니라, 진지해야 한다는 것입니다. 인격과 사회를 구성하는 데 있어서는, 사람들의 상호 교환이 이용됩니다. 만일 이 상호 교환이 이중성, 지배의 욕망, 경쟁 등에 기초하고 있다면, 그 결과는 모든 사람들에게 재앙일 수밖에 없습니다. '진리'라는 단어를 잊어버립시다. 그리고 '진정함(authenticité)'이라는 용어에 의미를 부여하도록 합시다.

 모든 진리는 말하는 것이 좋습니까?

　모든 진리는 말해져야 합니다. 그러나 그것이 이해될 수 있는 조건하에서입니다. 무지나 선입관 때문에 이해할 수 없는 사람에게 진리를 이야기하는 것은, 그 진리에 반대되는 것을 전파하도록 만들 것입니다.

　실제로 모든 진리는 전파되어야만 합니다. 이것은 듣는 사람이 이해할 준비가 될 때까지, 그것의 전파를 연기할 수 있다는 걸 내포하는 것입니다.

 진리는 인생에 있어서 의미 있는 것입니까?

　인생에 의미가 있는 것은 사람들이 옹호하려는 주장들, 사람들이 이루어 나가려는 길들입니다. 엄격함에 대한 요구는 이러한 길을 가치 있게 하려는 태도에 속하는 것입니다.

W(그리고 프랑스어)

우리는 프랑스어와 보편성을
동시에 옹호할 수 있다.
——미셸 세르——

라루스 백과사전에는 다음과 같이 씌어 있습니다. "알파벳 W는 북구 언어에 적합하다. 그리고 프랑스어에서는 그 철자를 지닌 언어에서 가져온 단어에서만 사용된다."

이것에 있어서의 애매함은, 그것들이 경우에 따라서는 모음도 되고 자음도 된다는 것입니다. 독일어에서 온 단어들에 있어서, w는 v의 가치가 있습니다. 그것은 자음처럼 사용됩니다. 영어나 플랑드르어(플랑드르는 프랑스와 벨기에의 북부 해안지역을 말한다)나 네덜란드어에서 온 단어들에 있어서는, 그것은 일반적으로 '우(ou)'라는 소리에 해당하며 모음처럼 사용됩니다.

프랑스어를 보호하기 위해서는, 이처럼 일관성 없이 사용되는 문자로 시작되는 단어들을 자꾸 찾아내려 하지 않는 것이 나을 터입니다.

X(미지수)

가장 적은 것은 약간의 미지수를
포함하고 있다. 그것을 찾도록 하자.
———모파상———

일반적으로 우리는 어떤 문제 속의 미지수를 X로 표시합니다. 이것이 나타내는 바는 무엇입니까? 이것이 유효한 것은 어떤 경우에서입니까?

이것이 유효하다는 것은 숫자가 들어 있는 간단한 문제에 의해서도 분명해집니다. 내가 당신에게 다음과 같은 문제를 질문한다고 가정해 봅시다. "15년 안에 이 소년은 작년보다 3배는 더 나이를 먹게 될 것이다. 그렇다면 그의 나이는 몇 살인가?" 분명 당신은 그 결과를 밝혀낼 수 있을 것입니다. 그러나 상당한 지적 노력을 치르고 나서이지요. 수학자들은 이런 종류의 노력을 혐오합니다. 그들은 게으름으로 인해 깨끗이 청소된 길만을 좇아가기를 좋아합니다. 이를 위해서 그들은 알아내야 할 나이에 이름을 부여합니다. 또다시 그 게으름으로 인해 그들은 짧은, 가능한 한 가장 짧은 이름, 예를 들어 X처럼 단 한 글자로 된 이름을 부여합니다. 그리고 나서 그들은 산술적 등식으로 주어진 것들을 표현합니다. 다음과 같은 경우입니다.

$$X+15=3(X-1)$$
$$\text{또는}$$
$$X+15=3X-3$$

여기에서 X를 빼고 양쪽 등식에 3을 더하면,

$$2X=15+3=18$$

그러므로 X의 값은 다음과 같습니다.

$$X=9$$

이와 같이 간단한 문제에 있어서, 이 과정은 약간 긴 것처럼 보일 수도 있습니다. 이것의 장점은 체계적이라는 것이고, 보다 복잡한 것에 적용될 수 있다는 것입니다.

이와 같은 방식은 수학적 형식으로 표현될 수 있는 관계들로 연결되어 있고, 몇 개의 미지수를 포함하고 있는 문제들을 어려움 없이 해결할 수 있도록 해줍니다. 예를 들어 다음과 같은 질문에 답하도록 해봅시다. "나와 나의 아버지의 나이를 더한 나이는, 우리 나이 차이의 2배와 같다. 5년 전에 나의 아버지는 나보다 4배 더 나이가 많았다. 그렇다면 우리들의 나이는?" 가장 용기 있는 사람들이라도 끝까지 답을 구해 내기를 포기할 만한 질문입니다. 그러나 여기서 알아내야 할 두 미지수를 X와 Y라 명하면 모든 것은 간단해집니다. 이것은 다음의 두 등식으로 표현되어집니다.

$$X+Y=2(X-Y)$$
$$X-5=4(Y-5)$$

첫번째 등식에서 우리는 다음과 같이 끌어낼 수 있습니다.

$$X = 3Y$$

그리고 이것을 두번째 등식에 대응시키면,

$$3Y-5 = 4Y-20$$

여기에서 다음과 같은 답을 얻습니다.

$$Y = 15$$

$$X = 45$$

그러나 불행히도 이러한 수학적 과정은, 흔히 특별한 능력을 부여받은 단 몇 명만이 할 수 있는 신비한 것처럼 보여집니다. 사실 이것들은 현실적인 '속임수' 입니다. 이것은 모든 사람들이 이용할 수 있는 장인(匠人)의 손재주에 의해 만들어진 것과 같은 것입니다.

그런데 우리의 교육에 있어서, '수학을 잘한다' 는 것은 지적으로 뛰어난 사람인 양 여겨졌습니다. 사람들은 수학 능력에 따라서 선택을 하거나 교육 방향을 설정합니다. 가장 명성 있는 학교 가운데 한 학교는, 그 학교가 성공하는 데 있어 수학의 역할을 나타내기 위해 1'X라 명명하지 않았습니까?

수학에 있어서 유일한 장점은, 외관상 엄격함과 객관성을 가지고 시험 답안을 채점할 수 있다는 것입니다. 프랑스어 답안지보다 수학 답안지에 점수를 주는 것이 훨씬 쉽습니다. 다양한 분야의 학생들을 평가하는 데 있어서 게으름 때문에, 그리고 편리를 위해서, 또는 이의가 제기되는 것을 피하기 위해서 수학에 가장 큰 자리를 부여하는 경향이 있었습니다. 그러나 파리 이공대학의 예는, 이러한 잘못된 객관성에 의존하는 것이 얼마나 위험한지를 보여 줍니다.

이 학교의 학생들은 엄격한 선발을 거쳐 뽑힙니다. 그리고 그 학생들은 가장 빛나는 활동을 할 것이라고 여겨집니다— 또는 스스로 그렇게 생각합니다. 그러나 그들이 이루어 내는 활동을 살펴보면 겉보기에는 덜 뛰어나 보이는 사람들, 예를 들어 취리히의 이공대학처럼 입학시에 어떠한 시험도 치르지 않는 학교를 졸업한 사람들과의 비교는 많은 것을 시사해 줍니다. 취리히 대학을 졸업한 학생들 중 27명이 노벨상을 받은 반면, l'X의 졸업생 중에서는 2명만이 그 상을 받았습니다. 이러한 결과는 결코 패러독스가 아닙니다. l'X의 학생들은 사실 입학시험에서 부과되는 과제들을 공부해 내는 능력에 따라 선발된 것이지, 그들이 열정을 갖는 것에 따른 것이 아닙니다. 그러므로 그들은 순응적 태도를 지니게 되고, 상상력이 결핍되는 것입니다.

수학을 선택의 도구로 사용하는 것은 분명 하나의 착오입니다. 그렇다면 무엇에 따라 선발해야 할까요? 당신은 말할 수 있습니까? 진짜 문제는 왜 선발을 하느냐는 것이지요? 나는 그 문제의 답을 알지 못하겠습니다.

음과 양

남자는 아마도 단지 여자의 유령일 뿐이다.
또한 여자도 남자의 유령일 뿐이다.
──디드로──

적어도 B.C. 3세기 전 중국에서 등장한 이 문양은, 서양에 불교 사상을 전파시켰습니다. 이것이 당신에게 의미하는 것은 무엇입니까?

무엇보다도 이것은, 하나의 그림이 표현하고 있는 현실을 말로 나타내기가 불가능하다는 것을 분명히 해줍니다. 이 문양을 '음과 양'이라는 표현으로 일컫는 것은, 음이 될 것과 양이 될 것 사이의 대립·단절을 암시합니다. 일반적으로 이것에 대한 설명은 이러한 구분을 강조하고 있습니다. 검은색 영역으로 표현된 양은 하늘·남성·산·홀수와 연결되어 있습니다. 흰색 (또는 색이 칠해져 있는) 부분으로 나타나는 음은 땅·여성·계곡·짝수와 연결되어 있습니다. 이러한 묘사는 우주의 두 부분이 대립한다는 인상을 주며, 하나의 발전은 다른 하나의 후퇴를 가져온다는 인상을 줍니다.

이러한 설명이 이야기하는 바와는 달리 이 그림은 상호 의존성을, 반대되는 것들간의 연대성을 나타냅니다. 그 각각은 상대편의 존재에 의해 자신의 존재를 찾습니다. 양은 아마도 음이 아닌 것이라고 정의될 수 있고, 음도 이와 마찬가지입니다. 흰 부분 안에 있는 검은 점과 검은 부분 안에 있는 흰 점, 이 2개의 점은 이처럼 서로 상반되는 것들 내부에 있는 반대 세력의 존재를 나타냅니다. 예를 들어 사랑과 증오는 서로가 없이는 이해될 수 없으며, 이 둘 중 하나가 생겨나는 과정에 다른 하나가 끼어들지 않고는 이루어질 수 없는 것입니다.

우리는 서로 독립되어 있는 현실에 직면해 있는 것은 아닙니다. 우리는 같은 사물의 두 가지 표현에 직면해 있는 것입니다. 우리는 서로서로 보충되어 가며 완성되는 하나의 전체에 대해 두 가지 시각을 채용합니다. 따라서 프리트조프 캐프라 같은 몇몇 과학자들은, 불교적 사고와 양자물리학에서 제안된 아원자(亞原子)의 묘사를 연결시킵니다. 즉 실제로는 한 형태인 미립자는, 그 활동을 관찰하기 위해 이루어진 실험에 따라서 물질의 알맹이처럼 나타나기도 하고, 파동처럼 나타나기도 합니다. 마찬가지로 상대성 물리학에 있어서 사건을 위치시키는 두 가지 다른 지표로 여겨졌던 시간과 공간은, 시-공이라는 하나의 총체의 상호 연결된 두 요소일 뿐입니다.

Q 이같은 서로 반대되는 것들의 상호 보충성은, 또한 막스 아이쉐르의 조각에서 보여지는 것 아닙니까? 예를 들어 오른쪽으로 날아가는 새들의 그림은, 왼쪽으로 날아가는 비슷한 새들에 의해 구분되고 있습니다.

물론 그렇습니다. 그러나 근본적인 차이를 명시해야만 합니다. 아이쉐르의 판화에서 새떼는 무한까지 뻗어 나갈 수 있을 것입니다. 그 그림은 자신의 구조에 의해 주어진 경계가 없습니다. 반대로 음과 양의 체제는, 그 뼈대가 되는 원 안에 갇혀 있습니다. 그 원이 없다면 음과 양은 해체되고, 또한 모든 의미를 잃게 됩니다. 총체적 현실을 상징하는 것인 이 원은, 서기 14년 전 고대 이집트 왕 아크나톤이 이집트의 수많은 신들을 대체시키기를 원했던 유일신을 표현하기 위해 선택하였던 형태입니다. 이 원은 틀림없이 태양이었습니다. 하지만 그것은 무엇보다도 존재하는 모든 것을 포괄하는 완전한 모양이었습니다.

그러나 이러한 사고에 신의 개념을 섞어넣는 것은 틀림없이 적절치 못하다는 사실에 주목합시다. 정의에 따르자면 우주는 존재하는 모든 것인 반면, 신은 자신이 창조해 낸 우주의 바깥에 존재하는 것을 이야기합니다. 따라서 우리에게 필요한 논리는, 이와는 반대로 '신은 존재하지 않는다'는 것을 받아들이는 일입니다. 여기에서 우리는 말을 통해서는 몇몇 감정이나 직관 등을 전달하기가 불가능하다는 것에 대한 한 예를 발견합니다. 우리가 아톤(태양을 상징하는 이집트의 신)을 생각하든지, 태양을 생각하든지, 또는 음과 양을 생각하든지간에, 우리는 생각과 영상들이 우리 안에서 내적 생각의 흐름에 따라 자연스럽게 발전되도록 내버려둡시다.

엘레아의 제논

모순이 잘못된 것의 표시가 아닌 것처럼,
비모순이 진실의 표시는 아니다.
——파스칼——

Q. 아킬레스(그리스 전설의 영웅으로 호메로스의 시 《일리아스》의 주인공)는 해변가에서 도망중인 거북을 향해 뛰어갑니다. 그가 거북이 있던 자리에 도달하였을 때, 그 거북은 좀더 멀리 갔습니다. 그가 다시 거북이 있던 자리에 도달하였을 때, 거북은 더 이상 거기에 없었습니다. 그 다음 자리에서도, 그리고 그 이후로도 계속해서 그는 결코 거북을 잡지 못할 것입니다. 당신은 이 유명한 패러독스를 어떻게 해결하시겠습니까?

　엘레아의 제논(이탈리아 남쪽 엘레아 출신의 그리스 철학자·수학자. 그는 몇몇 역설적 논법으로 운동의 불가능성을 증명하려 하였는데, 그 중 유명한 것이 위의 아킬레스와 거북의 이야기이다. 그의 생각에 따르면, 실제로 움직이는 것은 그 점에 다다르기 위해서 우선 그것들간의 거리의 반을, 그 반의 또 반을, 이렇게 끝없이 그 반을 주파해야 하기 때문에 운동은 불가하다는 것이다)은 서기 5세기 전에 이러한 논리를 발전시키면서, 움직임의 불가능성을 이야기하였던 그의 스승인 파르

메니데스와 논쟁하였습니다.

　그러나 분명 논리적 어려움이 있습니다. 그것은 '결코'라는 단어의 잘못된 사용에서 기인합니다. 분명히 이러한 방식으로 아킬레스의 달리기 단계를 묘사한다면, 나는 결코 그 묘사를 끝내지 못할 것입니다. 왜냐하면 그 각 단계는 거북과 그를 쫓는 사람 사이에 존재하는 매우 적은 거리에만 해당하는 것이기 때문입니다. 나의 묘사는 끝나지 않을 것입니다. 정말입니다. 그러나 이것이 묘사된 사건이 제한된 시간을 지니지 않는다는 것은 절대 아닙니다. 사건의 시간과 사람들이 그것을 묘사하기 위해 이야기하는 시간을 혼돈해서는 안 됩니다.

　예를 들어 거북이 1초에 1미터를 달릴 수 있고, 아킬레스는 이보다 10배쯤 빨리 달릴 수 있다고 생각해 봅시다. 그가 달리기 시작할 때, 그들간의 거리가 예를 들어 10미터라고 해봅시다. 첫번째 단계는 1초 동안 지속될 것이며, 두번째 단계는 10분의 1초 동안, 세번째 단계는 1백분의 1초 동안, N승일 경우에는 $1/10^{n-1}$초… 동안 지속될 것입니다. 따라서 그 전체가 지속된 시간은 다음과 같이 계속되는 무한의 숫자들을 더한 결과입니다.

$$D = 1 + 1/10 + 1/100 + 1/1000 + \cdots + 1/10^{n} + \cdots$$

　그러나 이처럼 얻어진 전체가 무한은 아닙니다. 이것은 9분의 10초와 같습니다. (이것을 확인하기 위해서는 D를 1-1/10으로 곱하고, 처음의 1의 뒤에 나오는 모든 숫자들을 없애보는 것으로 충분합니다. 즉 9/10D=1이 됩니다.)

　여기에는 아무것도 신비한 것이 없습니다. 이것은 수학자들이 집중렬이라 부르는 것입니다. 그것을 구성하는 요소들의 숫자는 무한입니다. 그러나 그것의 합계는 유한입니다. 이렇게 패러독스는 사라집니다.

Q 이와 같은 수학자들에 의한 표현이, 우리의 현실 세계에 대한 표현에 있어서의 실질적 어려움을 가리워 주지는 못하지 않습니까?

　진정한 어려움은 이 현실의 불연속적인 구조에서 기인합니다. 수학자들에게 있어 숫자는 그것이 아무리 작더라도 언제나 나누어질 수 있습니다. 시간 D가 분석되기 위해 사용된 각 항들은 전체를 얻기 위해 각각의 역할을 한 것입니다. 만일 우리가 구체적 우주의 문제로 되돌아온다면, 이 분할은 여러 구성 요소로 이루어진 물질의 분리에 해당됩니다. 그런데 이러한 분리는 무한정으로 가능하지는 않습니다. 하나의 모래알은 몇몇 알들로 잘라질 수 있고, 그 잘라진 모래알들도 역시 마찬가지입니다……. 그러나 우리가 분할할 수 없는 것을 만나게 되는 상태가 옵니다. 1세기 전에는 원자핵이 그러하였고, 1930년대에는 핵자(核子)가 그러하였으며, 오늘날에는 쿼크(quark)가 그러합니다. 분명히 이러한 분할할 수 없는 것들은 해마다 점점 작아지는 것 같습니다. 그러나 양자물리학은 우리에게, 우리가 무한히 작은 것을 향해 나아가는 데에 있어서 결정적으로 방해가 되는 벽이 있음을 보여 줍니다. 에너지와 질량·시간에 있어서 이것은 사실입니다. 4,5.10^{-44}초간인 '플랑크의 시간'은 물리학적 의미를 지닌 가장 적은 시간을 나타냅니다. 그 이하에서 동시성의 개념은 그 의미를 잃습니다.

　그러나 이것은 페리클레스[B.C. 495-429, 제논을 스승으로 생각하였던 아테네의 정치인] 시기의 일이며, 제논은 거의 생각할 수 없었던 것입니다.

갈루아(1811-1832) 프랑스 수학자. 대수학 방정식을 푸는데 있어 '집합'의 역할에 대한 연구를 하였다. 그는 20세에 결투로 사망하였다. 결투 전날 밤, 그는 〈오귀스트 기사에게 보내는 편지〉에서 그의 대수 등식을 요약하였다. '집합'의 개념은 현대 대수학에 있어 매우 중요한 자리를 차지하고 있다.

괴델(1906-1978) 미국의 논리학자이며 수학자. 그는 두 가지 정리(定理)를 세운 사람으로, 그 정리에 따르면 모순적이지 않은 계산은 완전한 체계를 세우지 못한다는 것이다. 왜냐하면 비모순적인 것은 그 체계 속에서 결정 불가능한 문장을 구성하기 때문이다.

뉴턴(1642-1727) 영국인으로 물리학자·수학자·천문학자. 그는 만유인력의 법칙을 발견하였다.

데카르트(1596-1650) 프랑스의 철학가. 그는 재고의 여지 없는 확실한 진실을 추구하였다. 그런데 사물의 존재도, 과학적인 증명도, 여전히 의심을 낳게 된다. 의심을 물리치는 최초의 확신은 사고의 확신, 즉 코기토(cogito), '나는 생각한다'는 것이다. 의심을 가지게 되기 위해서는, 우선 의심을 품는 누군가가 있어야 한다. 의심이란 사고를 전제하는 것이고, 이 사고는 그것을 생각하는 주체의 존재를 전제하는 것이다.

즉 '나는 생각한다. 그러므로 나는 존재한다' 라는 명제가 성립되는 것이다. 생각하는 주체의 즉각적인 참여, 즉 의식이 모든 가능한 진실의 기초가 되는 것이다.

라캉(1901-1981) 정신과 의사이자 정신분석학의 대가. 그는 1964년에 파리의 프로이트학파를 세웠다. 이것은 1980년에 와해되고, '프로이트적 원인(la Cause freudienne)' 으로 대체되었다.

러셀(1872-1970) 케임브리지대학교 교수로서 논리와 수학, 그리고 인식철학에 대한 이론적 성찰에 그의 삶을 바쳤다. 그는 또한 정치에도 참여하였다. 1914년 그는 평화주의자로 인본주의적 · 비종교적 · 자유주의적 사회주의의 방향을 잡았다. 또한 많은 저작을 발표하였는데, 그 중에 《의미와 진리에 관한 탐구 *An Inquiry into Meaning and Truth*》(1940) 등이 있다.

로스탕(1894-1977) 생물학자. 인본주의적 문명 안에서의 생물학적 위치에 대한 책의 저자.

리만(1826-1866) 독일의 수학자. 그는 기하학의 개념을 발전시켰다. 이에 따르면 한 직선 밖의 한 점을 지나고 그 직선과 평행인 직선은 없다. 이러한 비(非)유클리드적인 기하학의 개념을 처음으로 발표한 이는, 러시아의 수학자인 로바체프스키(1792-1856)이다. (이것은 '상상적' 또는 '범기하학적' 기하학이라 불린다.)

바슐라르(1884-1962) 과학과 철학을 강의하였으며, 그의 저작은 시(詩)와 과학이라는 두 면을 지니고 있다. 그는 사고의 내부에 있는 인식론적 '장애들' 을 분석하였다. 또한 이성 속에서 굳어져 버린 모든 개념과 독단론을 거부하는 인식의 변증법을 발전시키기 위해 '거부의 철학(philosophie du non)'을 끌어들였다. 그는 상상력을 현실의 창조주로 그 권리를 되살려 놓았다. 그의 근본적인 공헌은 사고 안에 있는 인식론적 '장애들'을 분석한 것이다. 인식론적 장애들이란, 다시 말해 어느 과학이 어느 시점에 이르러 문제를 정확히 제기하는 것을 방해하는 모든 요소들을 말한다.

베르그송(1859-1941) 그의 철학의 출발점은 시간성의 발견이다. 그는 추상적인 시간에 대해, 그가 '지속(durée)'이라 명명한 실질적인 시간을 대립시킨다. 지속은 구체적 시간이고 질적 시간이며 혼합된 시간으로, 물리학자에 의해 측정되고 계산된 추상적이고 양적이며 동질적인 시간과는 다른 것이다. 지속은 다음과 같은 3개의 중요한 특성을 지닌다. 즉 연속성·불가분성, 그리고 변화이다. 그 시간은 예측 불가능한 것으로 자유는 바로 이 '지속' 안에 존재한다.

보어(1885-1962) 덴마크의 물리학자. 상보성(相補性)의 원칙을 세웠다. 이에 따르면 양자는 파장과 입자로 동시에 기술될 수 없는 것이다.

아인슈타인(1879-1955) 독일의 물리학자로서 미국에 귀화하였다. 상대성이론의 창시자로, 그는 이 이론에서 시간과 공간의 개념을 깊이 재고하였으며, 질량과 에너지와의 등식($E=mc^2$)을 만들어 내었다. 그는 핵무기의 증가에 대항해 매우 적극적으로 투쟁하였다.

오펜하이머(1904-1967) 미국의 이론물리학자로 원자의 양자이론에 대한 저작을 남겼다. 또한 핵 연구에 있어 큰 역할을 담당하였다.

왓슨 크릭을 참조.

크릭과 윗슨 영국의 생물물리학자들로 디옥시리보핵산
(DNA)의 이중 나선구조를 밝혀내었다(1962년 노벨상 수상).

파스칼(1623-1662) 클레르몽페랑에서 태어났다. 17세 때부
터 기하학에 대한 습작을 출간하였으며, 1642년에 계산기의
초기 형태를 고안해 내었다. 그는 확률론의 기원이 되는 문
제인 '집합의 규칙'에 대한 주제를 가지고 페르마와 서신을
교환하였다.

페르마(1601-1665) 프랑스의 수학자. 최근까지도 사람들은
그의 '최후 정리(定理)'가 정확한 것인지를 알지 못하였다.
왜냐하면 그의 증명이 우리에게 전해지지 않았기 때문이다.

푸앵카레(1854-1912) 매우 중요한 프랑스의 수학자. 그는
자기동형(自己同型) 함수〔대수적으로 1차항들의 비율로 특성화
되는 변환군에 대해 불변하는 함수〕 개념을 발전시켰는데, 이
가운데 어떤 것을 독일의 수학자 푸크스의 이름을 따서 푸크
시안이라고 명명하였다.

프로메테우스 그리스 신화에서 티탄족 출신의 최고 책략가
이며, 불의 신. 신의 불을 훔쳐다가 인류에게 주었다.

프리고지네(1917-) 러시아 태생 벨기에의 물리화학자이자
철학가. 불안정한 현상의 창조적 가치를 명백하게 설명하였
으며, 과학적 행동방식을 위해 새로운 방법론(새로운 연합)을
만들어 내었다.

장혜영(張惠暎)
이화여대 불문과 및 동대학원 졸업
프랑스 소르본대학 문학박사 취득
현재 이화여대, 덕성여대, 세종대 등 강사
역서: 《연극의 이해》(東文選)

현대신서
18

청소년을 위한 철학교실

초판발행 : 1999년 1월 10일
2쇄발행 : 2000년 3월 20일

지은이 : 알베르 자카르

옮긴이 : 장혜영

펴낸곳 : 東文選
제10-64호, 78.12.16 등록
서울 종로구 관훈동 74
전화 : 737-2795
팩스 : 723-4518

편집설계 : 한인숙

ISBN 89-8038-063-1 04160
ISBN 89-8038-050-X (세트)

東文選 現代新書 16

딸에게 들려 주는 작은 철학

롤란트 시몬 셰퍼
안상원 옮김

★독일 청소년 저작상 수상(97)
★청소년을 위한 좋은 책(99)
　(한국 간행물 윤리위원회)

　작은 철학이 큰사람을 만든다. 아이들과 철학을 이야기하는 것이 요즘 유행처럼 되었다. 아이들에게 철학을 감추지 않는 것, 그것은 분명히 옳은 일이다. 세계에 대한 어른들의 질문이나 아이들의 질문들은 종종 큰 차이가 없으며, 철학은 여기에 답을 줄 수 있다. 이 작은 책은 신중하고 재미있게, 그러면서도 주도면밀하게 철학의 질문들에 대답해 준다.

　이 책의 저자 시몬 셰퍼 교수는 독일의 원로 철학자이다. 그가 원숙한 나이에 철학에 대한 깊은 이해를 가지고 자신의 딸이거나 손녀로 가정되고 있는 베레니케에게 대화하듯 철학 이야기를 들려 주고 있다. 만약 그 어려운 수수께끼를 설명한다면 어떻게 할 것인가를 모형적으로 제시하고 있다.
　철학은 우리의 구체적인 삶과 멀리 떨어져 있는 삶이 아니다. 우리가 사용하고 있는 말이란 무엇이며, 안다는 것은 무엇인가. 세계와 자연, 사회와 도덕적 질서, 신과 인간의 의미는 무엇인가 등 철학적 사유의 본질적 테마들로 모두 아홉 개의 장으로 나누어 이야기하고 있다. 쉽게 서술되었지만 내용은 무게를 가지고 있어서 중·고등학생뿐만 아니라 대학생과 성인들에게 철학에 대한 평이한 길라잡이가 될 것이다.

東文選 現代新書 27

돈은 하늘에서 떨어지지 않는다
(독일식 자녀 용돈 교육법)

카린 아른트 / 유영미 옮김

　'바늘 도둑이 소 도둑 된다'는 속담에 따른다면, 어릴 때부터 호주머니 교육을 잘 받은 이는 도둑이 되어도 큰부자 도둑이 될 것이 틀림없다. 반면에 요즈음 우리는 어릴 때부터 호주머니 교육을 제대로 받지 못해 선대로부터 물려받은 유산을 다 말아먹고, 패가망신하는 재벌 2세나 졸부 2세들을 많이 보게 된다. 아무리 공부 많이 하고 훌륭한 대학을 나오고 재산을 많이 물려받아도 어릴 때부터 돈 쓰는 습관을 잘못 들이면 결코 희망적인 인생이 되지 못한다.

　본서는 세계에서 가장 근검절약하기로 유명한 독일인들의 어린이 용돈 교육에 대한 지침서로서, 오늘날 극도의 소비지향적 사회에서 자라나는 아이들에게 우리가 무엇을 해줄 수 있을 것인지를 생각케 해준다.

　용돈은 언제부터, 얼마나 줄 것인가? 한꺼번에 줄 것인가, 아니면 조금씩 줄 것인가? 어디에 어떻게 쓰라고 간섭할 것인가, 말 것인가? 집안일을 도왔을 때 용돈을 주는 것은? 성적이 올랐을 때 용돈을 주는 것은? 부모의 도움이 필요한 부분은? 아이들이 광고에 무방비 상태로 맡겨지지 않도록 하려면? 아이들을 주체적이고 의식 있는 소비자로 키우려면? 등등의 물음에 대해 저자는 재미있고 재치있는 사례를 들어가며 친절히 설명하고 있다. 그리고 무엇보다 먼저 우리 부모들이 자녀들의 용돈 교육을 제대로 가르칠 수 있는 자격을 갖추고 있는지를 묻고 있다.

나비가 되어 날아간 한 남자의 치열하고도 아름다운 생의 마지막 노래. 세상에서 가장 아름답고도 애절한 이야기가 비틀스의 노래와 함께 펼쳐진다.

잠수복과 나비

장 도미니크 보비 / 양영란 옮김

장 도미니크 보비. 프랑스 《엘르》지 편집장. 저명한 저널리스트이며 두 아이를 둔 자상한 아버지, 멋진 말을 골라 쓰는 유머러스한 남자. 앞서가는 정신의 소유자로서 누구보다도 자유를 구가하던 그는 1995년 12월 8일 금요일 오후 갑작스런 뇌졸중으로 쓰러졌다. 3주 후 의식을 회복했으나, 그가 움직일 수 있는 것은 오직 왼쪽 눈꺼풀뿐. 그로부터 그의 또 다른 인생, 비록 15개월 남짓에 불과한 '새로운' 인생이 시작되었다.

유일한 의사 소통 수단인 왼쪽 눈꺼풀을 20만 번 이상 깜박거려 15개월 만에 완성한 책 《잠수복과 나비》. 마지막 생명력을 쏟아부어 쓴 이 책은, 길지 않은 그의 삶에서 일어났던 일화들을 진솔하게 묘사하고 있다.

그러나 그의 이야기는 유머와 풍자로 가득 차 있다. 슬프지만 측은하지 않으며, 억지로 눈물과 동정을 유도할 만큼 감상적이지도 않다. 오히려 멋진 문장들로 읽는 이를 즐겁게 해준다. 그리하여 살아남은 자들에게 희망과 용기를 주며, 삶의 그 모든 것들이 얼마나 소중한가를 새삼 일깨워 준다. 아무튼 독자들은 이제껏 경험해 보지 못한 진한 감동과 형언할 수 없는 경건함을 맛보게 될 것이다.

《잠수복과 나비》는 출간되자마자 프랑스 출판사상 그 유례가 없는 엄청난 베스트셀러가 되었으며, 보비는 자기만의 필법으로 쓴 자신의 책을 그의 소중한 한쪽 눈으로 확인한 사흘 후 옥죄던 잠수복을 벗어던지고 나비가 되어 날아갔다. 자유로운 그만의 세계로……

국영 프랑스 TV는 그의 치열하고도 아름다운 마지막 삶을 다큐멘터리로 2회에 걸쳐 방영하였으며, 프랑스 전국민들은 이 젊은 지식인의 죽음 앞에 최대한의 존경과 애도를 보냈다.

역(曆)과 점(占)의 과학

永田 久[지음]
沈雨晟[옮김]

달력이란 무엇일까?

자연의 법칙을 추구하는 마음을 가지고 '때'를 이해하기 위한 노력은 인류의 역사와 함께 오늘에 이르고 있다. 이리하여 천문(天文)·신화·민속·종교 등이 혼재되어 있는 인류의 지혜의 결정체로서 역(曆)이 만들어졌음을 알 수 있다.

역은 수(數)로써 연결되어 있다. 수와 수가 결합된 것을 논리라 하고, 이 논리를 천문이나 민속 쪽에서 정리한 것이 역이다.

이 수와 논리가 과학의 세계로부터 인간의 마음의 세계로 이어지면서 때의 흐름에 생명을 부여할 때, 역은 점(占)으로의 가교역이 되는 것이라 생각된다. 그러니까 역의 수리(數理)에 접착시킨 꿈과 상념이 우리들 앞에 나타나는 것이다.

역이 존재하고 있는 곳에 반드시 점이 있다. 과학으로서의 역으로부터 비과학으로서의 점이 생겨난다. 바로 이것이 인류가 살아온 실제의 모습이 아니었을까.

이 책은 고대의 역으로부터 현재의 그레고리오력에 이르기까지를 더듬어, 시간을 나누는 달(月)과 주(週)의 주변을 탐색하면서, 팔괘(八卦)·간지(干支)·구성술(九星術)·점성술(占星術) 등의 구조를 수(數)에 의해 밝혀 보고자 하였다.

〖주요 목차〗

- ◇ 시간을 나누다
- ◇ 달과 혹성을 둘러싸고
- ◇ 성수(聖數) '7'의 신화
- ◇ 1주간의 요일명(曜日名)
- ◇ 옛날 유럽의 달력
- ◇ '그레고리오력'이 완성되기까지
- ◇ 자연력(自然曆)──24절기
- ◇ '음양오행설'의 원리
- ◇ 간지(干支)와 성수(聖數)의 논리
- ◇ 80진법의 세계
- ◇ 팔괘(八卦)의 논리
- ◇ 구성술(九星術)의 논리

東文選 現代新書 2

의지, 의무, 자유

루이 밀레

이대희 옮김

자유 속에서의 우리의 의지는 선의 완성 속에 고정되어 있지 않기 때문에, 우리 존재의 근본적인 법칙은 의무의 형태를 취한다. 그러므로 우리의 운명은 끊임없이 원하는 바에 따라서 선택하는 것이다. 우리는 어떤 의미에서는 항상 '가능태'이다. 다시 말하자면 우리는 다른 사람과 함께, 다른 사람 덕분에, 그리고 다른 사람을 위해 현재화하기 위해 산다. 그 어떤 것도 고독하지 않을 뿐만 아니라, 그 어떤 것도 확정적이지 않다.

육체의 자유로운 처분과 자본의 자유로운 순환. 자유결혼과 자유교역, 여성해방과 해방신학…… 경제에서 도덕에 이르기까지 근대성은 자유를 요구한다. 그런데 그것은 공기처럼 자유로운 것을 말하는가, 또는 자유낙하할 때처럼 자유로운 것을 말하는가? 나는 자유롭다고 착각하고 있는가? 혹은 참으로 자유로운가? 혼자 자유로운가, 아니면 다른 사람과 함께 자유로운가? 그리고 의무는 또 어떻게 할 것인가?

자, 이제 분명하고 엄격하게, 그리고 깊이 생각해 볼 때가 되었다. 이것이 이 책의 목적이다. 이 책은 자유와, 자유에 필연적으로 뒤따르는 개념인 의무와 의지에 관해 비켜갈 수 없는 아홉 개의 주제를 정확하게 다루고 있다.

본서는 프랑스대학연합출판사에서 펴낸, 고교 최종학년의 대학입학자격시험 논술 과목 마지막 정리를 위한 텍스트이다.

자식은 그 어미가 못생겼다고 미워할 수 없다

딸에게 들려 주는 작은 지혜

노르베르트 레호레이트너
안영란 옮김

"행복이 그대의 문을 두드리거든 열어 주어라!"

말처럼 쉽지는 않지만, 살아가다 보면 간혹 생각을 조금만 달리하는 것으로도 금방 행복해지는 때가 있다. 그래서 고대 인도의 현인들은 우리가 두려움을 극복하고, 행복 앞에서 우리 자신의 닫힌 문을 여는 데 도움이 될 만한 이야기들을 생각해 내었다. 왜냐하면 자기와 다른 의견이나 사상을 거부하는 사람들은 많으나, 재미있는 이야기를 마다하는 사람들은 없다는 것을 알았기 때문이다. 이런 이야기는 그들의 문화권에서 뿐만 아니라 곧 페르시아와 아라비아로 전해지고, 이어 그리스와 라틴, 중국과 동남아시아 등 전세계로 확산되어 수많은 사람들의 정서와 내적 생활을 윤택하게 해주면서, 긴 세월을 전해 내려오고 있다.

본서는 이렇듯 다양한 전통과 종교의 시대에서 유래한, 작지만 아주 소중한 이야기들을 한데 모았다. 비유 또는 우화·일화 등으로 엮은 이 짤막한 이야기들은 대개 기발하고도 놀라운 핵심과 요점으로 끝맺음을 하여, 독자들로 하여금 일상에서 굳어진 사고방식을 깨뜨리고, 진리를 수용하고 깨달음을 얻을 수 있도록 자극한다.

우리는 결코 이전 시대 사람들보다 현명하게 태어났다고 할 수 없을 것이다. 이기심, 인식과 사유의 결핍, 두려움은 여전히 우리 자신의 일부로 남아 있다.

여기 모든 지혜담 속에는 참으로 묘한 힘이 있어 사람을 도울 수도, 치유할 수도 있다. 그러니 위안과 행복, 조화를 추구하는 영혼에게 일종의 향유와 같은 것이라 할 수 있겠다.

한글고전총서본 / 完譯詳註 漢典大系本

안자춘추

임동석(林東錫) 옮김

한결같은 마음이면 일백 임금도 섬길 수 있지만, 세 가지 마음이면 한 임금도 섬길 수 없다.

안자는 관중(管仲)과 더불어 춘추시대를 대표하는 명재상으로 춘추 말기 제(齊)나라의 영공(靈公)과 장공(莊公)·경공(景公)을 섬겨 기울어져 가는 나라의 예교(禮敎)를 바로잡아 보려고 애쓴 인물이다.

그는 각각 다른 세 임금을 한마음으로 섬기되 슬기와 재치, 그리고 촌철살인의 구변(口辯)으로 온갖 어려움을 해결해 나갔다.

특히 그는 공자와 동시대에 활동하여, 둘 사이는 서로 존경하되 더러는 대립과 충돌로 껄끄럽고 불편한 묘한 인연이기도 했다. 공자가 가르치면서 지칠 줄 모르는 성인이라면, 안자는 몸소 실천하여 교화되도록 하는 현자라 할 수 있겠다. 천하의 좋은 말은 모두가 공자가 먼저 하였다. 그러나 안자의 검약과 박애를 근본으로 몸소 실천한 행동철학은 뒷역사를 두고 언제나 본받아야 할 귀감이 되고 있다.

기록을 통해 보면, 안자는 키는 작고 볼품이 없었으나 언변과 재치가 아주 뛰어나서 제갈공명이 감탄해 마지않았던 〈이도살삼사(二桃殺三士)〉 등 숱한 고사를 남겼다. 사마천(司馬遷)조차도 《사기(史記)》에서 『가령 안자가 지금 다시 태어난다면, 내 비록 그를 위해 마부가 된다 해도 기쁨과 흠모로 모시리라』고 그의 덕망을 극찬해 마지않았다.

東文選 現代新書 31

프랑스 대학입학자격시험 대비 주제별 논술

노동, 교환, 기술

베아트리스 데코사

신은영 옮김

만일 철학이 우리 생활의 기쁨뿐만 아니라, 빈곤과 피곤의 무게를 감당할 수 없다면, 실상 이 철학은 단 한 시간의 노력을 기울일 만한 가치도 없을 것이다. 철학자가 별이 점점이 박힌 모자를 쓴 약장수는 아니지만, 또한 철학자도 추워서 빵 굽는 오븐 곁에 몸을 녹이는 사람이지만, 그는 사유에 의거해 무엇인가 신선한 것, 즉 노동의 진리와 교환의 진리, 기술의 진리 같은 진리를 발현시키는 것으로 자신의 긍지를 삼을 수 있을 것이다.

노동은 권리인가, 아니면 구속인가? 노동에 의한 소외와 실업에 의한 소외 사이의 절충점을 생각해 볼 수 있을 것인가?

임금을 지급함으로써 노동의 산물을 얻어내고, 또 그렇게 받은 임금을 주고 그 노동의 산물을 얻는 식으로 해서, 교환의 고리는 부조리한 방식으로 끊임없이 재형성되고 있는 것 같다. 사회를 재화의 유통으로 환원시킬 수 있을 것인가? 인간은 기술에 의해 구원을 얻을 것인가?

베아트리스 데코사는 이 책에서 이같은 사회적 현실에 대해 간결하고도 엄정한 질문을 던지고 있다. 그것이 논술 형태로 다루어져 있는 바, 고등학교 3학년 학생들은 여기서 자신의 사고를 자극할 만한 무언가를 찾을 수 있을 것이다.

東文選 現代新書 21

정치란 무엇인가

케네스 미노그
이정철 옮김

사람들은 자기 주장을 위해 피를 흘리고 죽어간다. 정치는 우리가 살아가는 이러한 일상의 세계를 어렵게나마 지탱하는 것이다. 그리고 자신의 경험을 세계관, 학문적 지평, 감각, 가치, 통치권, 문화 등등으로 해체하는 철학자들은 우리가 살아가는 바로 그 일상세계를 파괴한다. 정치란 인간 삶의 총체적 구성 틀을 유지하는 활동이다. 물론 그것이 삶 그 자체는 아니다. 정치활동은 전적으로 영웅적 행위와 이중성으로 가득 찬 인간의 삶이다. 정치활동이 어떤 것인가를 알기 위해서는, 그것이 시공에 따라 얼마나 다양할 수 있는가를 깨달아야 한다.

정치라는 것은 복잡하면서도 논쟁적인 현상이기 때문에 나무만 보고 숲을 놓치기 쉽다. 이 입문서에서 케네스 미노그는 정치의 다양한 차원을 단일한 초점에 맞춰 분석해 낸다. 그는 민주주의를 향한 일상적 노고와 자유·정의 같은 매력적인 대이상(大理想) 모두에 대해 빠짐없이 토론한다. 그의 글은 국내 정치과정을 끌어들이는 만큼이나 국제관계 문제에 정통하고, 플라톤이나 마키아벨리와 같은 사상가들의 위대한 정치 고전을 다루면서도, 다른 한편으로 현시대의 이슈들에 소홀하지 않는다. 무엇보다도 그는 오랜 세월에 걸친 정치 이념의 전환을 가능케 한 바로 그 변화과정을 그려내고 있다. 그의 결론은 우리 문명의 심장부에 내재해 온 자유와 전제주의간의 심오한 긴장을 마침내 드러내 놓았다. 이 명료하고 기지가 번뜩이는 저서는 정치를 이해하고자 하는 사람이라면 누구라도 감히 무시할 수 없는 안내서이다.

東文選 現代新書 20

클래식

메리 비어드 • 존 헨더슨
박범수 옮김

우리는 고전시대의 세계를 오늘날의 우리들이 가지고 있는 도덕관과 미학에 따라 판단해야 할 것인가? 고전시대 자체가 가지고 있는 독자적인 가치는 무엇인가? 왜 고전시대 세계는 그토록 오랜 세월 동안 영구불변의 영향력을 지녀왔는가? 그래서 고전이 우리 시대의 문화·정치·연극·건축·언어, 그리고 문학에 미친 영향은 무엇인가?

고전학에 대한 이 간략한 입문서는 쓸쓸한 산허리에 자리잡고 있는, 유령이라도 나올 듯한 옛 신전을 고대 그리스의 영광과 로마의 장대함에, 그리고 제퍼슨과 바이런에서 아스테릭스와 벤허에 이르기까지, 현대 문명 속에 존재하는 고전시대와 연결시키고 있다.

조각상과 노예제도, 신전과 비극, 박물관, 대리석 조각품, 그리고 신화. 흥미를 자극하는 이 고전 연구 입문서는 그 안에 담겨진 다양한 제재에 대해 우리가 가질 수 있는 궁금증을 풀어 주는 한편, 이 저술의 특징이 되고 있는 두드러진 열정과 즐거움을 통해 독자를 그 안으로 끌어들이고 있다. 이 책은 현재 이용할 수 있는 것으로는 최신판이며, 가장 손쉽게 넣을 수 있는 고전학 입문서이다. 이 책은 모든 학생, 그리고 고대 세계가 찬란하게 펼쳐졌던 그 땅을 향하는 모든 여행자의 손에 들려져 있어야 할 그런 책이다.

미래를 원한다

조엘 드 로스네[著]

김덕희 + 문 선[譯]

　미래는 이렇게 준비되어 있다. 앉아서 기다릴 것인가, 창조해 나갈 것인가? 그리고 우리는 무엇을 준비해야 할 것인가?

　정치가들은 10년을 마치 영원한 것처럼 보고 있다. 그들이 말하는 미래는 주로 다음 선거기간에 초점이 맞추어져 있다. 그런 그들에게 우리의 미래를 맡길 수는 없다. 오랫동안 신비한 미래의 지평선처럼 여겨왔던 2000년은 이제 진부한 것이 되어 버렸다. 2100년조차도 현재 진행중인 사업운영적 측면에서 거의 흥미를 끌지 못한다. 다시 말해 100년 앞을 내다보아도 결코 충분치 않다는 말이다.

　미국 MIT대학 교수 및 프랑스 파스퇴르 연구소 응용연구원을 역임한 바 있으며, 현재 프랑스 과학산업단지 국제협력관계 임원인 조엘 드 로스네 박사의 2000년대에 대한 고찰은 과학과 기술 분야를 넘어선다. 그는 미래 세계에 필요한 새로운 정치적·경제적·환경적·문화적 접근을 해보인다. 보다 정당하고 보다 공평한 사회를 건설하기 위해 미래의 학교와 언론·산업은 어떻게 구상되어야 하는가?

　지금의 청소년들의 미래는 어떤 모습이며, 무엇을 가르치고 준비시켜야 할까? 미래 세계를 향한 흥미진진한 여행 안내서로서 미래를 꿈꾸는 자라면 반드시 읽어야 할 필독서!

【주요 내용】

- 새로운 생명기능 출현
- 프랙탈 시간, 프랙탈 지식
- 카오스의 언저리
- 가이아와 사이바이온트의 공생
- 마법의 수정구슬
- 다섯번째 패러다임
- 배운다는 것은 제거한다는 것이다
- 기생경제, 빅 브라더, 전자마약
- 가상현실 : 복제와 편재성
- 역마케팅과 선별마케팅
- 미래의 정부, 미래의 언론
- 지능적 기업, 가상기업